Werner G. Raza (Hrsg.)

Recht auf Umwelt
oder Umwelt ohne Recht?

Mit der Verschuldungskrise der achtziger Jahre setzte sich ein markanter Wechsel des politischen und wirtschaftlichen Modells auch in Lateinamerika durch. Staatsinterventionistische Politiken, die sich auf den Aufbau nationaler Industrien und Absatzmärkte konzentrierten, wurden ersetzt durch eine »neoliberale« Politik. Parallel dazu entstand auf internationaler Ebene eine Diskussion um die Grenzen des kapitalistischen Wirtschaftssystems. Begriffe wie »Ecodesarrollo« oder »Nachhaltige Entwicklung« gingen aus ihr hervor.

Der vierte Band des Jahrbuchs des Österreichischen Lateinamerika-Instituts beschäftigt sich vorwiegend mit den Auswirkungen des »neoliberalen« Modells in der Gesellschaft, Wirtschaft und Ökologie Südamerikas. Es wird einleitend eine Bestandsaufnahme von Umwelt und Gesellschaft im lateinamerikanischen Neoliberalismus geliefert. Die aus dem neoliberalen Modell resultierende Umweltproblematik Südamerikas wird im internationalen Kontext durchleuchtet. Neuere Konzepte wie etwa »Ökologische Ökonomie« werden ebenso vorgestellt wie eine Bilanz der »Nachhaltigen Entwicklung« seit der Rio-Konferenz 1992 gezogen wird. Es werden weiterhin Akteure und Handlungsstrategien im neoliberalen Kontext Südamerikas dargestellt; Perspektiven alternativer Handlungsstrategien runden den Band ab.

Jahrbuch ¡Atención!:
Das *Österreichische Lateinamerika-Institut* wurde 1965 als gemeinnütziger Verein mit dem Ziel der Förderung des österreichisch-lateinamerikanischen Dialogs gegründet. ¡Atención!, das Jahrbuch des Instituts, legt in Fortsetzung der Zeitschrift für Lateinamerika-Wien eine Auswahl aus dem wissenschaftlichen Programm des Instituts vor.

Werner G. Raza (Hrsg.)

Recht auf Umwelt oder Umwelt ohne Recht

Auswirkungen des neoliberalen Modells auf Umwelt und Gesellschaft in Lateinamerika

¡Atención!
Jahrbuch des Österreichischen
Lateinamerika-Instituts. Band 4

Mit Beiträgen von
Joachim Becker, Francisco Claure Ibarra,
Ingrid Fankhauser, Ramachandra Guha,
Eduardo Gudynas, Johannes Jäger,
Monika Ludescher, Joan Martínez-Alier,
Clarita Müller-Plantenberg,
Andreas Novy, Werner G. Raza,
August Reinisch, Sigrid Stagl,
Carlos Roberto Winckler

Brandes & Apsel / Südwind

Auf Wunsch informieren wir regelmäßig über das Verlagsprogramm.
Eine Postkarte an den Brandes & Apsel Verlag, Scheidswaldstr. 33,
D-60385 Frankfurt a.M., genügt. Oder per E-mail: brandes-apsel@t-online.de

Gefördert aus öffentlichen Mitteln

Österreichische
Entwicklungszusammenarbeit

¡Atención! – Jahrbuch des Österreichischen Lateinamerika-Instituts, Band 4

Die Deutsche Bibliothek - CIP-Einheitsaufnahme:

Recht auf Umwelt oder Umwelt ohne Recht? Auswirkungen des neoliberalen Modells
auf Umwelt und Gesellschaft in Lateinamerika / Werner G. Raza (Hrsg.).
Mit Beitr. von Joachim Becker... - 1. Aufl. - Frankfurt a.M.: Brandes und Apsel;
Wien: Südwind, 2000
(Atención; Bd. 4)
ISBN 3-86099-199-X

1. Auflage 2000
© Brandes & Apsel Verlag GmbH, Scheidswaldstr. 33,
D–60385 Frankfurt a. M.
Lektorat: Monika Kalcsics, Wien
Druck: Euroadria d.o.o., Ljubljana. Printed in Slovenia
Gedruckt auf säurefreiem, alterungsbeständigem und chlorfrei gebleichtem
Papier.

ISBN 3-86099-199-X

Inhalt

I. Bestandsaufnahme –
Umwelt und Gesellschaft im lateinamerikanischen
Neoliberalismus   7

Werner G. Raza
Recht auf Umwelt oder Umwelt ohne Recht?
Zu den Auswirkungen des neoliberalen Modells
auf Umwelt und Gesellschaft in Lateinamerika   9
¿Derecho al medio ambiente o medio ambiente sin derecho?
Sobre las consecuencias del modelo neoliberal en el
medio ambiente y la sociedad en Latinoamérica   29

Eduardo Gudynas
Integración económica y desintegración ecológica en el MERCOSUR   46

Johannes Jäger
Soziale Auswirkungen und Ursachen der neoliberalen Wirtschafts- und
Sozialpolitik in Lateinamerika   60

Francisco Claure Ibarra / Ingrid Fankhauser
Der Weg zum Neoliberalismus / El camino del neoliberalismo.
Ein Fotoessay   79

II. Die Umweltproblematik im internationalen Kontext:
Diskurs, Politik und Recht   87

Sigrid Stagl
Ökologische Ökonomie – Chance für ein nachhaltigeres Lateinamerika?   89

Ramachandra Guha / Joan Martínez-Alier
The Environmentalism of the Poor and the Global Movement
for Environmental Justice   105

August Reinisch
Nachhaltige Entwicklung seit der Rio-Konferenz 1992   137

III. Akteure und Handlungsstrategien im lateinamerikanischen Neoliberalismus

III. Akteure und Handlungsstrategien
im lateinamerikanischen Neoliberalismus   149

Clarita Müller-Plantenberg
Kleinbäuerliche Produktionsweisen: Vertreibung, Anpassung
und Widerstand gegen die Weltmarktproduktion   151

Andreas Novy
Primärgüterexporte aus dem brasilianischen Regenwald
und alternative Wirtschafts- und Lebensformen   171

Monika Ludescher
Ressourcemanagement im Neoliberalismus: Die aktuelle
peruanische Gesetzgebung im Erdöl und Erdgassektor –
Auswirkungen auf Umwelt und Menschenrechte   199

Carlos Roberto Winckler
El Aprendizaje de la República.
Los movimientos sociales brasileños en los años recientes   212

Joachim Becker
Gegen den Strom. Alternative Kommunalpolitik im Cono Sur   228

Zusammenfassung der Buchbeiträge/Resúmenes de los artículos 254

Autorinnen und Autoren   263

I.
Bestandsaufnahme –
Umwelt und Gesellschaft
im lateinamerikanischen Neoliberalismus

Werner G. Raza
Recht auf Umwelt oder Umwelt ohne Recht?
Zu den Auswirkungen des neoliberalen Modells auf Umwelt und Gesellschaft in Lateinamerika

Einleitung

Was hat sich in den letzten zwei Jahrzehnten in den Gesellschaften Lateinamerikas so Grundlegendes verändert, daß diese neue historische Phase des sogenannten Neoliberalismus so viel Zuspruch, aber auch Widerstand erntet? Die schon im Titel dieses Bandes implizit zum Ausdruck kommende These, daß es nicht nur zu einem fundamentalen Wandel in den Ökonomien Lateinamerikas gekommen ist, sondern daß diese Änderungen auch und besonders andere gesellschaftliche Dimensionen umfassen, dem wollen die vorliegenden Beiträge nachgehen. Dies schuldet sich der Einsicht, daß der Neoliberalismus, ob in Lateinamerika oder anderswo, kein ausschließlich ökonomisches – auch wenn er über ökonomische Mechanismen implementiert wurde –, sondern ein vornehmlich politisches Projekt ist, das alle Dimensionen einer Gesellschaft umfaßt. Unsere Aufmerksamkeit gilt dabei im besonderen den umweltpolitischen und sozialen Dimensionen. Im gesellschaftlichen Naturverhältnis als auch im sozialen Bereich haben sich nachhaltige Änderungen durch die Durchsetzung des Neoliberalismus ergeben. Wiewohl Folge, sind sie gleichzeitig auch Ausgangspunkt sozialer Bewegungen gegen den vermeintlichen Siegeszug von Marktideologie und gesellschaftlicher Atomisierung.

Dieser Band, der zugleich das Ergebnis einer Ringvorlesung im Rahmen des Interdisziplinären Lehrgangs für Höhere Lateinamerika-Studien des Österreichischen Lateinamerika-Instituts im Wintersemester 1999/2000 dokumentiert, verfolgt daher ein zweifaches Ziel: Einerseits eine Bestandsaufnahme der Auswirkungen des neoliberalen Modells auf Umwelt und Gesellschaft zu leisten, andererseits gesellschaftspolitischen Antworten sozialer Akteure auf dieses Modell nachzugehen und herauszuarbeiten, was die Möglichkeiten und Grenzen alternativer Projekte tatsächlich sind im zivilgesellschaftlichen wie auch staatlichen Rahmen angesichts der neoliberalen Dominanz.

In dieser Einleitung soll es zunächst darum gehen, einige für das Verständnis der vorliegenden Beiträge dienliche Begriffe und Konzepte einzuführen, einen groben historischen Überblick über die Entwicklung des gesellschaftlichen Naturverhältnisses in Lateinamerika zu geben, um daran anschließend die Änderungen der letzten drei Jahrzehnte in der Umweltpolitik aber auch im

Umweltdiskurs und deren Artikulation mit den Maximen neoliberaler Politik darzustellen.

Zum Begriff des gesellschaftlichen Naturverhältnisses

Unter dem gesellschaftlichen Naturverhältnis wird hier die Gesamtheit der materiellen wie symbolischen Beziehungen zwischen Gesellschaft und Natur verstanden (vgl. Jahn 1991, Görg 1999). Natur wird nicht als ewig Gleiches, außerhalb der Gesellschaft existierendes, sondern als etwas einer bestimmten sozioökonomischen Formation Spezifisches verstanden. Die Artikulation zwischen Gesellschaft und Natur unterliegt damit einem historisch-geographischen Wandel (vgl. Harvey 1996, Brand 1999). Natur wird in verschiedenen Gesellschaften demgemäß unterschiedlich wahrgenommen, und auch symbolisch dargestellt. Gesellschaften entwickeln also spezifische »ökologische Rationalitäten« (Leff 1986, 1999). Ebenso wird sie von distinkten Wirtschaftssystemen auch spezifisch genützt, wobei die Transformation von Natur durch den Produktionsprozeß auch zu Konstruktionen von Natur führt, d.h. zu neuen, durch die menschliche Arbeit geschaffenen Umwelten. Man denke nur an die vielfältigen sogenannten Kulturlandschaften, Parks und Landschaftsgärten. In diesen Repräsentationen von Natur eingeschrieben sind soziale Verhältnisse, Natur ist daher nichts anderes als das physisch-materielle Korrelat bestimmter sozialer Verhältnisse (vgl. Lipietz 1991). Die in die Architektur von Gärten und Parks eingeschriebene Machtstruktur des absolutistischen Staats (vgl. Rotenberg 1995), oder die Klassenstruktur, die in der sozio-räumlichen Segregation der Wohngegenden wie auch Wohnformen verschiedener sozialer Gruppen zum Ausdruck kommt (vgl. Harvey 1973), sind nur einige Beispiele für die enorme Mannigfaltigkeit der materiellen Repräsentation von Gesellschaft.

Natur, beziehungsweise spezifische Notwendigkeiten des Zugangs zu Natur, in ihrer Funktion als Quelle (Rohstoffe, Energie, Boden), Senke (Emissionen, Müll) und auch als »Dienstleister« (Wasser-, CO_2-Kreislauf, Photosynthese etc.), sind von essentieller Bedeutung für jede Form des Wirtschaftens. Die gesellschaftliche Regulation dieser produktiven Nutzung von Natur erfolgt dabei durch ein historisch-geographisch spezifisches Set an formellen und informellen Eigentums- und Nutzungsrechten wie auch -verboten. Diesen vorgelagert sind bestimmte Interessen von unterschiedlichen sozialen Gruppen oder Klassen an Natur, die sich wiederum aus ökonomischen und kulturellen Motivationen speisen. Die »ökologische Verteilung« (Martínez-Alier/O'Connor 1996, 1998), d.h. die aus einer spezifischen Form von Eigentums- und Nutzungsrechten erwachsenden Vor- und Nachteile von Naturnutzung innerhalb einer und auch zwischen mehreren Generationen, ist damit das Resultat einer politischen Auseinandersetzung unterschiedlicher sozialer Akteure. Jeder dieser Akteure wird dabei danach trachten, sein Interesse an der Nutzung von Natur institutionell absichern zu lassen. Dieser Prozeß der Artikulation und Durchsetzung von Interessen findet oft parallel auf verschiedenen, miteinander kommunizierenden territorialen Ebenen statt (lokal, national, international), und involviert unterschiedlichste gesellschaftliche Akteure mit jeweils auch sehr ungleich verteilten Ressourcen und Einflußmöglichkeiten. Dem Staat, auf supra-nationaler Ebene internationalen Organisationen, kommt dabei die zentrale Rolle nicht nur des Vermittlers, sondern der für alle verbindlich rechtssetzenden Instanz zu. Dieses Ensemble der Regulation des gesellschaftlichen Naturverhältnisses, das man auch als »ökologische Restriktion« bezeichnen könnte (Raza 1999, Becker/Raza 2000), muß nun zu den Erfordernissen der ökonomischen Akkumulation in einem komplementären, letztere absicherndes Verhältnis stehen, soll eine langfristig-stabile Entwicklung der Gesellschaft gewährleistet sein. Das kann, muß aber nicht zwangsläufig der Fall sein. Vielmehr kann es zu Problemen und Widersprüchen zwischen Akkumulationsregimen und ökologischer Restriktion kommen, welche die ökonomische Entwicklung beeinträchtigen und das mitunter auf Dauer. Derlei Krisen des gesellschaftlichen Naturverhältnisses sind speziell auch an große Krisen eines Wirtschaftssystems gekoppelt (vgl. Lipietz 1997). In letzteren kommt es zu einer grundlegenden Restrukturierung der Artikulation von Ökonomie, Politik und Gesellschaft. Das gesamte Ensemble von gesellschaftlichen Normierungen der politökonomischen Struktur, im speziellen des Staats, der Regulation von Arbeit, unternehmerischer Konkurrenz und des Geldes, steht dabei zur Disposition. Im folgenden gehe ich von der These aus, daß auch in Lateinamerika solche Krisen stattgefunden haben, und daß speziell spätestens an der Wende zu den 1980er Jahren eine große Krise schlagend wurde, die nicht zuletzt auch eine Transformation des gesellschaftlichen Naturverhältnisses des lateinamerikanischen Kapitalismus mit sich brachte. Inwieweit dieser Prozeß gegenwärtig schon als abgeschlossen betrachtet werden kann, soll vorerst noch unbeantwortet bleiben.

Gesellschaftliches Naturverhältnis im kolonialen Zeitalter (1500-1820er Jahre)

Lateinamerika erlebte im Lauf der letzten Jahrhunderte, besonders aber seit seiner »Entdeckung« vor mehr als 500 Jahren, gravierende und nachhaltige Veränderungen seiner natürlichen Umwelt. Eingeleitet wurden diese durch die Integration der damaligen Kolonien in den kapitalistischen Weltmarkt. Diese Weltmarktintegration der vorkapitalistischen Ökonomien Lateinamerikas bedeutete auch das Entstehen eines gesellschaftlichen Naturverhältnisses unter kapitalistischen Vorzeichen, das die schon bestehenden Naturverhältnisse der vorkapitalistischen Gesellschaften überlagerte. Die Überlagerung bestand wesentlich in der generellen Ausrichtung der Ökonomien Lateinamerikas auf die Interessen der Kolonialmächte, und letztere bezogen sich in erster Linie auf die Ausbeutung der reichlich vorhandenen natürlichen Ressourcen des neuen Kontinents (bzw. der dafür erforderlichen lokalen Arbeitskraft), seien diese erschöpfbar (Metalle) oder erneuerbar, wie es agrarische Nutzpflanzen (Kartoffel, Mais etc.) und Genußmittel (Kaffee, Kakao etc.) sind. Nach Vitale (1990) war es gerade die abundante ökologische Grundlage Lateinamerikas, die den ökonomischen Interessen der spanischen Kolonisatoren glänzend zupaß kam, genauso wie die lokal vorhandene Bergbautechnologie und die hochentwickelte Landwirtschaft es erlaubten, mit solch relativ hoher Geschwindigkeit die koloniale Extraktionswirtschaft zu implementieren.

Während vor allem die Edelmetalle der spanischen Krone dazu dienten, ihre Repräsentations- und Konsumbedürfnisse zu befriedigen, allgemein volkswirtschaftlich jedoch die nötige Liquidität für eine expandierende europäische Wirtschaft (vor allem Englands) lieferten (Halperin Donghi 1994: 20f.), sollten die agrarischen Nutzpflanzen Lateinamerikas zur wichtigen Ernährungsquelle der europäischen Bevölkerungen, und auch zur materiellen Grundlage für die im ausklingenden 19. Jahrhundert in Europa einsetzende Pflanzenzucht werden. Die heute so heftig umstrittene Ausbeutung der Artenvielfalt (das sogenannte »Bio-prospecting«) der transnationalen Konzerne zum Zwecke des Aufbaus von Gendatenbanken blickt mithin zurück auf eine lange Tradition des strategischen Sammelns fremder Pflanzenarten (vgl. Flitner 1995). Im Gegenzug dieses »Columbian exchange« exportierte man europäische Nutzpflanzen und -tiere, und nicht zuletzt europäische Krankheitserreger, bewußter- wie auch unbewußterweise in die Kolonien, die eine profunde und zum Teil desaströse ökologische Invasion für die unvorbereiteten Öko- und menschlichen Immunsysteme bedeuteten (vgl. Crosby 1972).

Die auf Ressourcenextraktion basierende Exportwirtschaft funktionierte zwar im wesentlichen als Enklavenökonomie, d.h. es bestanden kaum Rückkoppelungen zur lokalen Wirtschaft in Form von z.B. Technologietransfer oder Steuerabschöpfung. Sie war aber zu ihrem Funktionieren nichtsdestotrotz auf die Vorleistungen und Zulieferungen der lokalen Ökonomie und damit auch Ökologie maßgeblich angewiesen. Im Fall etwa des bolivianischen Bergbaus bedeutete das die Ausbeutung der indigenen lokalen Arbeitskraft, die Zulieferung von Holz, die Versorgung mit den benötigten Lebens- und Genußmittel aus anderen Regionen des Landes (Getreide aus den *Valles*, Koka aus den *Yungas*), und den Aufbau eines Handels- und Verwaltungszentrums in La Paz (vgl. Klein 1992). Die lokale andine Wirtschaft versorgte de facto die Exportwirtschaft durch die erzwungene Abschöpfung ihres Mehrprodukts. Darüberhinaus hatte sie die sozioökonomischen und ökologischen Folgen der kolonialen Exportwirtschaft zu tragen.

Die Ausbeutung der erneuerbaren Ressourcen erfolgte auf Grundlage großflächiger landwirtschaftlicher Unternehmen, sei es in Form von Plantagen, oder in Form von großen Viehbetrieben. Auch in diesem Fall bestand das Ziel der Kolonialherren ausschließlich im Export der gewonnenen Produkte, was aber wiederum nur unter Ausbeutung der lokalen Ökonomie wie auch Ökologie möglich war. Diese Form der großflächigen Landwirtschaft bedingte eine Inwertsetzung ehedem ökonomisch nicht genutzter Flächen, wie auch eine Verdrängung der lokalen Naturalwirtschaft, die sich zunehmend mit kleinen marginalen Flächen zu ihrer Reproduktion begnügen mußte. Zum anderen erforderte sie eine de facto wie auch de jure Enteignung des großteils gemeinwirtschaftlich genutzten Landes durch die Einführung eines Eigentumsrechts, das auf individuellen Besitztiteln gründete. Die bis dahin vorherrschenden gemeinschaftlich organisierten, auf die Produktion von Gebrauchswerten ausgerichteten Bewirtschaftungsformen wurden also durch einzelwirtschaftliches, auf Profit ausgerichtetes Handeln abgelöst.

Daß die Implementierung eines bürgerlichen Rechtssystems Voraussetzung einer kapitalistischen Ökonomie ist, wäre nicht weiter erwähnenswert, wäre damit nicht die in der liberalen (neoklassischen) ökonomischen Theorie fest verankerte These verbunden, daß Privateigentum an natürlichen Ressourcen die Voraussetzung für deren ökologisch schonende Nutzung darstellte (vgl. den berühmten Aufsatz von Hardin 1968). Gerade die ökonomisch-ökologische Geschichte Lateinamerikas belegt aber das genaue Gegenteil, war es doch die Expansion des kapitalistischen Weltmarktzusammenhangs in sozioökonomische Räume, die eine ökologisch weitgehend integrierte und angepaßte Produktionsweise aufwiesen, welche den Anfang einer bis dahin nicht gekannten ökologischen Destruktion des Kontinents markierte (vgl. Cunil 1978, Gligo/Morello 1979). Die Feststellung einer unter ökologischen Gesichtspunkten nachhaltigen Wirtschaftsweise der präkolumbianischen Kulturen sollte allerdings nicht als deren Romantisierung oder Idealisierung mißverstanden werden. Vielmehr kann es aus heutiger Sicht nur darum gehen, zu ergründen, inwieweit diese autochtonen Techniken der Ressourcenbewirtschaftung für heutige Zwecke noch anwend- bzw. übertragbar wären.

Gesellschaftliches Naturverhältnis im außenorientierten Entwicklungsmodell (1830er-1930er Jahre)

Die politische Unabhängigkeit der lateinamerikanischen Staaten in den ersten Jahrzehnten des 19. Jahrhunderts führte zwar zu Veränderungen des politischen Systems, an der grundsätzlichen Ausrichtung der nationalen Ökonomien sollte sich aber nichts ändern. Waren es doch gerade die neuen nationalen Bourgeoisien, die ein essentielles Interesse an der Aufrechterhaltung bzw. sogar am Ausbau des extravertierten, d.h. nach außen orientierten Akkumulationsregimes hatten. Lediglich die institutionelle Artikulation der lateinamerikanischen Exportökonomien zum Weltmarkt änderte sich, indem an die Stelle der direkten politischen Dominanz durch die Kolonialmacht eine ökonomische, über internationale Handels- und Kapitalverflechtungen vermittelte asymmetrische Weltmarkteinbindung trat. Die Ausrichtung der Extraktionsökonomien auf die Erfordernisse der ehemaligen Kolonialmächte vertiefte sich sogar noch in dem Maß, indem die in den letzteren Ländern im Laufe des 19. Jahrhunderts erfolgte Industrialisierung den Bedarf nach zum Teil neuen industriellen Rohstoffen wachsen ließ. Zu nennen wären hier exemplarisch Erdöl, Kautschuk, Salpeter, Guano, Kupfer, Zinn und andere Metalle. Mit der Industrialisierung der Zentren sollte auch das Auftreten vom Rohstoffboom zunehmen, d.h. einer Abfolge von industriell induzierter Nachfrage nach einem Rohstoff (z.B. Kautschuk für die Gummiproduktion), die daraufhin einsetzende großflächige Extraktion bzw. Produktion des Rohstoffs in der Peripherie mit all den zum Teil desaströsen sozioräumlichen und ökologischen Folgen, und der nach einiger Zeit (mitunter mehrere Jahrzehnte) erfolgenden Substitution des Rohstoffs durch einen anderen natürlichen, oder technisch entwickelten (z.B. Ablösung des Kautschuk durch synthetisch erzeugten Gummi auf Basis von Erdöl). Diese Booms, die es beispielsweise bei Kautschuk, Salpeter und Guano gab, hinterließen in den Extraktionsgebieten oft stark beeinträchtigte Ökosysteme, und durch den Schock des versiegenden Exportbooms beschäftigungslose und daher rasch verarmte Massen an ArbeiterInnen ohne alternative Erwerbsmöglichkeit. Die Spezialisierung vieler lateinamerikanischer Länder auf den Export weniger Primärgüter wurde also im Zeitraum nach der Unabhängigkeit bis in die Anfänge des 20. Jahrhunderts hinein ausgebaut und nachhaltig verfestigt.

Diese liberalen Außenhandelsregime wurden nach innen durch liberal-autoritäre Staatsapparate und enge Verflechtungen zwischen politischer Klasse und nationaler Oligarchie bei gleichzeitigem Ausschluß der oft indigenen Bevölkerungsmehrheit von der politischen Teilhabe geschützt. Als Ziel der herrschenden Oligarchie läßt sich denn auch die Maximierung des Renteneinkommens aus der Ausbeutung des natürlichen Reichtums identifizieren, weshalb man mit Ominami (1986) diese ökonomische Formation schlicht als

Rentenregime charakterisieren kann. Dementsprechend gering war das politische Interesse, durch die Zweckwidmung eines Teils der Renteneinkünfte für Investitionen in den Ausbau der nationalen Wirtschaft die Produktionsbasis, d.h. die Möglichkeiten zur Hebung des Lebensstandards breiterer Bevölkerungsschichten zu erweitern. Derlei steuerliche Abschöpfungen erfolgten nur in dem Ausmaß, als dies für die Unterstützung und Vermarktung der Primärgüterproduktion unbedingt erforderlich war. Zudem engagierte sich metropolitanes Kapital schon aus strategischem Interesse selbst kräftig beim Ausbau der Transport- und Verkehrsinfrastruktur vom Landesinneren zu den Exporthäfen. Die hauptsächlich auf die Küsten ausgerichtete geographische Struktur dieser Exportwege sollte dann auch die Erschließung und Vernetzung der Binnenräume des Kontinents bis in die heutige Zeit erschweren.

Gesellschaftliches Naturverhältnis im binnenorientierten Entwicklungsmodell (1930er-1970er Jahre)

Die Möglichkeiten zur Aufrechterhaltung des außenorientierten Entwicklungsmodells hingen essentiell vom Bedarf der Zentrumsökonomien an Primärgütern, und damit von deren Weltmarktpreisen ab. Als mit der Weltwirtschaftskrise der späten 1920er Jahre die Nachfrage nach Primärgütern einbrach, wurde nach Jahrzehnten sich verschlechternder *Terms of Trade* (reales Austauschverhältnis zwischen Exporten und Importen) endgültig die Notwendigkeit offenbar, das herrschende Wirtschaftsmodell zu restrukturieren. Das Modell der Importsubstituierenden Industrialisierung (ISI), das sich ab den 1930er Jahren kontinental zu formieren begann, und mit einiger Verzögerung dann durch die Arbeiten von Raúl Prebisch (1949) und seinen Mitstreitern von der CEPAL (Comisión Económica para América Latina y el Caribe) auch theoretisch legitimiert wurde, war zentral durch seine Binnenorientierung gekennzeichnet (vgl. allgemein Kay 1989, Calzadilla/Novy 1995). Die Leitidee bestand mithin darin, durch den Aufbau eines Binnenmarktes industriell gefertigte Güter für den nationalen Markt produzieren zu können, wodurch der bislang unverzichtbare Import von Produktions- wie auch Konsumgütern durch die heimische Produktion allmählich ersetzt werden sollte. Zu diesem Zweck wurde die nationale Wirtschaft durch Zollschranken teilweise abgeschirmt, um damit der erst im Aufbau befindlichen Industrie den nötigen Schutz vor der übermächtigen internationalen Konkurrenz zu geben. Dem Primärgüterexport kam die spezifische Rolle zu, die für den Aufbau der heimischen Wirtschaft (vor allem Industrie, Infrastruktur, soziale Dienstleistungen) nötigen Devisen zu verwirtschaften, d.h. man stellte ihn explizit in den Dienst eines nationalen Entwicklungsprojekts. Das bedeutete zumindest für die Rohstoffextraktion auch seine, in der Regel gegen den Widerstand der

Zentrumsökonomien durchgesetzte Verstaatlichung. Schließlich sollte die Intensivierung der landwirtschaftlichen Produktion es ermöglichen, Arbeitskräfte in den Aufbau der Industrie umzuleiten, ohne die nationale Versorgung mit Nahrungsmitteln zu gefährden. Dieses Modell, das in unterschiedlichen Varianten in fast allen lateinamerikanischen Ländern implementiert wurde, erlebte in den 50er und 60er Jahren mit außergewöhnlich hohen Wachstumsraten des Bruttoinlandsprodukts seine Blütezeit. Danach setzte seine Stagnation ein. Daran konnten die ab den 70er Jahren einsetzenden Militärdiktaturen auch nichts mehr ändern. Entweder versuchten diese nämlich den Zustand der unvollständigen Implementierung der ISI noch für einige Zeit zu bewahren (Brasilien, Peru), ohne den entscheidenden Schritt in Richtung der Ausweitung der Binnennachfrage (durch redistributive Sozialpolitiken) zu gehen, oder sie vollzogen einen abrupten Richtungswechsel in der Wirtschaftspolitik, um den erwähnten Schritt zur vollständigen Implementierung zu verhindern (Chile, Argentinien, Uruguay). Die ISI scheiterte, neben den gemeinhin angeführten ökonomischen und politischen Faktoren (Fehlplanung, Korruption etc.), an der für die besitzenden Klassen inakzeptablen, für den dauerhaften Erfolg des Modells aber wesentlichen Umverteilung von Besitz, Vermögen und Einkommen zur breiten Masse der Bevölkerung. Mit Ausbruch der Verschuldungskrise in den frühen 1980er Jahren war dann endgültig jede Chance zur Rettung des Modells vertan.

Worin bestanden nun die mit der ISI verbundenen Kontinuitäten und Veränderungen des gesellschaftlichen Naturverhältnisses?

Einer der Eckpfeiler der ISI-Konzeption bestand im Aufbau einer möglichst kompletten Industriestruktur. Während einer ersten Phase seit den 1930er Jahren entstanden vor allem Konsumgüterindustrien (nahrungsmittel-, textil-, lederverarbeitende Industrien). Aufgrund der hohen Transportkosten waren diese entweder in der Nähe des Produktionsorts ihrer Rohstoffe oder in der Nähe von Städten situiert. Die damit verbundene Umweltverschmutzung konnte lokal durchaus beträchtlich sein, regional und national hielt sie sich aber in Grenzen. Ab den späten 1940er Jahren ging man dazu über, Grundstoff- und Schwerindustrien aufzubauen, um die wesentlichen industriellen Inputs (Eisen/Stahl, Elektrizität, Erdöl, Zement u.a.) auch im eigenen Land herstellen zu können (vgl. Sunkel 1980). Das zeitigte signifikante Effekte auf die lokalen und auch regionalen Ökosysteme, sowohl in bezug auf den dafür erforderlichen Bedarf an Raum für Straßen, Anlagen etc. und lokaler natürlicher Inputs (Wasser, Holz, Energie etc.), als auch insbesondere in bezug auf die Emissiontätigkeit (atmosphärische Emissionen, Müll). Ab den 1950er Jahren läßt sich auch feststellen, daß die industrielle Struktur Lateinamerikas sich zunehmend auf wenige geographische Räume konzentriert, daß also große räumliche Agglomerationen mit den Industrien an deren Peripherie entstehen. Ebenso evident ist, daß die vom Land zugezogene Bevölkerung sich auf-

16

grund der Arbeitsmöglichkeiten bevorzugt in der Nähe von Industrien ansiedelt, und damit der industriellen Verschmutzung in besonders hohem Maß ausgesetzt ist. Aufgrund des peripheren Standorts dieser Siedlungen sind sie auch mit öffentlicher Infrastruktur (Trinkwasser, Kanalisierung, öffentlicher Verkehr) unterversorgt (Uribe/Szekely 1980: 292 f.).

Das sich ab den 1950er Jahren beschleunigte Wachstum der Städte läßt sich immer weniger auf die Industrialisierung zurückführen, sondern verschuldet sich im wesentlichen der Modernisierung der Landwirtschaft und den entweder fehlgeschlagenen oder unterbliebenen Landreformen. Beide Prozesse tragen dazu bei, daß die sich verschlechternden ökonomischen Bedingungen auf dem Land einen immer größeren Teil der Landbevölkerung zur Abwanderung in die großen städtischen Ballungsräume nötigen. Lebte zur Mitte des 20. Jahrhunderts die Bevölkerung in ihrer Mehrheit auf dem Land (circa 60 Prozent 1950), so änderte sich die Beziehung Land- und Stadtbevölkerung innerhalb weniger Jahrzehnte zugunsten Letzterer; 1970 betrug die Stadtbevölkerung 57 Prozent, 1990 bereits 72 Prozent der gesamten Bevölkerung Lateinamerikas (Vitale 1990: 96; Nohlen/Nuscheler 1995: 94).

Die landwirtschaftliche Modernisierung, die ursprünglich im Rahmen der ISI Konzeption zum Zwecke der Alimentierung der nationalen Industrie konzipiert worden war, wurde ab den 1960er Jahren immer stärker in den Dienst des Aufbaus eines agrar-industriellen Exportsektors gestellt. Landwirtschaftliche Produkte mit großer Weltmarktnachfrage, sogenannte Cash-crops (Soja, Weizen, Zuckerrohr u.a.), sollten mit Hilfe moderner, technologie- und erdölintensiver Produktionsverfahren großflächig angebaut und exportiert werden. Das bedeutete den Einsatz von Hochertragssorten, Bewässerungssystemen, Traktoren und sonstiger landwirtschaftlicher Maschinen, Pestiziden und anderer, aus dem Ausland zu importierender, teurer, weil technologieintensiver Produktionsmittel. Ähnliches gilt für die Tierzucht. Mit dieser »Artifizialisierung« (Sunkel 1981: 62) trug man noch zusätzlich zur chronischen, i.e. strukturellen Passivierung der Leistungsbilanzen bei. Die dafür benötigten Flächen erhielt man einerseits durch Verdrängung der kleinbäuerlichen Landwirtschaft und andererseits durch Kolonisierung ungenutzter Gebiete, also in der Regel durch Rodung von Primärwäldern. Indem man einen komparativen Vorteil – immense Flächen an fruchtbarem Land – zum Zwecke der kurzfristigen Gewinnmaximierung ausbeutete, begab man sich zunehmend eines anderen Vorteils, nämlich der reichlichen Verfügbarkeit billiger Arbeitskraft. Sowohl die sozialen als auch ökologischen Kosten dieser intensivierten, nunmehr kapitalistischen Landwirtschaft waren groß. Weder konnte die ländliche Armut damit signifikant verringert, noch die nationale Nahrungssicherheit erhöht werden. Vielmehr gab man dem ungestümen Wachstum der Städte einen zusätzlichen Impuls (Sunkel 1981), genauso wie man durch die Expansion der Agrargebiete nach innen kumulative Effekte in bezug auf unkontrollierte Besiedlung und weitere Rodungen auslöste. Der Fall der Kolonisierung des Amazonasbeckens ist diesbezüglich besonders anschaulich (siehe dazu Cardoso 1980, Bunker 1985, Altvater 1987).

Durch den Verlust von tropischem Regenwald (und dessen Artenreichtum), die Verdrängung des autochtonen Saatguts durch die auf die lokale ökologische Situation nicht abgestimmten Hochertragssorten, die Bodenerosion durch Übernutzung oder falsche Produktionstechnologien, die Versalzung der Böden aufgrund inadäquater Bewässerungsmethoden stellten sich nicht nur weitere, die lokalen und regionalen Ökosysteme maßgeblich schädigende Effekte ein, vielmehr ist dadurch die langfristige ökonomische Viabilität der Agroindustrie selbst als äußerst fragil einzustufen (vgl. Gligo 1980).

Während der Periode des binnenorientierten Entwicklungsmodells von den 1930er – 1970er Jahren läßt sich also resümierend ein Prozeß nachholender, imitativer Modernisierung feststellen. Dieser sich in relativ kurzer Zeit vollziehende Prozeß führte zu drastischen Umwälzungen sowohl der lateinamerikanischen Gesellschaften als auch deren natürlicher Umwelt, und beinhaltete mehrere strukturelle, sich überlagernde Transformationen der lateinamerikanischen Ökonomien: Neben dem Weiterbestehen der traditionellen Extraktionswirtschaft kommt es zu einer beträchtlichen, wenn auch in einzelnen Ländern unterschiedlich weit fortgeschrittenen Industrialisierung. Diese vollzieht sich in räumlich äußerst ungleicher, konzentrierter Form, und führt zusammen mit der Transformation des ländlichen Raums zu einer rasanten, in seinen sozialen und ökologischen Facetten unkontrollierten Verstädterung. Gleichzeitig wird die traditionelle Landwirtschaft mehr und mehr von kapitalistischen Produktionsformen durchdrungen, ohne damit die grundlegenden Probleme des ländlichen Raums lösen zu können. War der Fokus zu Beginn der Periode noch sehr stark autozentriert, also in Richtung des Aufbaus eines eigenständigen Wirtschaftsmodells gewesen, kam es ab den 1950er Jahren zu einer Transnationalisierung nicht nur der Produktionsstrukturen, sondern auch des von der nunmehr mehrheitlich städtischen Bevölkerung als erstrebenswert angesehenen Lebensstils (vgl. Sunkel 1980).

Krise und neoliberale Restrukturierung (1970er-bis heute)

Die Krise, in welche die lateinamerikanischen Ökonomien ab den späten 1960er Jahren schlitterten, war umfassend. Sie erstreckte sich nicht nur auf die Wirtschaft, sondern erfaßte auch den Staat, die Gesellschaft und damit auch die gesellschaftlichen Naturverhältnisse. Die Ursachen für die Krise sind vielfältig. Eine detaillierte Analyse derselben würde den Rahmen der gegenständlichen Arbeit sprengen. Hier kann nur ein kurzer Aufriß geleistet werden. Jedenfalls läßt sich feststellen, daß die ISI schon in den 1960er Jahren an sozioökonomische Grenzen gestoßen war, und die Militärdiktaturen der 1970er Jahre aktiv darangingen, ihre Vertiefung zu verhindern, oder überhaupt die Weichen in Richtung Systembruch stellten. Überdies führten Faktoren wie die günstige Weltmarktsituation für Rohstoffe und die Erdölkrise 1973 mit der durch sie bewirkten Liquiditätsschwemme auf den internationalen Finanzmärkten zu einer leichtfertigen Politik sowohl der Schuldenaufnahme durch periphere Regime als auch der Kreditvergabe durch internationale Banken (vgl. Raffer 1999). Diese Gelder wurden, soweit sie nicht in die dunklen Kanäle der Korruption flossen, in den Ausbau der Infrastruktur mittels zum Teil gigantischer, ökonomisch wie ökologisch desaströser Großprojekte, und den schon beschriebenen agroindustriellen Exportsektor investiert. Als dann ab Ende der 1970er Jahre das internationale Zinsniveau markant anstieg und wenig später die Preise vieler Rohstoffe in den Keller fielen, hatte sich das internationale ökonomische Umfeld abrupt zuungunsten der Peripherie verändert, und die Verschuldungskrise wurde schlagend. Zugleich war damit das Feld für die Implementierung eines neuen, außenorientierten Modells in den Ländern der Peripherie aufbereitet, nicht zuletzt auch durch die Politiken der 1970er selbst, hatte doch eine Aufwertung des Primärgütersektors und eine schleichende Erodierung der industriellen Struktur durch die Militärregime stattgefunden. In der Krise wurden dann die durch die gute Konjunktur der 1970er Jahre überdeckten strukturellen Defizite der lateinamerikanischen Ökonomien, besonders aber des Bergbaus und der industriellen Sektoren sichtbar. Die Legitimität der Militärregime war damit vollends untergraben. Aus dieser Situation heraus entstand das neoliberale Modell, sofern es nicht schon in den 1970er Jahren von der »Vorhut« der Militärregierungen Chiles, Argentiniens und Uruguays implementiert worden war. Eben auf die *prima vista* attraktive Kombination von neoliberaler Ökonomie und liberaler Demokratie, erfolgte doch ab der ersten Hälfte der 1980er Jahre parallel die Redemokratisierung vieler lateinamerikanischer Länder (Argentinien, Bolivien, Brasilien, Chile, Uruguay). Der schwierige, konflikthafte und die Gesellschaften absorbierende Übergang zu formaldemokratischen Regimen in den 1980er Jahren, der seinen ökonomischen Ausdruck in prononcierten Inflationsspiralen fand (Marques-Pereira 1998), koinzidierte mit der durch die Schuldenkrise noch verschärften ökonomischen Situation, welche die internationale Machtkonstellation nachhaltig zugunsten der Zentren verschob. In dieser Situation des Übergangs, gekennzeichnet von wiedererstarkter außenpolitischer Dependenz und innenpolitischer Turbulenz, war es für die in einigen Ländern an die Macht kommenden mitte-links Regierungen (Bolivien, Argentinien) außerordentlich schwierig, ein eigenständiges Wirtschafts- und Gesellschaftsmodell abseits des Neoliberalismus zu implementieren. Paradoxerweise bezahlten daher die ersten demokratischen Regierungen oft für die ökonomischen und sozialen Altlasten der Militärdiktaturen, indem sie abgewählt und durch prononciert neoliberale Regierungen in der zweiten Hälfte der 1980er Jahre ersetzt wurden. Damit und infolge des Zusammenbruchs des realsozialistischen Blocks Ende der 1980er Jahre war dann endgültig klar, daß es kontinentweit keine Alternative mehr zu Sturkturanpassung, Liberalisierung und Deregulierung von Wirtschaft und Staat gab. So vollzog sich im Lateinamerika der 1980er Jahre ein Wandel, der mit dem Putsch der Regierung Fujimori 1992 und mit dem *Plano Real* der Regierung Cardoso in Brasilien 1994 einen vorläufigen Schlußpunkt fand.

Letztlich wurde dieser Prozeß aber maßgeblich von einem globalen Restrukturierungsprozeß beeinflußt, der sich seit den 1970er Jahren in den kapitalistischen Zentren selbst begonnen hatte abzuzeichnen. Dazu muß ich etwas weiter ausholen: Die Krise der als Fordismus bezeichneten Gesellschaftsformation in den Zentren seit den frühen 1970er Jahren führte zu Veränderungen im wirtschaftlichen Bereich, wie etwa räumlicher und sektorialer Reorganisation der Produktion, Zunahme der Bedeutung des Dienstleistungssektors und zum Entstehen neuer Branchen auf Basis der Informations-, der Bio- und Gentechnologien (vgl. Henderson/Castells 1987). Dieser Prozeß der ökonomischen Restrukturierung weist Eigenschaften auf, die für uns von besonderem Interesse sind: Er führte zu einer sekulären Aufwertung der Bedeutung des Finanzkapitals, eines in Krisen typischen Phänomens (Arrighi 1994). Damit einher ging eine Zunahme des Drucks auf die Profitabilität jeglicher ökonomischen Aktivität, mußte doch der vielzitierte »Shareholder-Value« maximiert werden. Dieser Druck übertrug sich auch auf die seit den 1980er Jahren verstärkt in den Weltmarkt integrierten peripheren Ökonomien, sei es durch Rationalisierungs- und Umstrukturierungsmaßnahmen im Produktivsektor, oder sei es in Form der notorischen, Lateinamerika periodisch überschwemmenden Portfolioinvestitionen, d.h. kurzfristiger, renditeorientierter Kapitalanlagen, die treffend als *capitales golondrinas* (»Schwalbenkapitale«) bezeichnet werden. Die Dominanz des Finanzkapitals bewirkte jedoch, daß der Restrukturierungsprozeß in seiner Gesamtheit latent fragil und damit krisenanfällig blieb, wie die verschiedenen Finanzkrisen der 1990er Jahre (Mexiko, Rußland, Asien, Brasilien) hinlänglich belegen. Das im Finanzsektor akkumulierte, fiktive Kapital muß nämlich realisiert werden, und das kann langfristig nur durch produktive Investitionen geschehen (Guttmann 1999). Das bedingt aber wiederum neue, profitträchtige Investitionsmöglichkeiten, die dieses Kapital absorbieren können. Ziel der globalen Privatisierungswelle ist es daher, neue Märkte zu schaffen, um die Wachstumsdynamik der kapitalistischen Ökonomie zu stabilisieren. Nicht zufällig kam daher der Druck – sowohl in den Zentren als auch in der Peripherie – zur Privatisierung dessen, was man als Produktionsbedingungen bezeichnet, also der Infrastruktur (Straßen, Eisenbahnen, Luftverkehr, Telekommunikation etc.), der sozialen Dienstleistungen (Pensions-, Krankenversicherung, Ausbildungswesen) und nicht zuletzt der natürlichen Umwelt (vgl. den Beitrag von *Johannes Jäger*). Letztere gewinnt insbesondere als Grundlage emergenter Wirtschaftszweige wie der sogenannten »Life-Science-Industrien« (Pharma-, Pflanzen- und Tierzuchtindustrie) eine neuartige Bedeutung.

Die Schuldenkrise der peripheren Länder eröffnete den Zentrumsökonomien eben die Möglichkeit, diese Länder wieder verstärkt nach ihren Bedürfnissen auszurichten. Die unter der Ägide von IWF und Weltbank erlassenen Reformen zielten denn auch wesentlich auf eine Re-Primarisierung der peripheren Exportwirtschaft und auf den Aufbau einer quasi extraterritorialen Lohnveredelungsindustrie bei gleichzeitiger Internationalisierung der gesamten Wirtschaftsstruktur der lateinamerikanischen Länder. Zusammen mit dem infolge der Schuldenkrise massiv gestiegenen Druck zur Erwirtschaftung von Devisen zwecks Schuldenrückzahlung bewirkte das einen beträchtlichen Anstieg der Primärgüterexporte in physische Einheiten, wobei der erzielte Erlös in monetären Einheiten aufgrund des so resultierenden Überangebots auf den Weltmärkten mitunter drastisch einbrach. Der Zusammenhang zwischen Verschuldung, Strukturanpassung und vermehrter ökologischer Destruktion ist mittlerweile auch empirisch belegt (vgl. Kahn/McDonald 1995, Capistrano/Kiker 1995). Der so oktroyierte Spezialisierungspfad ermöglichte den Industrieländern die Ausbeutung der sogenannten statischen komparativen Vorteile Lateinamerikas, d.h. ihres Ressourcenreichtums und ihres Arbeitskräftepotentials, die Penetration der peripheren Märkte mit industriell gefertigten Waren, und die Inbesitznahme oder Kontrolle strategisch wichtiger Branchen, vor allem im Rohstoffbereich, in der Infrastruktur und Dienstleistung durch verschiedene Formen von Kapitalbeteiligungen.

Die erhöhte Bedeutung, die der natürlichen Umwelt auf der internationalen Ebene in den letzten 30 Jahren zukam, ist erst vor diesem ökonomischen Hintergrund adäquat zu begreifen. Die Krise des gesellschaftlichen Naturverhältnisses besteht nicht nur in der objektiv feststellbaren Veränderung und Bedrohung der globalen Ökosysteme, sondern auch und insbesondere in der Transformation der öffentlichen Wahrnehmung von Umweltproblemen und den Formen der politischen Reaktion auf diese. Das seit den 1970er Jahren erwachte politisch-strategische Interesse an globalen Umweltgütern und strategischen Ressourcen mündete zunächst in einen internationalen Diskurs, der den Schutz der *global commons* (globalen Gemeinschaftsgütern) im Interesse des langfristigen Überlebens der Menschheit in den Mittelpunkt stellte. Gleichzeitig beeilte man sich auch klarzustellen, daß eine Verallgemeinerung des enorm umweltintensiven Lebensstils der Industrieländer auf die Dritte Welt aus ökologischen Gründen nicht möglich wäre, wodurch ein nachhaltiges Ressourcen- und Umweltmanagement auf globaler Ebene unumgänglich geworden wäre. Die zahlreichen Aktivitäten der internationalen Umweltpolitik der letzten zwei Jahrzehnte (vgl. dazu den Überblick von *August Reinisch*) waren auch geprägt von der tiefen Kluft zwischen einem affirmativen Appell zur Rettung der natürlichen Lebensgrundlagen, und damit der Menschheit und einem fundamentalen Interessensgegensatz zwischen den Umwelt- und Ressourcenbedürfnissen eines internationalisierten Kapitalismus und den (Überlebens-)Interessen breiter Bevölkerungsschichten sowohl im Norden wie im Süden. Im Kern ist dieser Konflikt ein Verteilungskonflikt um die Bedingungen des Zugangs zu natürlichen Ressourcen und Umwelt und der räumlichen wie auch zeitlichen Verteilung der positiven und negativen Folgen dieser Umweltnutzung. Zwar ist der Inhalt dieses Konflikts ein vornehmlich ökonomischer, seine Form ist jedoch eine zutiefst politische. Die besondere Rolle der neoliberalen Ideologie in diesem Prozeß besteht nun darin, den öffentlichen politischen Diskurs, in dem dieser Konflikt stattfindet, weitgehend zu besetzen, d.h. die Marktlogik als dominante Form des Denkens in den Köpfen der handelnden Akteure zu verankern, und überhaupt die Durchsetzung des neoliberalen Modells möglichst umfassend zu legitimieren. Dadurch soll eine umfassende Kommerzialisierung und Integration der Ressourcen- / Umweltproblematik in die Logik des Kapitalismus erreicht werden. Mit anderen Worten: Natur also kaufen und verkaufen zu können, wird als Voraussetzung ihrer nachhaltigen Nutzung, und damit langfristigen Erhaltung gesehen. Das bedingt freilich die Definition und Durchsetzung von Eigentums- und Verfügungsrechten an Natur. Die Problematik der Festschreibung von *Intellectual Property Rights* (Geistige Eigentumsrechte) in bezug auf die Nutzung der Artenvielfalt in internationalen Verträgen (vgl. den umstrittenen TRIPs Vertrag im Rahmen der WTO), oder die Frage der Installation eines Systems von handelbaren Verschmutzungsrechten an der globalen Atmosphäre im Rahmen der Klimaverhandlungen sind u.a. Ausprägungen dieses gegenwärtig stattfindenden Kolonisierungsprozesses. Gegen die Dominanz dieser vor allem auch akademisch legitimierten marktzentrierten Sichtweise, die Eric Hobsbawm (1999: 13) überhaupt für das fatalste Merkmal des Neoliberalismus hält, wurden in den letzten Jahren auch innerhalb der Wissenschaft Versuche unternommen, alternative Konzeptionen der Umweltproblematik zu entwickeln, die als ökologische Ökonomie eine integrierte Sichtweise von Ökologie und Ökonomie favorisieren und auch ökologische Verteilungsfragen vor dem Hintergrund einer »politischen Ökologie« neu stellen (vgl. die Beiträge von *Sigrid Stagl* und *Ramachandra Guha/Joan Martínez-Alier*).

Ein besonderer diskursiver Streit ist zuletzt um das Konzept der Nachhaltigen Entwicklung entbrannt. Dieses Konzept, das mit dem Bericht der Weltkonferenz zu Umwelt und Entwicklung weltweite Beachtung fand (vgl. Hauff 1987), im emanzipatorischen Konzept des *Ecodesarrollo* Anfang der 1980er Jahre aber bereits vorweggenommen wurde (Sachs 1993), versucht in präskriptiver und doch weitgehend unverbindlicher Form Umwelt- und Entwicklungsbelange zu synthetisieren. Die Widersprüche und Konfliktfelder zwischen diesen Bereichen bleiben dabei weitgehend ausgeklammert (zur Kritik des Nachhaltigkeitsdiskurses vgl. Raza/Novy 1997). Von den Neoliberalen wurde es daher bald vereinnahmt und als die Implementierung eines umfassenden, und möglichst effizienten Umweltmanagements durch den Markt umgedeutet. Dem Staat und den internationalen Organisationen kommt dabei die scheinbar reduzierte, in Wahrheit aber zentrale Rolle zu, die zur Etablierung der neuen Umweltmärkte notwendigen Regulierungen zu garantieren. Dieser politische Prozeß ist zur Zeit noch im Gang. Interessant dabei ist die Aufwertung der supra-nationalen Politikebene. Neben den einschlägigen internationalen Organisationen und Foren (UN, WTO/GATT, COPs der Artenvielfalts- und Klimarahmenkonvention, CITES etc.) kommt auch den regionalen Integrationsbündnissen (EU, NAFTA, MERCOSUR) hier eine neue Rolle zu, die sie allerdings sehr unterschiedlich wahrnehmen. *Eduardo Gudynas* beleuchtet in seinem Beitrag die Umweltpolitik des MERCOSUR.

Die ökologischen Verteilungskonflikte verlaufen zum Teil äußerst kontrovers und sind geprägt von strukturellen Machtasymmetrien – nicht nur in den internationalen Foren, sondern vor allem auf lokaler Ebene, wo die Bevölkerung, vor allem aber indigene Gruppen mit den sozialen und ökologischen Folgen einer intensivierten Inwertsetzung der natürlichen Umwelt konfrontiert sind. Die von der Bevölkerung ergriffenen Formen der Reaktion umfassen dabei eine Reihe von Strategien und Organisationsformen zwischen Anpassung und offenem Widerstand (vgl. die Beiträge von *Monika Ludescher, Clarita Müller-Plantenberg* und *Andreas Novy*). Auffallend ist, daß der lokalen Ebene eine neue Bedeutung im Widerstand gegen das neoliberale Modell zukommt. Das gilt sowohl für den ländlichen, insbesondere aber auch für den städtischen Bereich alternativer, demokratisch-partizipativer Politiken, wie *Joachim Becker* und *Carlos Winckler* in ihren Beiträgen zu Uruguay und Brasilien herausarbeiten.

Gesellschaftliches Naturverhältnis im neoliberalen Lateinamerika: Fazit und Ausblick

In den letzten Jahren haben die Zeichen zugenommen, daß das dominante neoliberale Modell in Richtung einer globalen Hegemonie (im Sinne Gramscis) unterwegs ist:

- die Implementierung von Strukturanpassungsprogrammen in den südostasiatischen Schwellenländern infolge der Asienkrise 1997 beendete das bis vor kurzem heftig akklamierte asiatische Entwicklungsmodell;
- die Internalisierung der wichtigsten ökonomischen Dogmen der neoliberalen Ideologie bei leicht rosarot gefärbter sozialpolitischer Rhetorik

durch praktisch alle sozialdemokratischen Parteien Europas führte paradoxerweise zur Vollstreckung des prononciert wirtschaftsliberalen Binnenmarktprogramms der Europäischen Union unter der Ägide der in der zweiten Hälfte der 1990er Jahre an die Macht gekommenen sozialdemokratischen Regierungen Blair in Großbritannien, Jospin in Frankreich und Schröder in der Bundesrepublik Deutschland;

- schließlich stellen auch in Lateinamerika die jüngst an die Macht gekommenen Mitte-Links Regierungen die neoliberale Ausrichtung ihrer Länder nicht in Frage, sondern haben klare Willenskundgebungen zur Fortsetzung des Modells abgegeben (Regierung de la Rua in Argentinien, Lagos in Chile; Ausnahme: Chávez in Venezuela).

Ob die sich abzeichnende Hegemonie des Neoliberalismus sich verfestigen kann, hängt hauptsächlich von zwei Kriterien ab: einerseits von der Stabilisierung der Wachstumsdynamik der Weltwirtschaft, andererseits von der Fähigkeit, ein Mindestmaß an sozialer Kohäsion zu gewährleisten. Diese Erkenntnis scheint sich auch auf seiten der ProponentInnen des neoliberalen Modells eingestellt zu haben. Solange nämlich in den späten 1980er, frühen 1990er Jahren die Strukturanpassung von außen oktroyiert wurde, konnte der Gegner vielleicht dominant sein, war aber klar identifizier- und damit bekämpfbar. Als dann in der ersten Hälfte der 1990er Jahre die sogenannte zweite Generation von Reformen der Peripherie mit Schwerpunkt Sozial- und Bildungspolitik sowie Staatsreform (Stichwort »good governance«) eingeleitet wurde, waren damit, wenn auch selektiv und halbherzig, doch wesentliche Forderungen der KritikerInnen des Neoliberalismus berücksichtigt worden. Zudem eröffnete man den RepräsentantInnen der Zivilgesellschaft den Zutritt zu internationalen Organisationen und Foren und übertrug ihnen neue, bislang vom Staat wahrgenommene Aufgaben. Damit konnte man den Widerstand zwar nicht gänzlich zum Verstummen bringen, erreichte aber doch eine teilweise Einbindung ehemals opponierender Gruppen.

Die Front zwischen BefürworterInnen und GegnerInnen des realen Neoliberalismus verläuft zur Zeit daher entlang der sozialökologischen Problematik. Das Scheitern der Milleniums-Runde der WTO in Seattle nicht zuletzt an der Frage der Aufnahme von Umwelt- und Sozialstandards in das Welthandelsregime, die nach wie vor schwelenden Klimaverhandlungen zur Reduktion von Treibhausgasen auf Basis der Ergebnisse der Konferenz von Kyoto, die auf nationaler wie auch internationaler Ebene heftig geführte Kontroverse über die Zulässigkeit von genetisch-modifizierten Organismen, die Patentierung von pflanzengenetischem und organischem Material, oder die Kennzeichnungspflicht von Lebensmitteln mit gentechnisch veränderten Inhaltsstoffen sind Phänomene von Problemen, deren Regulation das gesellschaftliche Naturverhältnis der lateinamerikanischen Ökonomien in Zukunft maßgeblich beeinflussen wird. Lateinamerika befindet sich daher in der paradox anmutenden Situation, daß sein natürlicher Reichtum einerseits vom neoliberalen Modell zunehmend verschlissen wird, es andererseits aber hinsichtlich seines Artenreichtums, seiner Senkenkapazität (speziell von CO_2) und seiner sonstigen ökologischen Dienstleisterfunktionen eine neue strategische Bedeutung erlangt, die eine nachhaltige Bewirtschaftung, auch im langfristigen Interesse des kapitalistischen Wirtschaftssystems erfordern würde. Gerade die Verletzbarkeit und der hohe Grad der Abhängigkeit der lateinamerikanischen Ökonomien haben bislang verhindert, daß diese Konstellation zu einer signifikanten Verschiebung der Machtverhältnisse zugunsten der Peripherie führt. Die maßgeblichen Akteure des Widerstands sind daher nicht mehr die einstmals stolz die internationale Bühne betretenden post-kolonialen Nationalstaaten, sondern die unzähligen international vernetzten Indigenen, Kleinbauern, Landlosen, Nachbarschaftsvereinigungen, Frauenrechts- und Umweltschutzgruppen (u.a.). Ob diese Akteure der drohenden neoliberalen Hegemonie einen erfolgreichen, dauerhaften Widerstand entgegensetzen können, läßt sich kaum vorhersagen. Die Beiträge des vorliegenden Bandes wollen aber einen Impuls geben, Alternativen zur herrschenden Praxis vorzulegen.

Anmerkung
* Ich danke Joachim Becker und Andreas Novy für hilfreiche Kommentare und Anregungen. Dieser Artikel wurde durch den FWF (P12378-OEK) gefördert.

Literatur

Altvater, E. (1987): *Sachzwang Weltmarkt.* Hamburg

Arrighi, G. (1994): *The Long Twentieth Century. Money, Power, and the Origins of our Times.* London

Becker, J./Raza,W.G. (2000): Theory of Regulation and Political Ecology: an inevitable Separation? In: *Économies et Sociétés*, Série »Théorie de la régulation«, R, no.11, 1/2000: 55-70

Brand, U. (1999): *Nichtregierungsorganisationen, Staat(ensystem) und ökologische Krise. Konturen kritischer NRO-Forschung. Das Beispiel der biologischen Vielfalt.* Inauguraldissertation, Johann Wolfgang Goethe-Universität, Frankfurt a. M.

Bunker, S.G. (1985): *Underdeveloping the Amazon. Extraction, Unequal Exchange, and the Failure of the Modern State.* Chicago

Calzadilla, B./Novy, A. (1995): Importsubstituierende und exportorientierte Industrialisierung. In: Feldbauer, P. et al., Hg.: *Industrialisierung: Entwicklungsprozesse in Afrika, Asien und Lateinamerika.* Historische Sozialkunde 6, Frankfurt a. M., Wien: 33-46

Capistrano, A.D./Kiker, C.F. (1995): Macro-scale economic influences on tropical forest depletion. In: *Ecological Economics* 14/1995: 21-29

Cardoso, F.H. (1980): Development and Environment: the Brazilian Case. In: *CEPAL Review* No.12, December 1980: 111-127

Crosby, A.W. (1972): *The Columbian Exchange. Biological and Cultural Consequences of 1492.* Westport/CT

Crosby, A.W. (1986): *Ecological Imperialism. The Biological Expansion of Europe, 900-1900.* Cambridge/UK

Cunil, P. (1978): Variables geohistóricas sociales en los procesos de degradación del uso rural de la tierra en América andina. In: *Terra*, 3/1978, Caracas

Flitner, M. (1995): *Sammler, Räuber und Gelehrte. Die politischen Interessen und pflanzengenetischen Ressourcen 1895-1995.* Frankfurt a. M.

Gligo, N./Morello, J. (1979): Notas sobre la historia ecológica de América Latina. Santiago de Chile

Gligo, N. (1980): The environmental dimension in agricultural development in Latin America. In: *CEPAL* Review No.12, Dec.1980: 129-143

Görg, Chr. (1999): *Gesellschaftliche Naturverhältnisse.* Münster

Guttmann, R. (1999): Die Entwicklungsdynamik des Finanzkapitals. In: *Kurswechsel* 1/99

Halperin Donghi, T. (1994*): Geschichte Lateinamerikas. Von der Unabhängigkeit bis zur Gegenwart.* Frankfurt a. Main

Hardin, G. (1968): The tragedy of the commons. In: *Science* 162: 1243-8

Harvey, D. (1973): *Social Justice and the City.* London.

Harvey, D. (1996): *Justice, Nature, and the Geography of Difference.* Oxford/UK & Malden/Massachusetts

Hauff, V., Hg. (1987): *Unsere gemeinsame Zukunft. Der Brundtland-Bericht der Weltkommission für Umwelt und Entwicklung.* Greven

Hendersen, J./Castells, M., Hg. (1987): *Global Restructuring and Territorial Development.* London

Hobsbawm, E. (1999): First World and Third World after the Cold War. In: *CEPAL* Review No. 67, April 1999: 7-14

Jahn, Th. (1991): *Krise als gesellschaftliche Erfahrungsform. Umrisse eines sozialökologischen Gesellschaftskonzepts.* Frankfurt/Main

Kahn, J.R./McDonald, J.A. (1995): Third-World debt and tropical deforestation. In: *Ecological Economics* 12: 107-123

Kay, Chr. (1989): *Latin American Theories of Development and Underdevelopment*. London et al.

Klein, H.S. (1992): *Bolivia. The Evolution of a Multi-Ethnic Society*. 2nd edition, New York & Oxford.

Leff, E. (1986): *Ecología y Capital. Racionalidad Ambiental, Democracia Participativa y Desarrollo Sustentable*. Mexico D.F.

Leff, E. (1999): On the Social Reappropriation of Nature. In: *Capitalism, Nature, Socialism,* Vol.10(3)

Lipietz, A. (1991): Zur Zukunft der städtischen Ökologie. Ein regulationstheoretischer Beitrag. In: Wentz, M., Hg.: *Stadt-Räume*. Frankfurt/Main: 129ff

Lipietz, A. (1997): Nachhaltige Entwicklung. Geschichte und Herausforderungen. In: documenta und Museum Friedericianum GmbH: *Politics-Poetics. Das Buch zur documenta X*, Ostfildern: 671-684

Marques-Pereira, J. (1998): Geld, politische Legitimität und regionale Integration in Lateinamerika. In: *Journal für Entwicklungspolitik,* XIV. Jg., Heft 2, Frankfurt am Main/Wien

Martínez-Alier, J./O'Connor, M. (1996): Ecological and Economic Distribution Conflicts. In: Costanza, R./Segura, O./Martínez-Alier, J., eds.: *Getting down to Earth. Practical Applications of Ecological Economics. International Society for Ecological Economics*, Washington D.C., Covelo

Martínez-Alier, J./O'Connor, M. (1998): Ecological Distribution and Distributed Sustainability. In: Faucheux, S./O'Connor, M./van der Straaten, J., eds.: *Sustainable Development: Concepts, Rationalities and Strategies*. Dordrecht et al.

Nohlen, D./Nuscheler, F., Hg., (1995): *Handbuch der Dritten Welt. Band 2:* Südamerika. Bonn

Ominami, C. (1986): *Le tiers monde dans la crise. Essai sur les tranformations récentes des rapports Nord-Sud*. Paris

Prebisch, R. (1949): El Desarrollo Económico de América Latina y Algunos de sus Principales Problemas. *CEPAL*, Santiago de Chile

Raffer, K. (1999): Das »Management« der Schuldenkrise: Versuch wirtschaftlicher Sanierung oder Instrument neokolonialer Dominanz? In: Parnreiter, Chr. et al., Hg.: *Globalisierung und Peripherie. Umstrukturierung in Lateinamerika, Afrika und Asien*. Historische Sozialkunde 14, Frankfurt a.M., Wien: 95-112

Raza, W.G./Novy, A., Hg., (1997): *Nachhaltig reich – nachhaltig arm?* Frankfurt a. M., Wien

Raza, W.G. (1999): Politische Ökonomie und Natur im Kapitalismus. Überlegungen zur Synthese eines antagonistischen Verhältnisses. In: *Kurswechsel* 3/99: 41-49

Rotenberg, R. (1995): *Landscape and Power in Vienna*. Baltimore and London

Sachs, I. (1993): *L'Écodéveloppement. Stratégies de transition vers le XXIe siécle*. Paris

Sunkel, O. (1980): The interaction between styles of development and the environment in Latin America. In: *CEPAL* Review No.12, December 1980

Sunkel, O. (1981): La Dimensión Ambiental en los Estilos de Desarrollo de América Latina. E/CEPAL/G.1143, Santiago de Chile

Uribe, A./Szekely, F. (1981): Localización y technología industrial en la América Latina y sus efectos en el medio ambiente. In: Sunkel, O./Gligo, N., eds.: *Estilos de desarrollo y medio ambiente an la América Latina*. Mexico D.F.

Vitale, L. (1990): *Umwelt in Lateinamerika. Die Geschichte einer Zerstörung*. Frankfurt a. M.

Werner G. Raza
¿Derecho al medio ambiente o medio ambiente sin derecho? Sobre las consecuencias del modelo neoliberal en el medio ambiente y la sociedad en Latinoamérica

Prólogo

¿Qué cambios fundamentales han ocurrido en las últimas dos décadas en las sociedades latinoamericanas para que ahora esta nueva fase histórica del llamado neoliberalismo no sólo coseche tantos aplausos, sino que también se enfrente a tanta oposición? El título del presente volumen lleva implícita la tesis de que las economías latinoamericanas no sólo se han transformado sustancialmente, sino que además estas transformaciones abarcan en especial otras dimensiones sociales. Los artículos comprendidos en este libro buscan examinar esta afirmación. No obstante, es necesario reconocer que el neoliberalismo en Latinoamérica o en cualquier otro lugar del mundo no es un proyecto puramente económico, aunque haya sido implementado a través de mecanismos económicos, sino que principalmente se trata de un proyecto político que repercute en todas las dimensiones de una sociedad. Las dimensiones medioambiental y social serán examinadas aquí con mayor detenimiento. En la relación que tiene una sociedad hacia la naturaleza así como en el sector social, se han producido cambios duraderos debido a la aplicación del neoliberalismo que al mismo tiempo son consecuencia y punto de partida de movimientos sociales que han surgido para contrarrestar el pretendido triunfo de la ideología de mercado y de la atomización de la sociedad.

El presente volumen que es el resultado del ciclo de conferencias realizado en el marco del Curso Superior de Estudios Latinoamericanos del Instituto Austriaco para América Latina durante el semestre de invierno 1999/2000, persigue una meta doble: Por un lado, hacer un inventario de las consecuencias del modelo neoliberal en el medio ambiente y en la sociedad; por el otro, revisar las respuestas sociopolíticas de los actores sociales frente a este modelo y hacer resaltar las posibilidades y limitaciones reales de los proyectos alternativos en el marco de la sociedad civil y del Estado frente al predominio neoliberal.

El presente artículo tiene como objetivo presentar algunos conceptos e ideas de utilidad para comprender los siguientes trabajos, además de dar una visión general del desarrollo de la relación que existe en Latinoamérica entre la sociedad y la naturaleza para luego exponer brevemente los cambios ocurridos en el campo de la política ambiental y del discurso ecológico en las últimas tres décadas y de su articulación con las máximas de la política neoliberal.

El concepto de la relación sociedad – naturaleza

Este concepto comprende la totalidad de las relaciones materiales y simbólicas existentes entre la sociedad y la naturaleza (véase Jahn 1991, Görg 1999). La naturaleza no es considerada inalterable e independiente de la sociedad, sino que más bien es vista como algo específico de una formación socioeconómica definida. La articulación entre sociedad y naturaleza está determinada, pues, por las transformaciones geohistóricas (véase Harvey 1996, Brand 1999). Por consiguiente, cada sociedad percibe y representa simbólicamente la naturaleza de distintas maneras, es decir, que cada sociedad desarrolla su propia »racionalidad ecológica« (Leff 1986, 1999). Por otra parte, los distintos sistemas económicos utilizan la naturaleza de una forma determinada; por lo tanto, su transformación a través de los procesos de producción significa volver a hacerla, es decir, construir entornos creados por el hombre como, por ejemplo, los paisajes culturales, los parques y los jardines públicos. Estas representaciones de la naturaleza reflejan las relaciones sociales, por consiguiente, la naturaleza no es más que un correlato físico-material de relaciones sociales definidas (véase Lipietz 1991). La estructura de poder del Estado absolutista reflejada en la arquitectura de jardines y parques (véase Rotenberg 1995) y la estructura de clases expresada en la segregación socio-espacial de zonas residenciales y de formas de vida de los distintos grupos sociales (véase Harvey 1973) constituyen sólo algunos ejemplos de la gran diversidad de la representación material de sociedad.

La naturaleza o, mejor dicho, las necesidades específicas para acceder a ella en su calidad de fuente (materias primas, energía, suelo), depósito (emisiones, basura) y »prestadora de servicios« (ciclo del agua y del CO_2, fotosíntesis, etc.) tienen un significado esencial para todo tipo de explotación. La sociedad regula este aprovechamiento productivo de la naturaleza a través de un determinado conjunto geohistórico de derechos y prohibiciones formales e informales de propiedad y de explotación que están sujetos a los intereses que tienen en la naturaleza los distintos grupos y clases sociales los que, a su vez, están determinados por motivaciones económicas y culturales. La »distribución ecológica« (Martínez-Alier/O'Connor 1996, 1998), es decir, las ventajas y desventajas de la explotación de la naturaleza que se derivan de un tipo específico de derechos de propiedad y explotación y que se dan en una y varias generaciones, es el resultado de la discusión política de los distintos actores sociales. Cada uno de estos actores va a esforzarse en conseguir que se garanticen institucionalmente sus intereses en la explotación de la naturaleza. Con frecuencia, este proceso de articulación e imposición de intereses se desarrolla simultáneamente a distintos niveles territoriales comunicados entre sí (local, nacional, internacional) e involucra a los más variados actores sociales cuyos recursos y posibilidades de ejercer influencia son extremadamente desiguales. El Estado, y a escala supranacional los organismos internacionales, adquiere no sólo el papel central de mediador, sino también el de instancia normativa válida para todos. Este conjunto de regulación de la relación sociedad – naturaleza que también podría ser definido como una »restricción ecológica« (Raza 1999, Becker/Raza 2000) tiene que guardar una relación complementaria con los requisitos de la acumulación económica que la garantice, si es que se quiere asegurar a largo plazo un desarrollo estable de la sociedad. Este puede ser el caso, sin embargo, no tiene que serlo; más bien pueden presentarse problemas y contradicciones entre el régimen de acumulación y la restricción ecológica que entorpezcan el desarrollo económico, a veces, por tiempo indefinido. Tales crisis en la relación de la sociedad hacia la naturaleza están unidas, sobre todo, a grandes crisis en el sistema económico (véase Lipietz 1997), en las que se produce una reestructuración radical de la articulación existente entre la economía, la política y la sociedad y se dispone de la totalidad de las normas sociales de la estructura político-económica, en especial del Estado, de la regulación del trabajo, de la competencia empresarial y del dinero. A continuación, parto del supuesto de que en Latinoamérica han existido tales crisis y de que, sobre todo a principios de los años ochenta, surgió una muy profunda que transformó, finalmente, la relación sociedad – naturaleza existente del capitalismo latinoamericano. La pregunta relativa a la medida en que se puede considerar este proceso como actualmente finalizado, quedará por ahora sin resolver.

La relación sociedad – naturaleza existente durante la colonia (1500 - años veinte del siglo XIX)

En el transcurso de los últimos siglos pero en especial desde su »descubrimiento« hace más de 500 años, Latinoamérica ha venido sufriendo transformaciones graves y duraderas de su entorno natural que empezaron con la integración de las antiguas colonias al mercado capitalista mundial. Esta integración de las economías precapitalistas de Latinoamérica en el mercado significó también que la sociedad adoptara una posición de carácter capitalista frente a la naturaleza, antepuesta a la relación que anteriormente habían tenido las sociedades precapitalistas. La dominación capitalista consistió esencialmente en que las economías latinoamericanas satisficieran de modo general los intereses de las potencias coloniales, intereses que estaban dirigidos en primer lugar a explotar los abundantes recursos naturales del nuevo continente (o de la mano de obra local necesaria para su explotación), sean estos no renovables (metales) o renovables como las plantas útiles (papa, maíz, etc.) y los comestibles (café, cacao, etc.). Según afirma Vitale (1990), fue precisamente la exuberante base ecológica latinoamericana la que se acomodó magníficamente a los intereses económicos de los colonizadores españoles, del mismo modo que la tecnología minera y la agricultura local altamente desarrolladas permitieron que se implementara la economía colonial de extracción a una velocidad relativamente alta.

Mientras que los metales preciosos sirvieron principalmente para satisfacer las necesidades de representación y consumo de la corona española y, en términos económicos, facilitaron la liquidez necesaria para una economía europea en expansión (sobre todo la de Inglaterra) (Halperin Donghi 1994: 20 y ss.), las plantas útiles de Latinoamérica se convirtieron en la principal fuente alimenticia de la población europea, además de constituir el fundamento material para el cultivo de plantas que empezaba en Europa a finales del siglo XIX. La actualmente tan discutida explotación de la biodiversidad (la llamada »bio-prospecting«) a través de los consorcios transnacionales para obtener bancos de datos genéticos está basada en una larga tradición de recolección estratégica de plantas exóticas (véase Flitner 1995). A modo de »compensación« por este »Columbian exchange« se exportaron a las colonias – consciente e inconscientemente – plantas útiles y animales así como agentes patógenos europeos, lo que significó para el sistema ecológico e inmunológico humano una invasión repentina, profunda y en parte desastrosa (véase Crosby 1972).

La economía de exportación basada en la extracción de recursos naturales funcionó, en términos generales, como una economía de enclave, es decir, que apenas se readaptó a la economía local en forma de transferencias tecnológicas o de cargas fiscales; no obstante, para su funcionamiento dependía decisivamente de insumos y suministros de la economía local y, por lo tanto, también de la ecología. Esto significó, en el caso de la minería boliviana, la explotación local de mano de obra indígena, el suministro de madera, el abastecimiento con productos alimenticios y comestibles necesarios provenientes de otras regiones del país (cereales de los valles, coca de las yungas) y la formación de un centro comercial y administrativo en La Paz (véase Klein 1992). La economía andina local sustentó de hecho a la economía de exportación a través de la extracción obligada de su excedente, además de sufrir las consecuencias socioeconómicas y ecológicas de la economía colonial de exportación.

La explotación de los recursos renovables se realizó a través de empresas agrícolas que operaban sobre extensas superficies de terreno en forma de plantaciones o de ganaderías. También en este caso la meta exclusiva de los colonizadores era la exportación de los productos obtenidos lo que a su vez sólo era posible explotando la economía local y el entorno natural. Esta forma de la agricultura realizada sobre grandes superficies de terreno implicó el aprovechamiento de tierras que anteriormente no habían sido utilizadas económicamente, así como el desplazamiento de la economía local en especie, la que tuvo que contentarse con pequeñas parcelas marginales para su reproducción. Por otro lado, a través de la implementación del derecho de propiedad basado en títulos individuales, este tipo de agricultura obligó a la expropiación de hecho y de jure de tierras utilizadas mayormente de forma comunitaria. Las formas de gestión agrícola que hasta ese momento estaban organizadas principalmente de forma comunitaria y orientadas a la producción de valores de uso fueron sustituidas por el comercio individual y con fines de lucro.

No sería necesario mencionar que la implementación de un sistema jurídico de derecho privado es condición para una economía capitalista si la teoría económica liberal (neoclásica) no sostuviera decididamente la tesis de que la propiedad privada sobre los recursos naturales es una condición para que se los utilice de modo eficaz y por tanto ecológico (véase el célebre trabajo de Hardin 1968). La historia ecológica-económica de Latinoamérica demuestra justamente lo contrario: con la expansión del contexto capitalista del mercado mundial hacia espacios socioeconómicos con formas de producción ampliamente integradas y adaptadas en términos ecológicos, se inicia una destrucción ecológica del continente hasta ese momento desconocida (véase Cunil 1978, Gligo/Morello 1979). La afirmación de que las culturas precolombinas practicaron una economía sostenible bajo el punto de vista ecológico no debe ser interpretado como romanticismo o idealización. Se trata más bien de examinar actualmente en qué medida podrían utilizarse o adaptarse estas técnicas autóctonas para la explotación de los recursos naturales.

La relación sociedad – naturaleza en un régimen de acumulación extravertido (años treinta del siglo XIX - años treinta del siglo XX)

Si bien la obtención de la independencia política de los estados latinoamericanos en las primeras décadas del siglo XIX estuvo acompañada de cambios en el sistema político, la orientación básica de las economías nacionales continuó siendo la misma. En efecto, las nuevas burguesías nacionales eran las más interesadas en mantener e incluso en continuar desarrollando el régimen de acumulación extravertido, es decir, orientado hacia el exterior.

33

Con la incorporación económica asimétrica en el mercado mundial a través del establecimiento de relaciones internacionales de comercio y capital que reemplazó la dominancia política ejercida directamente por la metrópoli, se transformó únicamente la articulación institucional entre las economías latinoamericanas de exportación y el mercado mundial. La orientación de las economías de extracción según las exigencias de las metrópolis se hizo tanto aún más perceptible en la medida en que la industrialización ocurrida en los últimos países en el curso del siglo XIX aumentó la demanda de materias primas industriales, en parte nuevas, como, por ejemplo, petróleo, caucho, salitre, guano, cobre, estaño y otros metales. Con la industrialización de los centros se produjeron mayores booms de materias primas, es decir, se produjo una sucesión de demanda inducida industrialmente de una determinada materia prima (por ejemplo, el caucho para la producción de goma). En vista de ello se intensificó también la extracción a gran escala y la producción de materia prima en la periferia con todas las consecuencias socio-espaciales y ecológicas, en parte desastrosas, además de que se aumentó la sustitución de una materia prima por otra natural o sintética (por ejemplo, se sustituyó el caucho por la goma producida industrialmente a base de petróleo). A menudo estos booms, entre los que cabe mencionar los del caucho, salitre y guano, deterioraron los ecosistemas en las zonas de extracción y dejaron masas de trabajadores/as desempleados/as que empobrecían rápidamente a raíz del shock producido por el fin del boom de exportación y que no tenían otras alternativas de trabajo. La especialización de muchos países latinoamericanos en la exportación de bienes primarios se profundizó y consolidó, por tanto, en el período comprendido entre la independencia y principios del siglo XX.

A través de aparatos estatales liberal-autoritarios y estrechos vínculos entre la clase política y la oligarquía nacional, además de la exclusión simultánea de la mayoría de la población, generalmente indígena, de la participación política, se aseguraron estos regímenes liberales de comercio exterior. Se reconoce entonces como meta de la oligarquía dirigente la maximización de ingresos provenientes de la explotación de la riqueza natural por lo que esta formación económica se puede describir, como lo hace Ominami (1986), como sencillamente un régimen rentista. El interés político por ampliar la base de producción, es decir, las posibilidades de aumentar el nivel de vida de amplios sectores de la población dedicando una parte de los ingresos por renta a la inversión en el desarrollo de una economía nacional fue, por consiguiente, mínimo. Recaudaciones fiscales semejantes tuvieron lugar solamente en la medida en que fueran absolutamente necesarias para apoyar y comercializar la producción de bienes primarios. Por lo demás, debido a intereses estratégicos se utilizó el capital proveniente de la metrópoli en desarrollar la infraestructura de transporte y comunicación desde el interior del país hacia los puertos de exportación. La estructura geográfica de estas vías de exportación situadas principalmente en el litoral ha contribuido a dificultar hasta la actualidad la apertura y articulación de las regiones interiores del continente.

La relación sociedad – naturaleza en un régimen de acumulación intravertido
(años treinta - años setenta del siglo XX)

Las posibilidades para mantener el modelo de desarrollo extravertido dependieron esencialmente de los bienes primarios que necesitaban los centros económicos y, por lo tanto, también de su precio en el mercado mundial. Al disminuir la demanda de bienes primarios con la crisis económica mundial a finales de los años veinte se hizo evidente la necesidad de reestructurar el modelo económico imperante después de varias décadas de desgastadas relaciones de intercambio (relaciones reales de intercambio entre las exportaciones y las importaciones). El modelo de industrialización fundamentado en la sustitución de importaciones (MSI) que empezó a formarse a escala continental a partir de los años treinta y que posteriormente fue legitimado teóricamente con los trabajos de Raúl Prebisch (1949) y sus colaboradores de la CEPAL, se caracterizó principalmente por su orientación hacia el interior (véase en general Kay 1989, Calzadilla/Novy 1995). La idea dominante consistió, por consiguiente, en la posibilidad de producir bienes industriales para el mercado nacional a través de la constitución de un mercado interno, con lo cual se reemplazaría paulatinamente la importación de bienes de producción y de consumo por medio de la producción nacional. Con este objetivo se introdujeron barreras arancelarias que protegían parcialmente la economía nacional para brindarle a la incipiente industria la protección necesaria frente a la poderosa competencia internacional. A la exportación de bienes primarios se le asignó el papel específico de generar las divisas requeridas para desarrollar la economía nacional (en especial la industria, la infraestructura y la prestación de servicios sociales), es decir, que fue puesta explícitamente al servicio de un proyecto nacional de desarrollo. Esto significó que la exportación, por lo menos en el campo de la extracción de materias primas, fuera nacionalizada pese a la resistencia usual de las economías del centro. Finalmente, la intensificación de la producción agrícola tendría que hacer posible que la mano de obra fuera destinada hacia el desarrollo de la industria sin poner en peligro el suministro nacional con productos alimenticios. Este modelo que fue implementado de variadas maneras en casi todos los países latinoamericanos tuvo, gracias a unos índices de crecimiento excepcionalmente altos del producto interno bruto, su mejor momento en los años cincuenta y sesenta para posteriormente comenzar a estancarse. Las dictaduras militares que surgieron a principios de los setenta tampoco pudieron hacer algo para cambiar esta situación, ya sea porque intentaron mantener durante un tiempo el estado de implementación incompleta del MSI (Brasil, Perú) sin atreverse a dar el paso decisivo hacia la expansión de la demanda interna (a través de políticas sociales de redistribución), ya sea porque efectuaron un cambio de dirección abrupto en la política económica justamente para impedir que el MSI sea implementado completamente (Chile, Argentina Uruguay). Además de los factores económicos y políticos mencionados en términos generales (planificaciones equivocadas, corrupción, etc.) el MSI fracasó también debido a la imposibilidad de efectuar una redistribución de la propiedad, la riqueza y la renta entre amplios sectores de la población por ser ésta inaceptable para las clases propietarias y al mismo tiempo fundamental para su éxito duradero. Con el comienzo de la crisis de la deuda a principios de los años ochenta se perdió definitivamente la ocasión de salvar este modelo.

¿En qué consistieron, entonces, las continuidades y cambios ocurridos en la relación entre sociedad y naturaleza vinculados al MSI?

Uno de los ejes centrales de la concepción del MSI reside en el establecimiento de una estructura industrial lo más completa posible. Durante una primera fase, a partir de los años treinta, surgieron principalmente industrias de bienes de consumo (productos alimenticios, industria textil y peletera) que por causa de los altos costos de transporte se situaron cerca de los lugares de producción de las materias primas en cuestión o en los alrededores de los centros urbanos. La contaminación ambiental resultante puede haber sido bajo todo punto de vista, considerable en el ámbito local, sin embargo, no se excedió a nivel regional y nacional. A partir de finales de los años cuarenta se procedió a desarrollar las industrias básica y pesada para poder producir en el propio país los insumos industriales esenciales (hierro/acero, electricidad, petróleo, cemento, entre otros) lo que tuvo efectos significativos sobre los sistemas ecológicos locales y regionales no sólo con respecto a la necesidad de espacio para construir caminos, fábricas, etc. y de insumos naturales locales (agua, madera, energía, etc.), sino también con respecto a la actividad de emisión (emisiones atmosféricas, desechos). A partir de los años cincuenta se observa también que la estructura industrial de Latinoamérica se va concentrando crecientemente en pocos espacios geográficos, es decir, que van surgiendo grandes aglomeraciones espaciales con industrias situadas en sus periferias. Es evidente también que la población proveniente del campo prefiere establecerse cerca de las industrias debido a las posibilidades laborales por lo que está expuesta en gran medida a la contaminación industrial. Tales asentamientos están desabastecidos de infraestructura pública (agua potable, canalización, transporte público) por causa de su localización periférica (Uribe/Szekely 1980:292 ss.).

A partir de los años cincuenta el crecimiento acelerado de las ciudades se atribuye cada vez menos a la industrialización y se debe más bien a la modernización de la agricultura y las reformas agrarias frustradas o que no se llevaron a cabo. Ambos procesos contribuyen a que las condiciones económicas en el campo empeoren incesantemente y por ello obliguen a que un creciente número de pobladores rurales emigre a los grandes centros urbanos. Si a mediados del siglo XX la mayor parte de la población vivía en el campo (aproximadamente el 60 por ciento en 1950), la relación población rural/ urbana se transformó en pocas décadas a favor de la última: en 1970 la población urbana representaba un 57 por ciento y en 1990 incluso un 72 por ciento de la población total de Latinoamérica (Vitale 1990:96; Nohlen/Nuscheler 1995:94).

A partir de los años sesenta la modernización agrícola, concebida originalmente en el marco del MSI con el fin de sustentar la industria nacional, se fue utilizando crecientemente para desarrollar un sector agroindustrial de exportación. Productos agrícolas de gran demanda en el mercado mundial, como los llamados *cash-crops* (soja, trigo, caña de azúcar, etc.), debían ser cultivados sobre grandes superficies y exportados con la ayuda de procesos productivos modernos, altamente tecnológicos y dependientes de grandes cantidades de petróleo. Esto significó la utilización de especies de gran rendimiento, sistemas de riego, tractores y otras maquinarias agrícolas, pesticidas, etc., es decir, medios de producción que había que importar del extranjero, caros por su gran necesidad de tecnología avanzada. Lo mismo ocurrió en el sector ganadero. A través de esta »artificialización« (Sunkel 1981:62) se contribuyó además a la estabilización crónica, o sea estructural, de la balanza de pagos. Las tierras necesarias para este fin se obtuvieron, por un lado, desplazando las actividades agrícolas de los pequeños campesinos y, por otro, colonizando regiones no utilizadas, es decir, talando generalmente los bosques primarios. Con el aprovechamiento de una ventaja comparativa – grandes áreas de tierras fértiles – para obtener una maximización de los beneficios en corto tiempo, se fue renunciando crecientemente a otra ventaja, a saber, la gran disponibilidad de mano de obra barata. Tanto los costos sociales como los ecológicos derivados de esta agricultura intensificada y capitalista fueron, finalmente, muy elevados y no sirvieron ni para reducir significativamente la pobreza en el campo, ni para asegurar mejor el suministro nacional de alimentos; por lo contrario, sirvieron como impulso adicional al crecimiento desenfrenado de las ciudades (Sunkel 1981). De modo similar, la expansión de las zonas agrícolas produjo efectos acumulativos hacia adentro como, por ejemplo, la colonización descontrolada y nuevas talas. El caso de la colonización de la cuenca del Amazonas da una idea clara de esta situación (véase Cardoso 1980, Bunker 1985, Altvater 1987).

La pérdida de selva tropical (y su riqueza en especies), la suplantación de las semillas autóctonas por especies de alto rendimiento en discrepancia con la situación ecológica local, la erosión del suelo debido a la explotación excesiva o a tecnologías de producción erróneas y la extrema salinización de los suelos debido a métodos de riego inadecuados tuvieron no sólo efectos perjudiciales en los ecosistemas local y regional, sino que también son la causa de que se tenga que definir la viabilidad económica de la agroindustria a largo plazo como extremadamente frágil (véase Gligo 1980).

En el periodo comprendido entre los años treinta y los setenta en el que estuvo vigente el modelo de desarrollo intravertido se observa, pues, un proceso de modernización imitativo y recuperativo. Este proceso, que tuvo lugar en relativamente poco tiempo, condujo a cambios drásticos en las sociedades latinoamericanas y en su entorno natural e implicó diversas transformaciones estructurales y superpuestas de las economías de Latinoamérica: junto a la economía tradicional de extracción se produjo una industrialización avanzada que alcanzó distintos niveles en los diferentes países y que se realizó en una forma concentrada y extremadamente distinta según el lugar. Esta industrialización, junto a la transformación del espacio rural, originó una urbanización descontrolada en cuanto a sus facetas sociales y ecológicas. Al mismo tiempo, la agricultura tradicional se vio crecientemente invadida por formas de producción capitalistas sin que por ello se solucionaran los problemas fundamentales del campo. Si a principios de este periodo el foco estaba muy autocentralizado, a partir de los años cincuenta se llegó a una transnacionalización no sólo de las estructuras de producción, sino también del estilo de vida al que aspiraba la población urbana, ahora mayoritaria (véase Sunkel 1980).

La crisis y la reestructuración neoliberal
(desde los años setenta hasta el presente)

La crisis que afectó a las economías latinoamericanas a partir de finales de los años sesenta fue muy profunda y trascendió no sólo a aspectos económicos, sino también a los del Estado, de la sociedad y, por consiguiente, de la relación sociedad – naturaleza. Las causas de la crisis son múltiples y su análisis detallado sobrepasaría los límites de este trabajo por lo que sólo es posible perfilarlos brevemente. No obstante, se puede comprobar que en los años sesenta el MSI ya había alcanzado los límites socioeconómicos y que las dictaduras militares de los años setenta adoptaron las primeras medidas para impedir que continuase expandiéndose o dieron pasos encaminados a acabar con el sistema. Otros factores, como la situación favorable del mercado mundial frente a las materias primas y la crisis del petróleo de 1973 junto al exceso de liquidez producido en los mercados financieros internacionales, ocasionaron también una política imprudente de adquisición de deudas por parte de los regímenes periféricos, así como de concesión de créditos por parte de la banca internacional (véase Raffer 1999). Estos fondos se invirtieron, siempre que no fluyeran por los turbios canales de la corrupción, en el sector de exportación agroindustrial anteriormente nombrado y en el desarrollo de la infraestructura a través de proyectos de gran envergadura, algunos de los cuales alcanzaron gigantescas dimensiones y fueron desastrosos en términos económicos y ecológicos. Cuando a partir de finales de los años setenta el nivel de los tipos de interés aumentó marcadamente y poco después se vinieron abajo los precios de las materias primas, el panorama económico internacional cambió repentinamente en perjuicio de la periferia y surgió la crisis de la deuda. De esta manera y debido también a las mismas políticas seguidas en los años setenta, quedó preparado el terreno en los países de la periferia para implementar un nuevo modelo extravertido pues los regímenes militares habían revalorizado el sector de bienes primarios y erosionado lentamente la estructura industrial. En la crisis se hizo evidente el déficit estructural de las economías nacionales latinoamericanas, en especial de la minería y del sector industrial, oculto antes por la coyuntura positiva de los años setenta. La legitimidad de los gobiernos militares quedó de esta manera completamente socavada. En el marco de esta situación y siempre que no hubiera sido implementado ya en los años setenta por la »vanguardia« militar de Chile, Argentina y Uruguay, el modelo neoliberal se fundó en la combinación, atractiva a primera vista, de la economía neoliberal y la democracia liberal, sobre todo si se tiene en cuenta que al mismo tiempo, en la primera mitad de los años ochenta, tuvo lugar la redemocratización de muchos países latinoamericanos (Argentina, Bolivia, Brasil, Chile, Uruguay). La transición a regímenes democráticos formales en los años ochenta fue dificultosa, conflictiva, absorbió a las sociedades y se manifestó económicamente en espirales inflacionistas pronunciadas (Marques-Pereira 1998). Asimismo, coincidió con una situación económica grave por causa de la crisis de la deuda que desplazó eficazmente la constelación internacional de poder hacia los centros. Para los gobiernos de centro-izquierda que llegaron al poder en algunos países (Bolivia, Argentina) fue extremadamente difícil, en un marco de transición caracterizado por una redoblada dependencia en materia internacional y por disturbios internos, implementar un modelo económico y social propio apartado del neoliberalismo. Paradójicamente, los primeros gobiernos democráticos a menudo pagaron con la destitución y la sustitución por gobiernos marcadamente neoliberales los lastres del pasado que dejaron las dictaduras militares. De esta manera, y como consecuencia del derrumbamiento del bloque socialista real a finales de los años ochenta, en todo el continente se hizo evidente que ya no había alternativas al ajuste estructural, a la liberalización y a la desregulación de la economía y del Estado. Así pues, en la Latinoamérica de los ochenta tuvo lugar un cambio que, con el golpe del gobierno de Fujimori en 1992 y con el Plano Real del gobierno de Cardoso en Brasil en 1994, ha sido realizado por el momento.

Finalmente, un proceso de reestructuración global influyó en gran medida en este proceso que desde los años setenta había empezado a manifestarse en los centros capitalistas. Al respecto es necesario hacer una mayor aclaración: La crisis de la formación de la sociedad en los centros a partir de los comienzos de los años setenta y definida como fordismo, llevó a cambios sustanciales en el campo económico, entre los que cabe destacar la reorganización espacial y sectorial de la producción, el aumento de la importancia del sector servicios y el surgimiento de nuevos sectores basados en la tecnología de información, la biotecnología y la tecnología genética (véase Henderson/ Castells 1987). Las características de este proceso de reestructuración económica son muy interesantes: Por un lado, originó una revalorización secular del significado del capital financiero, un fenómeno usual en las crisis (Arrighi 1994). Como consecuencia aumentó la presión sobre la rentabilidad de cualquier tipo de actividad económica ya que había que maximizar el tan citado »shareholder-value«. A partir de los años ochenta, esta presión comenzó a transcender cada vez más a las economías periféricas integradas en el mercado mundial, ya sea a través de la adopción de medidas de racionalización y reestructuración en el sector productivo o en forma de notorias inversiones en cartera de valores que periódicamente invadían Latinoamérica, es decir, la colocación de fondos a corto plazo y orientados al mayor rendimiento denominados correctamente capitales golondrina. Sin embargo, la dominancia del capital financiero ocasionó que el proceso de reestructuración en su totalidad sea latentemente frágil y susceptible a las crisis como lo demuestran las diversas crisis financieras de los años noventa (México, Rusia, Asia, Brasil). El capital ficticio acumulado en el sector financiero tiene, pues, que realizarse lo que sólo es posible a largo plazo por medio de inversiones productivas (Guttmann 1999). Esto requiere, por otra parte, de nuevas posibilidades de inversión con alto rendimiento que puedan absorber este capital. El objetivo de la ola global de privatizaciones es, por tanto, crear nuevos mercados para estabilizar la dinámica de crecimiento de la economía capitalista. Por este motivo, no es de sorprender la presión ejercida tanto en los centros como en la periferia para privatizar las denominadas condiciones de producción, es decir, infraestructura (carreteras, ferrocarriles, transporte aéreo, telecomunicación, etc.), servicios sociales (seguro de pensiones y de enfermedades, sistema de formación) y, finalmente, el medio ambiente (véase el artículo de *Johannes Jäger*). El medio ambiente adquiere importancia sobre todo como base de actividades económicas emergentes como las llamadas industrias »life science« (industrias farmacéutica, ganadera y fitogenética).

La crisis de la deuda de los países periféricos brindó la posibilidad a las economías del centro de orientarlas nuevamente según sus necesidades. Las reformas patrocinadas por el Fondo Monetario Internacional y el Banco Mundial también tuvieron como objetivo esencial la reprimarización de la economía periférica de exportación y la creación de una industria maquiladora cuasi-extraterritorial al mismo tiempo que la internacionalización de la estructura económica total de los países latinoamericanos. Esto, sumado a la presión masiva para obtener divisas con el fin de reembolsar las deudas a raíz de la crisis de la deuda, originó un aumento considerable de las exportaciones de bienes primarios en unidades físicas con lo cual los ingresos obtenidos en unidades monetarias a veces disminuyeron radicalmente por el exceso de oferta resultante en los mercados internacionales. La relación que existe entre deuda, ajuste estructural y destrucción ecológica creciente ha sido, entre tanto, demostrada empíricamente (véase Kahn/McDonald 1995, Capistrano/Kiker 1995). El camino de la especialización impuesto a la fuerza permitió a los países industrializados explotar, a través de distintas formas de participación en el capital, las llamadas ventajas estáticas comparativas de Latinoamérica, es decir, su riqueza de recursos y potencial de mano de obra, penetrar los mercados periféricos con productos industriales y el apoderamiento o control de sectores estratégicamente importantes, sobre todo en el área de las materias primas, de la infraestructura y de los servicios.

La gran importancia que ha ido cobrando el medio ambiente a escala internacional en los últimos treinta años se puede entender adecuadamente en este marco económico debido a que la crisis de la relación sociedad – naturaleza existe no sólo en el cambio objetivo y en la amenaza del ecosistema global, sino también en la transformación de la percepción pública ante los problemas ecológicos y las formas de reaccionar políticamente frente a ellos. El interés político-estratégico por los bienes ambientales globales (*global commons*) y por los recursos estratégicos mostrado a partir de los años setenta desembocó inicialmente en un discurso internacional que situó la protección de los llamados *global commons* en el centro del interés por la supervivencia de la humanidad a largo plazo. Al mismo tiempo se puso rápidamente en claro que por motivos ecológicos no sería posible extender el estilo de vida de los países industrializados a los del Tercer Mundo, por ser aquel intensivo en términos ambientales; por lo tanto, sería imprescindible lograr una gestión sostenible de los recursos y del medio ambiente a escala global. Las numerosas actividades de la política ambiental internacional de las últimas dos décadas (véase el artículo de *August Reinisch*) estuvieron determinadas, por un lado, por el profundo abismo existente entre la apelación afirmativa para salvar las bases naturales de la vida y, por tanto, de la humanidad y, por otro, por la contraposición de intereses fundamentales entre las necesidades de medio ambiente y de recursos que tiene un capitalismo internacionalizado y los intereses (de supervivencia) de amplios sectores de la población, tanto en el norte como en el sur. En el fondo se trata de un conflicto de distribución de las condiciones de acceso a los recursos naturales y al medio ambiente, así como de la distribución en el espacio y en el tiempo de las consecuencias positivas y negativas de la explotación ambiental. Si bien es cierto que este conflicto tiene principalmente un contenido económico, su forma es profundamente política. El papel especial de la ideología neoliberal en este proceso consiste en absorber ampliamente el discurso político público en el que se localiza este conflicto, es decir, implantar la lógica de mercado como forma dominante de pensamiento en las cabezas de los actores participantes para poder legitimar en definitiva la aplicación del modelo neoliberal de la manera más completa posible. De este modo debe alcanzarse una comercialización lo más general posible y una integración de la problemática de los recursos y del medio ambiente en la lógica del capitalismo. Con otras palabras: la posibilidad de comprar y vender naturaleza se considera una condición previa para su explotación sostenible y su conservación a largo plazo e influye en la definición y aplicación de los derechos de propiedad y de poder dispositivo sobre la naturaleza. La problemática derivada de la adopción de derechos de propiedad intelectual en contratos internacionales relacionados a la explotación de la biodiversidad (véase el controvertido acuerdo TRIP en el marco de la Organización Mundial de Comercio) o la pregunta de la instalación de un sistema de derechos negociables de contaminación de la atmósfera global en el marco de las negociaciones climáticas, entre otras, son expresiones del proceso de colonización que está teniendo lugar actualmente. En contra de la dominancia de este punto de vista centrado en el mercado y legitimado principalmente en el ámbito académico y que Eric Hobsbawm (1999: 13) considera la peor característica del neoliberalismo, se ha intentado en el seno de la comunidad científica desarrollar en los últimos años concepciones alternativas de la problemática ambiental que favorezcan una perspectiva integrada de la ecología y la economía denominada economía ecológica y que vuelvan a situar el problema de la distribución ecológica en el plano de la »ecología política« (véase los artículos de *Sigrid Stagl* y *Ramachandra Guha/Joan Martínez-Alier*).

Por último, se ha desatado una polémica discursiva especial respecto al concepto de desarrollo sostenible. Este término, que captó la atención mundial a raíz del informe Brundtland de la Conferencia Internacional sobre Medio Ambiente y Desarrollo (véase Hauff 1987) y que efectivamente fue formulado primero en el concepto emancipatorio del ecodesarrollo a principios de los años ochenta (Sachs 1993), intenta sintetizar de forma prescriptiva al mismo tiempo que sin poner condiciones, los asuntos relacionados al medio ambiente y al desarrollo dejando de lado mayormente sus contradicciones y aspectos conflictivos (con respecto a la crítica del discurso sostenible véase Raza/Novy 1997). Los neoliberales se apropiaron rápidamente de este concepto y lo reinterpretaron como la implementación a través del mercado de una gestión ambiental extensa y tan eficiente como sea posible. Al Estado y a las organizaciones internacionales se les asigna el papel, aparentemente reducido pero en realidad central, de garantizar las regulaciones necesarias para establecer los nuevos mercados ambientales, proceso político que actualmente se está realizando y que resulta interesante debido a la revalorización del plano político supranacional. Junto a las organizaciones y foros internacionales correspondientes (ONU, OMC/GATT, Conferencia de las Partes en la Convención Marco sobre el Cambio Climático y del Convenio sobre la Diversidad Biológica, CITES, etc.), las alianzas de integración (UE, TLC, MERCOSUR) desempeñan también un nuevo papel que asumen, por cierto, de modos muy distintos. *Eduardo Gudynas* examina en su artículo la política ambiental del MERCOSUR.

Los conflictos ecológicos de distribución discurren en parte de forma muy controvertida y se distinguen por asimetrías estructurales de poder no sólo en los foros internacionales, sino también, y sobre todo, a escala local, en el que la población, especialmente los grupos indígenas, se enfrenta a las consecuencias sociales y ecológicas de la explotación intensificada del entorno natural. Las reacciones adoptadas por la población abarcan una serie de estrategias y formas de organización que van desde la adaptación hasta la resistencia expresa (véase los artículos de *Monika Ludescher, Clarita Müller-Plantenberg y Andreas Novy*). Llama la atención, no obstante, que el plano local adquiera un nuevo significado en la lucha contra el modelo neoliberal no sólo en el sector rural, sino también en el sector urbano de las políticas alternativas y democrático-participativas, como hacen notar *Joachim Becker y Carlos Winckler* en sus artículos sobre Uruguay y Brasil.

La relación sociedad – naturaleza en la Latinoamérica neoliberal: conclusiones y perspectivas

En los últimos años han aumentado las señales de que el modelo neoliberal dominante se dirige a alcanzar una hegemonía global (según Gramsci):

- la implementación en el sureste asiático de programas de ajuste estructural en los países de reciente industrialización como consecuencia de la crisis asiática de 1997 significó el fin del modelo de desarrollo de esta región que había sido tan aclamado poco antes;

- la interiorización de los más importantes dogmas económicos de la ideología neoliberal por prácticamente todos los partidos socialdemócratas de Europa, usando una retórica sociopolítica de tono rosácea, condujo paradójicamente a la ejecución del programa, marcadamente liberal, sobre el mercado interior de la Unión Europea y que fue patrocinada por los gobiernos socialdemócratas de Blair en Gran Bretaña, Jospin en Francia y Schröder en Alemania quienes llegaron al poder en la segunda mitad de los años noventa;

- por último, los gobiernos latinoamericanos de centro-izquierda que llegaron al poder recientemente no cuestionaron la orientación neoliberal de sus países, sino que más bien hicieron claras declaraciones de voluntad de continuarlo (De la Rúa en Argentina, Lagos en Chile; única excepción: Chávez en Venezuela).

Si la hegemonía del neoliberalismo logrará consolidarse o no, depende esencialmente de dos criterios: Por un lado, de la estabilización de la dinámica de crecimiento de la economía mundial, por otro, de la capacidad de garantizar un mínimo de cohesión social. Los promotores/as del modelo neoliberal parecen haber reconocido esta situación. En efecto, mientras que a finales de los años ochenta, principios de los noventa, cuando el ajuste estructural fue impuesto a la fuerza desde afuera, el adversario era dominante, pero también identificable y por tanto atacable. Cuando después, en la primera mitad de los años noventa, se inició la llamada segunda generación de reformas de la periferia cuya prioridad era la política social y de la educación, así como la reforma del Estado (palabras claves »gobernabilidad«, »good governance«), se atendieron los principales reclamos de los críticos/as del neoliberalismo aunque fuera de forma selectiva e imprecisa. Por lo demás, se permitió a los representantes de la sociedad civil el acceso a los foros y organizaciones internacionales y se les delegó nuevas tareas que hasta ese momento habían recaído en el Estado. Si bien es cierto que de esta forma no se pudo vencer totalmente la resistencia, sí se logró la incorporación parcial de los grupos que antes fueron opositores.

La línea de separación entre partidarios y opositores al neoliberalismo real transcurre actualmente a lo largo de la problemática socioecológica. El fracaso de la Ronda del Milenio de la OMC (Organización Mundial del Comercio) en Seattle debido a la pregunta sobre la adopción de estándares ambientales y sociales en el régimen de comercio mundial, las lentas negociaciones sobre el clima para reducir los gases de efecto invernadero basadas en los resultados de la Conferencia de Kyoto, las violentas controversias a nivel nacional e internacional sobre la admisibilidad de organismos modificados genéticamente, el otorgamiento de patentes relativas al material genético vegetal y orgánico o la obligación de etiquetado de alimentos que contengan sustancias modificadas genéticamente son fenómenos de los problemas cuya regulación en el futuro influirá decisivamente en la relación sociedad – naturaleza existente en las economías del continente. Latinoamérica se encuentra, por tanto, en una situación un tanto paradójica en la que por un lado, el modelo neoliberal desgasta crecientemente sus riquezas naturales y, por el otro, adquiere una nueva importancia estratégica en lo que se refiere a su riqueza biológica, su capacidad de depósito (en especial del CO_2) y sus otras funciones ecológicas como prestadora de servicios las cuales, debido a su importancia, precisarían una explotación sostenible de acuerdo a los intereses a largo plazo del sistema económico capitalista. Precisamente la vulnerabilidad y el alto grado de dependencia de las economías latinoamericanas son las que han impedido hasta el presente que esta constelación ocasione un desplazamiento significativo de las relaciones de poder a favor de la periferia. Por esta causa los principales actores de la oposición ya no son los Estados-nación poscoloniales que antiguamente ingresaban en el escenario internacional con orgullo, sino más bien los innumerables indígenas, pequeños campesinos, campesinos sin tierras, agrupaciones vecinales, grupos de derechos de la mujer y de protección ambiental, entre otros. De hecho, no se puede decir de antemano si estos actores podrán oponerse con éxito y de forma duradera a la hegemonía neoliberal inminente. Los artículos contenidos en el presente volumen buscan, sin embargo, servir de estímulo para que se inicie una discusión sobre las alternativas a la práctica imperante.

Nota

* Quisiera agradecer a Joachim Becker y Andreas Novy por sus valiosos comentarios y sugerencias. Este trabajo ha sido posible gracias al apoyo financiero del FWF (proyecto P12378 – OEK).

Bibliografía: Véase el artículo en alemán de Werner G. Raza.

Traducción: Olga León Touzard

Eduardo Gudynas
Integración económica y desintegración ecológica en el MERCOSUR

El Mercado Común del Sur (MERCOSUR) se inició en 1991 entre Argentina, Brasil, Paraguay y Uruguay, como un ambicioso proceso de integración. A diferencia del Tratado de Libre Comercio de América del Norte (TLCAN), el MERCOSUR se planteó como un proceso que apuntaba más allá de un área de libre comercio, que buscaba avanzar en una integración económica más estrecha pero también en otros campos, inspirándose en la Unión Europea. En casi diez años de existencia el MERCOSUR ha avanzado rápidamente en el terreno comercial, posee una estructura mínima y ha sufrido más de una crisis. Pero en todo este tiempo los avances en otras dimensiones, como las sociales y ambientales, han sido muy limitados.

En este artículo se presenta una breve introducción a los aspectos ambientales en el MERCOSUR, analizándose los problemas observados en el proceso de integración económica pero también las posibilidades y límites que puede ofrecer para una estrategia de desarrollo sostenible.

Caracterización del MERCOSUR

El MERCOSUR se inició formalmente en 1991 con la firma del Tratado de Asunción, un acuerdo marco, donde se fijaron como metas la libre circulación de bienes, servicios, recursos financieros y trabajadores. Además se indicó que se suprimirían los derechos aduaneros y se coordinarán las políticas macroeconómicas y sectoriales.

El acuerdo engloba dos de las mayores economías de América Latina (Argentina, Brasil), las que también poseen el parque industrial más desarrollado. Pero cualquiera de estos países poseen drásticos contrastes internos (con áreas de extrema pobreza, como el nordeste brasileño o extremo noroeste argentino), una expansión urbana mayúscula (englobando megápolis como Rio de Janeiro, Sao Paulo y Buenos Aires), y crecientes problemas ambientales. Junto a ellos participan dos países pequeños, Uruguay y Paraguay, aunque muy distintos entre ellos. El primero posee los mejores indicadores sociales de Latinoamérica, mientras el segundo enfrenta una depresión económica, serios problemas sociales y una larga y convulsiva transición democrática.

A los cuatro países originales se les han sumado entre 1996 y 1997, Chile y Bolivia a nivel de asociados en un área de libre comercio. Chile es presentado una y otra vez como la estrella del desarrollo económico en Latino-américa, habiendo tenido largos períodos de crecimiento económico y una marcada liberalización económica. Bolivia a pesar de sus buenas tasas de indicadores económicos posee muy altos niveles de pobreza y desigualdad. Considerando estos seis países, el MERCOSUR posee más de 210 millones de personas y casi 14 millones de km².

El MERCOSUR posee un régimen particular. No ha seguido el camino de una institucionalidad supranacional y legislaciones comunitarias con limitaciones a la soberanía de cada país, como sucede con la Unión Europea. En cambio se viene desarrollando como un acuerdo inter-gubernamental, donde los acuerdos deben ser a su vez aprobados o ratificados por cada país.

El MERCOSUR se inició primero como una zona de libre comercio, y desde 1995 se implantó una unión aduanera imperfecta, con un Arancel Externo Común a los miembros plenos del MERCOSUR, aunque con largas listas de excepciones por países. Se mantiene una institucionalidad mínima que incluye los siguientes órganos:

- Consejo del Mercado Común, integrado por los ministros de economía y relaciones exteriores de cada país. Es la autoridad superior, con la capacidad de orientar sus políticas, establecer negociaciones con terceros países, determinar la estructura orgánica del mercado, etc. También existen reuniones ministeriales para agricultura, educación, trabajo, salud, justicia y cultura.

- Grupo Mercado Común es el órgano ejecutivo, integrado por representantes de las carteras de economía, relaciones exteriores y los bancos centrales.

- Comisión de Comercio, la que asiste al Grupo Mercado Común, y realiza el seguimiento del tratado, aunque bajo la coordinación de las cancillerías. En su ámbito se mantienen los Sub-Grupos de Trabajo, las Reuniones Especializadas, los Grupos ad hoc, y los Comités Técnicos.

Esta estructura es apoyada por una Secretaría Administrativa ubicada en Montevideo, especialmente vinculada con la Comisión de Comercio. No existe un ámbito formal que convoque a secretarios o ministros encargados del tema ambiental, aunque éstos se han reunido en varias ocasiones.

Como órganos consultivos se destacan la Comisión Parlamentaria Conjunta y el Foro Consultivo Económico Social. La primera está integrada por parlamentarios de cada poder legislativo, designados directamente por esos cuerpos. Tiene carácter asesor y su finalidad es establecer lazos directos con esos cuerpos, esperando que fomente las leyes necesarias en cada país para articular el proceso de integración. Este Foro también es una comisión asesora, pero integrada por representantes de sectores económicos y sociales, como empresarios y sindicalistas.

La marcha inicial del MERCOSUR fue auspiciosa. A diferencia de los demás intentos de integración en América Latina, en este caso se lograron avances concretos. En un período de al menos seis años se logró una unión aduanera imperfecta, se estableció una estructura mínima y creció el comercio intra-regional a tasas muy altas (donde el comercio regional superó el 20 por ciento del comercio total, con un intercambio de más de 16 mil millones de dólares). En el plano internacional, el MERCOSUR se presentó en muchos foros como un bloque, y en especial en las discusiones sobre un Area de Libre Comercio de las Américas, logró marcar un perfil autónomo. Sin embargo, el comercio intraregional se contrajo por primera vez en 1998 y mucho más en 1999 por la crisis brasileña del real.

El contexto ambiental del MERCOSUR

Muy distintas regiones ecológicas están incluídas en el área del MERCOSUR. Existen desde ecosistemas tropicales, como las selvas propias de Brasil, subtropicales y templados, como las praderas uruguaya y argentina, a los fríos y subantárticos de Tierra del Fuego. Unas regiones son cálidas y lluviosas, y otras son desiertos como el de Atacama. Varios de los sitios de megadiversidad biológica se encuentran incluídos (especialmente las selvas de neblina de las laderas andinas tributarias de la cuenca Amazónica).

En un área tan vasta los problemas ambientales también son importantes. Las causas de esos impactos son multifactoriales. Por un lado debe tenerse presente la herencia de los estilos de desarrollo anteriores, por otro el proceso de liberalización económica y finalmente los sesgos propios que ha implantado el MERCOSUR.

El primer factor incluye la difundida idea de una enorme disponibilidad de recursos naturales, con amplios márgenes para su extracción, y altos niveles de amortiguación ambiental frente a esos impactos. Ello generó que buena parte de las viejas estrategias de substitución de importaciones se diera bajo una fuerte apropiación de esos recursos y veloz avance sobre ambientes silvestres, donde se han minimizado o rechazado las advertencias sobre los límites ecológicos o los daños ambientales. El proceso de liberalización económica, y otras reformas de primera generación, desencadenaron fuertes cambios, donde se redujo el peso de las industrias nacionales ampliándose el papel de la extracción y exportación de productos primaros, especialmente minerales, energéticos y agropecuarios. Esto determinó una reprimarización de las economías, donde la proporción de exportaciones primarias sobre el total varía del 86,8 por ciento en Chile al 46,9 por ciento en Brasil (cifras para 1995, en base a datos de CEPAL 1997).

Los impactos ambientales han sido muy importantes. Por ejemplo, el avance de la frontera agropecuaria ha abierto nuevas áreas en la Amazonia, el Cerrado y el Pantanal de Brasil, así como en el oriente de Bolivia, el norte de Argentina y algunas áreas andinas y australes de Chile. En el caso de la minería, petróleo y gas, se han abierto nuevos sitios de explotación en todos los países, con un particular crecimiento de la extracción de gas natural en Argentina y Bolivia. Aún bajo la diversificación de las exportaciones y el aumento de su volumen, el empeoramiento de los términos de intercambio explican persistentes déficits comerciales y aumento de volúmenes exportados, y por consiguiente más impactos. Entre los cambios en la industria se ha observado que en Argentina, Brasil y Chile aumentó el volumen de las exportaciones de industrias sucias o ambientalmente sensibles, en el período de 1980 a 1995, y en especial aquellas ligadas a sectores como la petroquímica, papeleras, siderurgia del hierro y aluminio, todas con contenido tecnológico bajo y medio (Schaper 1999).

Entre los principales problemas ambientales se pueden mencionar los siguientes (Gudynas 1996): La deforestación continúa siendo un problema serio. El caso más claro se observa en la Amazonia, y está asociado tanto a la extracción de maderas como a la reconversión del suelo a usos agrícolas y ganaderos. Pero la tasa de deforestación en relación a la superficie de bosque disponible es más alta en Paraguay (el 2,6 por ciento anual de 1990 a 1995; WRI y otros 1998), donde la selva subtropical paranaense está disminuyendo rápidamente, y en buena medida por empresas brasileñas. Consecuentemente, están desapareciendo ecosistemas naturales, y diversas especies de animales y plantas.

El avance de la frontera agropecuaria es diferente en cada país. Ha alcanzado todos los ecosistemas disponibles en Uruguay, mientras que persisten áreas silvestres en todos los demás países. Los avances mayores se dan por expansión de cultivos en el oriente de Bolivia, la región de »cerrados« en Brasil, y algunas áreas de Paraguay; en otros casos la reconversión se orienta a los ganados. A ello se suma que muchas áreas bajo uso agropecuario se han intensificado, con aumentos de fertilizantes y otros agroquímicos. Por esta razón se observan diversos problemas de deterioro de suelos (por ejemplo, la desertificación y erosión es muy importante en áreas argentinas del sur sobre los Andes, el Monte y la Patagonia), contaminación por agroquímicos, y desajustes en los ciclos hidrológicos y dinámica de cuencas. En otros casos los cambios son más dramáticos, como la transición en Bolivia de los énfasis en exportaciones mineras a la agropecuaria, manteniéndose la exportación de productos con muy poco valor agregado pero que generan importantes externalidades (Raza 1999).

La expansión urbana y los problemas ambientales asociados, son muy importantes. Tanto Brasil como Argentina poseen megápolis, y existen por lo menos 22 ciudades de más de medio millón de habitantes. En esas áreas se observan problemas de planificación urbana, contaminación, asociación entre la marginación espacial con la social, reducción de la calidad de vida, etc. Santiago de Chile es un caso extremo por los altos niveles de contaminación atmosférica.

A estos problemas se suman otros, generados en el propio proceso de integración, especialmente en la vinculación física (carreteras, puentes, etc.) y energética. Los principales se comentan a continuación: La *Hidrovía Paraná-Paraguay* promueve el transporte fluvial por los ríos Paraná y Paraguay, desde el Puerto de Cáceres (Brasil) al de Nueva Palmira (Uruguay). Bajo esa obra se han propuesto rectificación del cauce del río, con obras de dragado, remoción por explosivos de afloramientos rocosos en su lecho, canales, y otras acciones con un enorme impacto ambiental. Estarían afectadas tanto la dinámica de los cursos de agua, los ritmos de inundación y estiaje, y la preservación tanto de las especies propias del río como de los ecosistemas costeros adyacentes (Huszar y colab. 1999).

El *Eje vial del Cono Sur* incluye la ampliación y extensión carretera entre Brasil, Argentina, Uruguay y Chile, desde Sao Paulo a Santiago. Cubrirá una extensión estimada en más de 2 mil kilómetros y no existen evaluaciones ambientales de estos impactos; las inversiones económicas en esas obras están estimadas en US$ 5 000 a 6 500 millones.

El *Puente Buenos Aires - Colonia* es una conexión carretera de 41 km de largo (el más largo del mundo), sobre el Río de la Plata. La obra sería concedida a empresas privadas con una inversión estimada de 1 000 millones de dólares. Ha sido aprobada por el parlamento de Uruguay y se encuentra en discusión en Argentina. Existe un fuerte debate por los impactos directos del puente, especialmente en los procesos de sedimentación en el río, así como los impactos indirectos en la costa uruguaya al estimarse que desencadenará una expansión urbana, alteraciones en la integridad de las playas, desaparición de la fauna y flora nativa, y creciente contaminación del agua subterránea. El puente ofrece además un claro ejemplo de los problemas de gestión ambiental sobre recursos compartidos, ya que se viene discutiendo cómo se realizará su evaluación ambiental (recuérdese que en Uruguay existe una ley nacional en la materia, pero no en Argentina, y por lo tanto se ha recurrido a un tratado binacional).

Las áreas fronterizas, y los recursos compartidos, como el caso de ríos o lagunas, constituyen aspectos sobresalientes de los componentes ambientales en un proceso de integración. Los países del Cono Sur han aprovechado desde tiempo atrás algunos recursos compartidos, especialmente con la construcción de represas binacionales. Pero en la mayoría de los casos no existe una gestión ambiental efectiva de esos ecosistemas compartidos. Por ejemplo, los cursos de agua fronterizos del norte de Uruguay con el extremo sur de Brasil están siendo alterados por la construcción de represas en sus afluentes a cada lado de la frontera. Esas represas retienen el agua, la que se utiliza con fines de riego, con lo que esos ríos quedan secos en tiempos de déficit de lluvias alterándose sus ecosistemas. Por otro lado, los ríos mayores (como el Paraná, Paraguay, Uruguay o de la Plata) también carecen de gestión ambiental, sufren de una creciente contaminación y de otras modificaciones por obras de infraestructura.

En el sector energía se destaca la proliferación de gasoductos desde Argentina y Bolivia hacia todos los países vecinos. En el gasoducto de Santa Cruz a Sao Paulo (con una extensión de 3 400 km y una inversión de más de US$ dos mil millones), se han indicado impactos ambientales negativos en varios ambientes (bosque subtropical del Chaco, el Pantanal, y otros), así como uno de los peores ejemplos en la falta de consulta ciudadana y evaluación ambiental. En el gasoducto de Punta Lara (Argentina) a Colonia (Uruguay), el cruce del Río de la Plata, ha planteado la alarma por la ausencia de adecuadas medidas de gestión ambiental, reducción de riesgos y seguros ambientales.

El comercio intraregional también ha desencadenado impactos ambientales. Un ejemplo destacado es la expansión del cultivo de arroz en Uruguay, el que se exporta en aproximadamente un 60 por ciento a Brasil. Ese cultivo ocupa más de 100 mil héctares en el este del país, desencadenando una fuerte alteración del régimen hidrológico al tomar agua para riego y la reducción de humedales, poniendo en riesgo ambientes de muy alta biodiversidad (por ejemplo con alrededor de 200 especies de aves en los bañados).

La discusión ambiental en el MERCOSUR

El Tratado de Asunción declara que el »desarrollo económico con justicia social« debe ser alcanzado atendiendo a la »preservación del medio ambiente«. Pero esta aspiración no se refleja en mecanismos o estructuras concretas de envergadura. En la primera fase del MERCOSUR existían once subgrupos de trabajo, y ninguno de ellos estaba dedicado específicamente a la temática ambiental, aunque algunos asuntos relacionados fueron tratados colateralmente en por lo menos cinco grupos. En 1992 se creó una Reunión Especializada de Medio Ambiente, la que estableció un programa de negociaciones. En 1995 se modificó parte de la estructura y se crearon los Sub-Grupos de Trabajo, entre los que se incluyó el de Medio Ambiente. Allí se han venido discutiendo varios asuntos, destacándose los siguientes: certificación ambiental, sello verde del MERCOSUR, uso y aplicación de las normas ISO 14 000, sistema de información y de intercambio de recursos, diferentes medidas con contenido ambiental que emergían en la regulación del comercio intra-regional, temas ambientales en la negociación con la Unión Europea, y un Protocolo Ambiental del Mercosur. Asimismo en otros Subgrupos de

Trabajo se han analizado asuntos que poseen implicancias ambientales importantes (por ejemplo el comercio regional de fertilizantes, normas sanitarias y fitosanitarias, la regulación de productos biodegradables, la integración energética, etc.). A ello se suma que la Comisión Parlamentaria Conjunta ha elevado recomendaciones para atender los asuntos ambientales de frontera.

En paralelo con esta estructura formal existen otros espacios: los ministros o secretarios de medio ambiente del Mercosur se han reunido en reiteradas oportunidades, las conferencias EcoSur agrupan académicos, ONGs y funcionarios gubernamentales, los gobiernos locales de la región se reúnen en las Merco-Ciudades, y existen diversas formas de coordinación entre organizaciones de la sociedad civil. En el sector empresarial existe un agrupamiento de las cámaras de industria, y en el sector sindical una coordinadora regional, mientras que en el movimiento ambientalista se observan coordinaciones laxas (por ejemplo la Red Rios Vivos que ha enfatizado la Hidrovía Paraná-Paraguay, o la Alianza Continental que ha seguido la integración hemisférica).

Buena parte de estas iniciativas no formales responden a la creciente importancia que se otorga a los temas ambientales en las sociedades del Cono Sur. Un análisis comparado de encuestas de opinión pública muestra una alta preocupación por el ambiente (el 37 por ciento en Brasil a un 54 por ciento en Argentina, contra un 41 por ciento de promedio mundial) y una alta demanda de acciones drásticas (el 49 por ciento en Brasil al 60 por ciento en Argentina, promedio mundial el 61 por ciento; datos de Environics International, Gudynas 1998).

A pesar de que las tendencias son muy similares en los países del Cono Sur, las instituciones gubernamentales y sus gestiones son muy diferentes. Las reformas económicas han tenido diferente énfasis; mientras la liberalización de alguna manera ha sido lenta y »regulada«, especialmente en el caso de Uruguay y Brasil donde se mantiene la presencia del Estado, fue más temprana en Chile y más rápida en Argentina.

Estos hechos tienen consecuencias en la gestión ambiental. Por un lado en Brasil existe una abundante legislación, cuyo avance más reciente es la ley de delitos ecológicos, y donde se busca preservar un fuerte papel regulador y fiscalizador del Estado. Por otro lado, en Chile se ha establecido un marco normativo mínimo (a nivel de una comisión nacional), reduciéndose así las posibilidades de regulación e intervención estatal, trasladando parte de esas acciones especialmente a actores privados actuando en el mercado. En el otro extremo se encuentra Bolivia, con uno de los marcos normativos más avanzados (incluyendo la existencia de un Ministerio en Desarrollo Sostenible, y sistemas de auditoría y contraloría a nivel nacional), pero con muy bajos niveles de aplicabilidad y fiscalización. Brasil en cambio presenta una situación heterodoxa, ya que a pesar de su importante marco normativo existe mucha evidencia que la aplicación y fiscalización es muy desigual en su territorio. Asimismo, mientras en Argentina no existe una norma nacional en evaluación de impacto ambiental, todos los demás países la poseen. Argentina ha sido el único país que ha dado un paso atrás en el marco institucional, con el reciente desmembramiento de la antigua secretaría ambiental.

Estas disparidades, y la propia debilidad de la temática ambiental, explican los problemas para su tratamiento en los órganos del MERCOSUR. En los últimos tiempos se lograron avances en temas como el intercambio de información, coordinación para enfrentar accidentes ambientales, y en particular se acordó un texto para un Protocolo en Medio Ambiente. Esta propuesta se viene discutiendo por lo menos desde 1997, logrando la aprobación del subgrupo correspondiente. Sin embargo al ser elevada al Grupo Mercado Común fue rechazada en dos ocasiones por el Ministerio de Relaciones Exteriores de Argentina (dejando en claro un desacuerdo doméstico con la Secretaria de Medio Ambiente argentina). La aplicación de un Protocolo para los cuatro países significaba que Argentina tuviera que seguir normas de evaluación del impacto ambiental de otro país, una medida resistida por los empresarios de ese país, especialmente por el temor de una competencia desleal desde Brasil. Más recientemente se sumó la resistencia de Argentina a algunos elementos de conservación de la biodiversidad en el sector agropecuario debido a la fuerte promoción de cultivos transgénicos en ese país frente a la cautela de Brasil en ese sector. Si bien el resultado del debate desencadenó el congelamiento de ese protocolo, dejó en claro para todos los actores las fuertes vinculaciones entre las medidas ambientales con las económicas. En forma paralela, la discusión de una norma de protección a los consumidores avanza también lentamente por razones inversas: en este caso Brasil las resiste debido a que implicaría reducir reglamentaciones nacionales que ya posee en ese campo.

Algunos tímidos avances se deben a iniciativas empresariales (vinculadas a los consejos empresariales en desarrollo sostenible) y certificaciones ISO 14000. Pero justamente en Argentina, donde esas iniciativas son más fuertes, es de donde se han planteado más resistencias a integrar los aspectos ambientales al MERCOSUR. Asimismo están comenzando a ser evidentes las limitaciones de una gestión ambiental únicamente empresarial (véase el estudio de Blanco y Borregaard 1998 para Chile).

Puede concluirse que los actuales espacios institucionales para discutir la temática ambiental del MERCOSUR son todavía débiles, y los pocos pasos que se han dado son insuficientes para atender todos los problemas. Esta timidez contrasta con las enérgicas declaraciones ambientales firmadas por los cuatro gobiernos en otros ámbitos, como la Eco 92 de Rio de Janeiro o la Cumbre sobre Desarrollo Sostenible de Santa Cruz. Esta debilidad también contrasta con la situación de otros procesos de vinculación económica que podrían servir de consulta, como es el caso de la Unión Europea o del Tratado de Libre Comercio de Norteamérica, donde existen distintos tipos de instituciones y normas ambientales.

La desintegración ecológica

Las regiones ecológicas (biomas o dominios ecológicos) poseen una integridad propia. Por ejemplo, se pueden identificar regiones como el Chaco, con características geomorfológicas, climáticas, faunísticas y florísticas que son propias, y permiten distinguirlo como distinto de otras regiones, tales como el Pantanal o el Cerrado. Existen relaciones ecológicas estrechas entre los componentes de esas regiones, expresando niveles de integración y vinculación ecológica con una larga historia evolutiva. Ciertos ecosistemas, como los ríos y sus planicies adyacentes, sirven de vinculación y articulación de esas grandes regiones ecológicas entre sí; es el caso de ríos como el Paraná. Por supuesto que el concepto de »integración« aplicado a los ecosistemas corresponde a bases teóricas distintas que cuando se lo utiliza para las relaciones entre países. Sin embargo, el punto que se desea subrayar es que esa integración ecológica antecede a las divisiones políticas y a los posteriores intentos de vinculación económica.

Ese punto ha pasado desapercibido o es minimizado en las actuales discusiones sobre el MERCOSUR, especialmente entre aquellos que trabajan en temas de economía y desarrollo, aunque no en pocas personas vinculadas a cuestiones ambientales. La consecuencia de esto es que se conciben a los ecosistemas bajo divisiones políticas; el término de Amazonia evoca casi automáticamente a Brasil, dejándose en segundo plano que esa región ecológica también se extiende en los países vecinos.

Aún más: las estrategias actuales de desarrollo fragmentan y subdividen esas regiones ecológicas. El uso productivo de esos ambientes, sea con fines de atender a la economía doméstica como a las exportaciones, los desintegra al enfocar recursos naturales específicos o pequeñas áreas bajo explotación (por ejemplo, bajo los llamados »polos de desarrollo«). En lugar de manejarlos como sistemas con fuertes relaciones internas, son fragmentados; se extraen por un lado minerales, por el otro lado agua, y así sucesivamente. Un ejemplo es la reciente legislación argentina de promoción de cultivos de bosques artificiales, donde se separa la propiedad y gestión de las plantaciones de los propietarios de los campos y de otros usos agropecuarios. En el mismo sentido, para cada uno de esos recursos, o para cada una de las áreas, existe una gestión y administración separada, con poca representación ambiental y desarticuladas entre sí. Paradójicamente ejemplos novedosos de integración se han dado para promover todavía más esa apropiación de los recursos, como es el caso de la explotación común de yacimientos minerales argentino-chilenos en la cordillera de los Andes.

Esta desintegración también incluye ambientes excluídos o marginalizados de una gestión ambiental, uno de cuyos ejemplos más grave es la baja valoración e insuficiente manejo de los cuerpos de agua que sirven de frontera, olvidando sus funciones ecológicas de vinculación y articulación, permitiendo la contaminación y hasta de apropiación masiva del agua con fines de riego. En esos casos no existe un marco normativo para manejar esos problemas, o cuando está presente (como por ejemplo la Comisión binacional administradora del Río de la Plata), no logra planes efectivos.

Podría plantearse que esta desintegración ecológica podría ser revertida por el MERCOSUR, ya que podría servir para volver a »unir« estas piezas. Ese hecho no ha sucedido. Por el contrario, el énfasis en una reprimarización exportadora ha acentuado el problema, donde la liberalización económica y la integración comercial mantienen o aceleran esa desintegración ambiental. En tanto varios países del MERCOSUR están avanzando en estrategias productivas similares, y no complementarias, y por lo tanto derivan hacia competencias entre ellos, la situación se agrava. Ejemplos de esto son la expansión del cultivo de arroz en Argentina, y la competencia que se desencadena con ese mismo cultivo en Uruguay, donde en ambos casos el principal importador es Brasil; o la competencia entre Argentina y Brasil por la exportación de soja hacia Europa. En todos estos casos existen profundos impactos ambientales y no se han logrado políticas comunes a todo el MERCOSUR.

Reforma ambiental y desarrollo sostenible

En el actual estado del proceso de integración del MERCOSUR, con los objetivos actualmente expresados, la situación de las políticas nacionales ambientales en cada país, y su estructura y funcionamiento, debe concluirse que es incompatible con el desarrollo ecológicamente sustentable. De hecho su marcha actual no ha impedido la desintegración ecológica. El proceso de integración ha mantenido y promovido un estilo de desarrollo que no se diferencia en las bases conceptuales del seguido en los países industrializados, y por lo tanto se avanza hacia los mismos dramas ambientales. La presión de los recursos naturales ha aumentado, tanto por el incremento del comercio intraregional como por las exportaciones hacia los países industrializados. Si el proceso de integración hubiese perseguido otras metas, atendiendo también objetivos ambientales, podrían esperarse alivios en la presión sobre ciertos ecosistemas (como por ejemplo, un menor ritmo de expansión de cultivos en el Cerrado de Brasil o la reducción de la deforestación en Paraguay y Chile). Pero lo cierto es que el MERCOSUR mantiene y promueve el mismo tipo de desarrollo que explica los problemas ambientales que vive la región.

Las estrategias de desarrollo alternativas, donde se ponen en primer plano las preocupaciones sociales y ambientales, se las engloba bajo el rótulo de desarrollo sostenible. Si bien es cierto que ese concepto aún está en el centro de debates y es difícil llevarlo a la práctica, procesos como el MERCOSUR deberían alentar los ensayos en ese sentido. Es importante que el acuerdo no se convierta en un impedimento para ese objetivo, sino que lo promueva. En otras palabras, este mercado debe asegurar un marco normativo y una organización institucional que promueva en vez de inhibir la búsqueda del desarrollo sustentable. En este sentido se pueden apuntar algunas ideas de reforma (Gudynas 1996; Blanco y Borregaard 1998 y referencias en esos textos).

Es necesario establecer políticas en desarrollo sostenible que articulen fines sociales, económicos y ambientales. La situación actual del MERCO-SUR muestra un claro predominio de las metas económicas y las disputas comerciales, lo que impide atender adecuadamente la dimensión ambiental. Por lo tanto entre los primeros pasos hacia un desarrollo sostenible son necesarias reformas ambientales, incorporando esos aspectos en los programas económicos, y en forma paralela fortalecer las políticas ambientales nacionales. Las legislaciones ambientales de cada país son todavía insuficientes, no sólo por su propio contenido, sino en especial por su implementación y fiscalización, y el reducido protagonismo del Poder Judicial. Avances en ese terreno son indispensables para introducir una regulación ambiental y social en el proceso de integración, evitando que quede restringido a los aspectos económicos y comerciales.

Algunas políticas sectoriales requieren urgentemente una consideración de sus condicionantes ambientales. Esto es particularmente cierto para el sector agropecuario, tanto por estar involucrado en problemas ambientales críticos como en los patrones productivos (en especial la agroindustria y forestales). Las actuales políticas agropecuarias no tienen en cuenta adecuadamente una dimensión ambiental, enfatizándose paquetes tecnológicos con uso intensivo de energía y materia, lo que a su vez ha desencadenado pérdidas de fertilidad, problemas en la gestión del agua, contaminación por agroquímicos, junto a otras consecuencias negativas en el terreno social (como el abandono del campo y migración a las ciudades, empobrecimiento rural, etc.).

El fortalecimiento de las políticas nacionales debe ser simultáneo a las coordinaciones regionales. La armonización ambiental en el MERCOSUR requiere avances concretos y los debates sobre el Protocolo Ambiental demuestran las dificultades que se enfrentan, pero también sus implicancias en el terreno productivo. En este sentido las aplicaciones de evaluaciones de impacto ambiental, de manera rigurosa y abierta al escrutinio público, parecen indispensables no sólo para asegurar niveles de calidad ambiental a nivel local, sino también para evitar la migración de actividades de alto impacto dentro de los países, o de una región a otra dentro del MERCOSUR. Asimismo se debe prestar especial atención a las áreas fronterizas y los recursos compartidos, con mecanismos de gestión ambiental específicos para ellos, incorporando la participación de los gobiernos locales.

También es indispensable brindar un marco institucional abierto y participativo para discutir estos cambios. En este terreno han existido varias propuestas, como la formalización de un Consejo de Medio Ambiente del MERCOSUR, que integre a los ministros en esa temática, la incorporación de representantes de las organizaciones ambientalistas en el Foro Consultivo Económico-Social, o la de un Foro Consultivo Ambiental con representantes de la sociedad civil.

Nuevo regionalismo autónomo

Una vez cumplidos estos y otros pasos básicos es indispensable una estrategia de desarrollo sostenible regional. Muchas de las cuestiones planteadas en este artículo requieren análisis, planificaciones y acciones a nivel regional, atendiendo antes a la geografía de los ecosistemas, que a las divisiones políticas. Distintos procesos productivos se deben ubicar donde generen los menores impactos ambientales, y dejar otras áreas dedicadas a servicios ecológicos. Esto implica políticas de coordinación productiva entre los países, aceptar marcos de soberanía supranacional, y mecanismos de compensación y transferencia de fondos (por ejemplo, transferencia de parte de las ganancias de las áreas exportadoras a los sitios que se mantienen con fines ecológicos). Actualmente no existen instituciones para abordar este problema a nivel del MERCOSUR ni los países están dispuestos a ceder en su soberanía.

Un nuevo ordenamiento de los procesos productivos de este tipo requiere instalar estrategias en desarrollo sostenible, tanto a nivel nacional como regional. Paradójicamente la integración es una condición necesaria para el desarrollo sostenible. Tanto las razones ecológicas, como económicas y políticas apuntan en este sentido. Las políticas de apertura comercial unilateral, pero incluso las proposiciones de CEPAL de un »regionalismo abierto« (entendido como una estrategia mixta de integración con apertura hacia el resto del mundo) deberían ser analizadas ya que promueven un tipo de desarrollo que está en la base de los problemas ambientales. La apertura indiscriminada, e incluso los acuerdos de libre comercio, pueden de hecho impedir la integración en otras esferas como la política o social (y el TLCAN es un ejemplo de ello al promover una condición subordinada en México). Pero en la medida que una estrategia en desarrollo sostenible requiere de una fuerte dimensión política, un proceso de integración no puede quedar restringido a los aspectos económicos. Por el contrario, debe tener espacios y mecanismos de expresión política referidos a las expectativas y opciones de los ciudadanos, incorporando otros elementos, como las condiciones laborales, la protección ambiental, el tránsito de las personas, etc. Esta dimensión política permitiría abordar la complementaridad ecológica y productiva, donde se pueden realizar actividades productivas atendiendo a las aptitudes ecológicas propias de cada ecosistema, complementando las que se realizan en unas regiones con las de otras regiones (Gudynas 1999a). Esa misma condición política obliga a ampliar los espacios de participación y presencia de la sociedad civil.

De esta manera se debe apuntar a un regionalismo autónomo, que permita construir estrategias propias ajustadas a los requerimientos locales y regionales, así como a las demandas sociales. Distintos sectores productivos deben ser revisados; entre ellos se destaca la minería, dado sus altos impactos ambientales y los decrecientes valores que logra en los mercados internacionales. En cambio, otros usos productivos, especialmente agropecuarios pueden ser reorientados al comercio intraregional de alimentos para atacar la pobreza y la desigualdad (incluyendo medidas como abandonar la soja de exportación y volver a cultivos que aseguren la autosuficiencia alimentaria). No debe olvidarse que los resultados en este frente del MERCOSUR, y de las estrategias actuales de desarrollo en sus miembros, son desalentadores. Mientras algunos países persisten en malos indicadores sociales, ese deterioro ha invadido a países como Argentina, que solían lucir una mejor situación (por ejemplo, los ingresos de la ciudad de Tucumán alcanzan US$ 468 per capita/año, una cifra cercana a los US$ 464 en Nepal, mientras la ciudad de Salta presenta US$ 396, similar a los $ 357 de Nigeria; Gudynas 1999b).

Frente a estos desafíos la situación del MERCOSUR es heterodoxa. Posee las potencialidades para promover un desarrollo distinto, y desvincularse selectivamente de aquellos aspectos de la globalización más negativos, a la vez que alberga recursos que podrían permitir elevar la calidad de vida de los sectores empobrecidos y marginalizados. Pero todavía le falta la innovación y audacia para adentrarse en la sustentabilidad y generar los cambios necesarios para proteger el ambiente y erradicar la pobreza.

Bibliografía

Blanco, H./Borregaard, N., eds. (1998): *MERCOSUR y medio ambiente*. CIPMA, Santiago de Chile

CEPAL (1997): *Anuario estadístico de América Latina y el Caribe, edición 1996*. CEPAL, Santiago de Chile

Gudynas, E. (1996): *Vendiendo la Naturaleza. Impactos ambientales del comercio internacional en América Latina*. GTZ, Instituto de Ecología/ UMSA y CLAES, La Paz

Gudynas, E. (1998): Ecología y participación ciudadana en los acuerdos internacionales. La situación en el MERCOSUR. Ponencia presentada en el Seminiario »Comercio Exterior, medio ambiente y desarrollo sustentable dentro del MERCOSUR. El rol de la sociedad civil«, Fundación Ecos, Punta del Este

Gudynas, E. (1999a): *Desarrollo sostenible, globalización y regionalismo. PRODENA, FOBOMADE y CIDES/UMSA*, La Paz

Gudynas, E. (1999b): La extensión de la pobreza en Argentina. En: *Tercer Mundo Económico,* Montevideo, 122: 20-21

Huszar, P./Petermann, P./Leite, A./Resende, E./ Schnack, E./ Schneider, E./ Francesco, F./Rast, G./Schnack, J./ Wasson, J./García L., Dantas, M./ Obrdlik, P./Pedroni, R. (1999): *Fact or fiction: a review of the Hydrovia Paraguay-Paraná Official Studies.* World Wildlife Fund, Toronto

Raza, W. (1999): Trade liberalisation impacts for sustainable development: Bolivian raw-material exports 1980-1997. En: Dragun, A.K./Tisdell, C., eds.: *Sustainable agriculture and environment.* Cheltenham & Northampton: Edward Elgar: 245-269

Schaper, M. (1999): *Impactos ambientales de los cambios en la estructura exportadora en nueve países de América Latina y el Caribe: 1980-1995.* Serie Medio Ambiente y Desarrollo, CEPAL, Santiago de Chile

WIR/UNEP/UNDP/WB (1998): *World resources, 1998-99.* New York: Oxford Univ. Press

Johannes Jäger
Soziale Auswirkungen, Ursachen und Funktionsweise des neoliberalen wirtschafts- und sozialpolitischen Modells in Lateinamerika[*]

Einleitung

In Lateinamerika hat sich in den letzten Jahrzehnten ein tiefgreifender sozialer und gesellschaftlicher Wandel vollzogen. Die Analyse der Ursachen und Auswirkungen dieser Veränderungen, die eng mit dem Umbruch des Wirtschaftsmodells verwoben sind, steht im Zentrum dieses Übersichtsartikels. Dabei wird versucht, die strukturellen Veränderungen über den Kontinent hinweg zu erfassen. Es ist jedoch zu beachten, daß die Entwicklungen in den einzelnen Ländern nicht zeitgleich abliefen, weshalb auch die Betrachtung der Entwicklung von Sozialindikatoren im gesamten lateinamerikanischen Durchschnitt nur ein sehr undifferenziertes Bild bietet. Vielmehr wird hier versucht, die Charakteristika des neoliberalen Gesellschaftsmodells analytisch herauszuarbeiten, um seine Konsequenzen quasi als Idealtypus zu verstehen. Dabei darf jedoch nicht vergessen werden, daß die konkreten Ausformungen neoliberaler Wirtschafts- und Sozialpolitik sowohl räumlich unterschiedlich sind, als auch einem zeitlichen Wandel unterliegen.

Das neue Gesellschaftsmodell und seine strukturellen sozialen Wirkungen können nur vor dem Hintergrund der historischen polit-ökonomischen Veränderungen adäquat erfaßt werden. Im Zuge dieses Artikels wird daher auch die Frage nach den zentralen Ursachen angesprochen, die zur Durchsetzung des neoliberalen Wirtschaftsmodells führten. Zunächst erfolgt jedoch ein Überblick über die quantitativen und qualitativen sozialen Veränderungen an der Oberfläche, welche sich auf dem Kontinent in den letzten Jahren und Jahrzehnten ereignet haben. Weiter wird versucht, analytisch festzumachen, welche dieser Veränderungen auf das neoliberale Entwicklungsmodell zurückzuführen sind und welche Veränderungen sich aus der konjunkturell krisenhaften ökonomischen Entwicklung bzw. dem Umbruch des Wirtschaftsmodells ergeben haben. Am neoliberalen Musterbeispiel Chile werden typische Charakteristika dieses neuen Wirtschafts- und Gesellschaftsmodells und seine sozialen Konsequenzen untersucht. Chile ist deshalb besonders interessant, weil in diesem Land als erstem in Lateinamerika ein neoliberales Gesellschaftsmodell implementiert und auch am radikalsten durchgesetzt wurde.

Bei der Untersuchung der Ursachen für den neoliberalen Umbruch in Lateinamerika wird sowohl gefragt, welche Ursachen in materiellen Veränderungen der Wirtschaftsstruktur liegen und welche Rolle der Verschiebung diskursiver Felder und ideologischer Vorherrschaften zukommt. Abschließend erfolgt eine Bilanz des neoliberalen Entwicklungsmodells. Es wird kurz der Frage nach seiner Stabilität nachgegangen und die Perspektive möglicher Alternativen angesprochen.

Soziale Veränderungen an der Oberfläche

Als wichtiger Sozialindikator kann das Volkseinkommen (BIP) genannt werden. Dieses hat sich pro Kopf während der 80er Jahre in Lateinamerika und der Karibik (ALC) dramatisch verringert, wobei sich in den 90er Jahren bis zum Ausbruch der Asienkrise 1997 insgesamt wieder ein schwaches Wachstum von 1,8 Prozent abzeichnet (CEPAL 1997, 1999b). 1990 standen durchschnittlich mehr als zehn Prozent weniger Güter pro Kopf zur Verfügung als zu Beginn der Dekade. Im Vergleich zur Weltwirtschaftskrise in den 30er Jahren war der Rückgang des Pro-Kopf-Einkommens in Lateinamerika zwar weniger markant, die Krise dauerte jedoch wesentlich länger an (Sutter 1999: 150). Auch 1997 lag das durchschnittliche Pro-Kopf-Einkommen, das in den Jahrzehnten vor 1980 stets deutlich gewachsen war (1970 bis 1980 war das jährliche Pro-Kopf-Wachstum noch bei 3,3 Prozent; Albala-Bertrand 1993: 37), nur in einigen Ländern knapp über dem Wert von 1981.

Trotz des vergleichsweise höheren Wirtschaftswachstums in den 90er Jahren stieg die Arbeitslosigkeit im ALC-Durchschnitt dennoch zwischen 1991 und 1997 von 5,8 auf 7,5 Prozent (CEPAL 1997). Es hat sich jedoch in den 80er Jahren nicht nur insgesamt die durchschnittlich pro Kopf zur Verfügung stehende Menge der Güter reduziert, sondern auch die Verteilung des Volkseinkommens in den 80er und 90er Jahren dramatisch verändert. Der Anteil der unteren Einkommensschichten hat sich erheblich verringert, während sich der Anteil der oberen Einkommensschichten am BIP sprunghaft erhöht hat (siehe Tabelle 1).

Tabelle 1: Veränderungen in der Einkommensverteilung der Haushalte, in Prozent, ausgewählte Länder

	Gini-Koeffizient* (urban)	Einkommensanteil der ärmsten 25 %	Einkommensanteil der reichsten 10 %
Argentinien	0,375	9,3	29,8
1980-1997	0,438	7,5	35,8
Brasilien	0,493	5,6	39,1
1979-1996	0,538	4,9	39,6
Mexiko	0,321	10,5	25,8
1984-1996	0,392	9,4	33,7

* Anmerkung: der Gini-Koeffizient mißt die Verteilung des Einkommens (0: absolute Gleichverteilung, 1: absolute Ungleichverteilung), Quelle: CEPAL 1999a: Tab. 2

Das geringe Wirtschaftswachstum und die ungleichere Verteilung führten zu einem markanten Anstieg der Armut in Lateinamerika (siehe Tabelle 2).

Tabelle 2: Anteil der Armen an der Gesamtbevölkerung Lateinamerikas, in Prozent

	Arme	Absolut Arme
1980	35	15
1990	41	18
1995	39	17

Quelle: CEPAL 1997

In der ersten Hälfte der 90er Jahre kam es zwar zu einer leichten Reduktion des Anteils der Armen, was mit der einsetzenden wirtschaftlichen Erholung zusammenhängt, die Gesamtzahl der Armen in Lateinamerika und der Karibik stieg jedoch zwischen 1990 und 1994 von 197 Mio. auf 209 Mio. Personen (CEPAL 1999a).

Diese Statistiken reflektieren jedoch noch nicht die sozialen Verschlechterungen, die durch den massiven Abbau sozialstaatlicher Leistungen verursacht wurden. So scheint darin nicht auf, daß weite Bevölkerungskreise für vormals staatlich unentgeltlich zur Verfügung gestellte Leistungen (Bildung, Gesundheitsversorgung) jetzt bezahlen müssen. Einige Sozialindikatoren, wie Lebenserwartung, *Human Development Index* und Kindersterblichkeit zeigen trotz dieser negativen Entwicklungen häufig eine leicht positive Tendenz, die während der 80er und 90er Jahre zwar abgeschwächt, aber dennoch im großen und ganzen fortgesetzt wurde (Albala-Bertrand 1993: 35, UNDP 1999).

Darüber hinaus erfolgte eine Reihe weiterer qualitativer sozialer Veränderungen, insbesondere am Arbeitsmarkt, wie die erhöhte Flexibilität und Unsicherheit, Mehrfachanstellungen, ein starker Anstieg prekärer Beschäftigungsverhältnisse und des informellen Sektors und vielfach eine erhöhte Anzahl der geleisteten Arbeitsstunden. Mit der Explosion der Informalisierung kam es zur Marginalisierung weiter Bevölkerungsschichten, welche sich vielfach auch in einer Zuspitzung der sozio-räumlichen Polarisierung niederschlug. Die fortschreitende soziale Desintegration im neoliberalen Entwicklungsmodell zeigte sich u.a. auch in einem markanten Anstieg der Kriminalität (CEPAL 1997). Die harte ökonomische Krise, das Verbot bzw. die Zerschlagung von Gewerkschaften, die Veränderungen in der Produktionsstruktur sowie die auch durch neoliberales Gedankengut vorangetriebene Atomisierung der Gesellschaft haben dazu geführt, daß nunmehr verstärkt individuelle Überlebensstrategien an die Stelle kollektiver Strategien auf nationaler Ebene treten (vgl. Boris 1990: 52ff.).

Welche sozialen Veränderungen sind auf das neoliberale Modell zurückzuführen?

Die angeführten Daten zur sozialen und ökonomischen Entwicklung machen deutlich, daß Lateinamerika in den 80er und teilweise auch noch in den 90er Jahren eine Jahrhundertkrise durchlitten hat. Die sozialen Veränderungen sind einerseits Ergebnis dieser Wirtschaftskrise, resultieren aber andererseits auch aus den neoliberalen wirtschafts- und sozialpolitischen Antworten auf die Krise, welche deren soziale Auswirkungen noch erheblich zuspitzten und ein neues, stärker polarisierendes Entwicklungsmodell begründeten. Um diese unterschiedlichen Ursachen der sozialen Veränderungen herauszuarbeiten, ist es notwendig, die Analyse auf Länderebene herunterzubrechen, da sich spezifische Formen neoliberaler Politiken in den einzelnen Ländern in unterschiedlichem Ausmaß, zu unterschiedlichen Zeiten und in unterschiedlichen Formen durchsetzten.

Mit der Ausnahme Chiles, wo bereits ab 1975 neoliberale Politikmuster systematisch durchgesetzt worden waren, wurden in den anderen Ländern Lateinamerikas diese erst nach dem Ausbruch der Schuldenkrise 1981/82 implementiert. Während in Chile neben spezifischen internen Kräfteverhältnissen zwischen einzelnen nationalen Kapitalfraktionen (Calderón 1981) vor allem auch die Präsenz des ideologischen und wirtschaftspolitischen neoliberalen Know-hows in Form der »Chicago Boys« und die starke – von vielen gesellschaftlichen Kräften relativ unabhängige – diktatorische Hand des Terrorregimes für den Umbruch ausschlaggebend waren, waren es in den anderen lateinamerikanischen Ländern häufig externe Vorgaben in Form von Konditionalitäten durch internationale Finanzinstitutionen wie Internationaler Währungsfonds und Weltbank, welche mit dem Ausbruch der Schuldenkrise entscheidenden Einfluß auf die nationale Politikformulierung gewannen und die Durchsetzung neoliberaler Maßnahmen in der Regel erzwangen. Diese Politiken in Form von Strukturanpassungsprogrammen (SAP) waren zunächst darauf ausgerichtet, die kurzfristige Bedienbarkeit der Auslandsschulden durch die Länder Lateinamerikas sicherzustellen, welche mit der Schuldenkrise unter Druck geraten war. Unmittelbarer Auslöser der Schuldenkrise war die ab dem Beginn der 80er Jahre betriebene, auf neoliberalen bzw. monetaristischen wirtschaftspolitischen Prinzipien aufbauende Hochzinspolitik der USA, welche zu einem starken Anstieg des internationalen Zinsniveaus und einer rasanten Aufwertung des Dollars führte. Damit wurde die Bedienung der Auslandsschuld mit einem Schlag für die in US-Dollar verschuldeten lateinamerikanischen Länder wesentlich teurer (vgl. Raffer 1999).

Die unmittelbaren Wirkungen der (orthodoxen) Strukturanpassungsprogramme, wie sie vornehmlich in den 80er Jahren angewendet wurden, bestanden vor allem darin, einerseits im Zuge einer Politik der Währungsabwertung kurzfristig die Exporte zu fördern, um Devisen für den Schuldendienst zu erwirtschaften. Andererseits wurde gleichzeitig in den Ländern durch Zinsanhebung, Krediteinschränkung und radikale Kürzung der Staatsausgaben eine Rezension eingeleitet bzw. verstärkt (vgl. Mills/Nallari 1992: 71ff.), um erstens einen Anstieg der Inflation durch die Abwertung zu vermindern und zweitens staatliche Mittel für die Bedienung der Auslandsschuld freizumachen. Diese SAP trugen durch die Hervorrufung bzw. Vertiefung der ökonomischen Krise zu unmittelbaren negativen sozialen Auswirkungen, wie dem Anstieg der Arbeitslosigkeit und dem Fallen der Löhne, der Aufblähung des informellen Sektors bei. Gleichzeitig trafen die massiven Kürzungen der staatlichen Ausgaben, die vielfach im Sozialbereich angesiedelt waren, vor allem die Mittel- und Unterschicht besonders hart, da eben diese von den Sozialleistungen besonders abhängig waren. Damit verschlechterten sich eine Reihe sozialer Indikatoren massiv (vgl. Queisser et al. 1993). Die rezessive Wirkung der SAP auf die Ökonomie hielt jedoch in der Regel nur einige Jahre an, obwohl der Abbau von Arbeitslosigkeit oder insbesondere der Rückgang des Informalisierungsgrades aufgrund von Hysteresis-Prozessen (z.B. durch die Verwandlung konjunktureller Arbeitslosigkeit in strukturelle Arbeitslosigkeit bzw. Marginalisierung) oft kaum oder nur sehr viel langsamer von statten gingen (Queisser et al. 1993: 379). Die Struktur der Arbeitsmärkte wurde, wenn sie nicht schon von den Militärregierungen in den 70er Jahren umgewälzt worden war, im Zuge der SAP dauerhaft transformiert. An die Stelle kollektiver Verhandlungen traten in der Regel individuelle Aushandlungsprozesse oder Betriebsvereinbarungen über Arbeitslohn und Arbeitsbedingungen. Insbesondere in Anbetracht hoher Arbeitslosigkeit wird die strukturelle Unterlegenheit der Arbeitnehmer offensichtlich. Diese Transformation des Arbeitsmarktes bzw. des Lohnverhältnisses stellt die unmittelbare Ursache für die Umverteilung von Arbeits- zu Kapitaleinkommen einerseits und die ungleichere Verteilung der Arbeitseinkommen andererseits dar.

Die Struktur der staatlichen Ausgaben war jedoch mit den SAP häufig nachhaltig gewandelt und die Ausgabenhöhe reduziert worden (CEPAL 1998: 106). Sie trug nunmehr in geringerem Ausmaß zu einem sozialen Ausgleich bei. Dieser (Teil-)Rückzug des Staates aus vormals öffentlich bereitgestellten Leistungen in Kombination mit der durch Strukturanpassungsprogramme hervorgerufenen Umverteilung von Arm zu Reich ist ein Charakteristikum des neoliberalen Entwicklungsmodells. Die öffentliche Kritik an den sozialen Auswirkungen der SAP (vgl. Hammond/McGowan 1993), aber auch der massive politische Widerstand in den einzelnen Ländern haben dazu geführt, daß diese in der Folge mit außerstaatlichen Sozialprogrammen versehen wurden, die deren schlimmste Auswirkungen lindern sollten. Diese Programme entsprachen einem Umbruch in der Sozialpolitik von universellen staatlich administrierten Politiken hin zur Fokussierung auf ärmere Schichten durch ausgelagerte (profit- wie nicht-profitorientierte) Organisationen. Allein deren Existenz und ihre behauptete moralische wie operative Überlegenheit trugen zu einer weiteren Delegitimierung des Staates bei (Koschützke 1994: 57f.) und trieben damit den sozialpolitischen Umbruch voran. Diese insbesondere von internationalen Finanzinstitutionen propagierte Transformation des peripheren Sozialstaates war einerseits ein ideologisch geschickter Schachzug: denn wer konnte schon dem Diskurs der Fokussierung auf die Ärmsten etwas entgegensetzen? Gleichzeitig wurde damit die Möglichkeit geschaffen, sozialem Aufruhr sozialpolitisch flexibel und kostengünstig zu begegnen. An die Stelle des Anrechts aller auf bestimmte soziale Standards, tritt das Konzept, daß jeder für sein Glück – welches er/sie am »freien« Markt erhaschen soll – selbst verantwortlich gemacht wird (vgl. Lemke 1997). Nur in Ausnahmefällen kann – gönnerhafterweise – der Staat dennoch in Aktion treten. Darüber hinaus konnten durch die höhere Transparenz direkter Transfers, wie im Fall des Kindergeldes in Chile, diese auch populistisch gut genutzt werden. Insgesamt ist für diese neoliberale Form der Sozialpolitik ein geringeres Ausgabenniveau (und damit auch ein niedrigeres Steuerniveau) erforderlich, da so von einer weiterreichenden staatlichen Umverteilung abgegangen wird. Die niedrigeren Ausgaben im Sozialbereich führten dazu, daß es zu erheblichen Qualitätsverschlechterungen in der öffentlichen Leistungserstellung kam. Reichere Schichten stiegen zunehmend auf nun privat angebotene soziale Dienstleistungen (Gesundheit, Bildung) um. Da die Löhne im öffentlichen Sozialbereich stark gesenkt wurden, waren viele gezwungen im neu entstehenden privaten Bereich einen weiteren Job anzunehmen. Der Staat lieferte damit ein Grundgehalt für die Angestellten die in den privaten Sektor wechselten und subventionierte ihn indirekt. Durch die weitere Expansion des privaten Sozialsektors kam es zu einem starken Lohndruck auf den öffentlichen Sektor, weil zunehmend qualifiziertes Personal von diesem abgezogen wurde, was aufgrund der fiskalischen Restriktionen zu einer weiteren Verschlechterung des öffentlichen Bereichs geführt hat (vgl. Queisser et al. 1993: 389f.). Damit kam es durch den Umbruch in der Sozialpolitik zu einem Auseinandertriften zwischen den Leistungen für Arme und Reiche. Insbesondere aufgrund der Änderungen im Bildungssektor wird durch die systematische Schlechterstellung ärmerer Schichten deren Chance auf sozialen Aufstieg bzw. höheres Einkommen nachhaltig zerstört und ein weiteres Auseinanderklaffen der Gesellschaft zementiert.

Die zentrale und für Akkumulation wie Staatshaushalt einschneidendste Maßnahme im Sozialbereich stellt jedoch die Privatisierung des Pensionssystems dar. Denn dieser Bereich stellt traditionell den quantitativ größten Umverteilungsposten innerhalb des Sozialsystems dar. Ausgehend vom chilenischen Vorbild wurden insbesondere in den 90er Jahren in einer Reihe von weiteren Ländern, wie z.B. Argentinien, Brasilien, Kolumbien und Uruguay, (Teil-)Privatisierungen des Pensionssystems durchgesetzt (Mitchel/Altaliba 1997). Die Privatisierungen des Pensionssystems wurden vielfach – wie auch die Transformation anderer sozialpolitischer Bereiche – auf massiven Druck und unter ideologischer Führerschaft und technischer Anleitung internationaler Finanzinstitutionen durchgeführt und vielfach mit speziellen Kreditprogrammen begleitet. Besonders offensichtlich zeigte sich dieser Zusammenhang in Uruguay, wie Dokumente der Inter-Amerikanischen Entwicklungsbank verdeutlichen (vgl. Costa Bonino o.J.). Die Transformation der Pensionssysteme vom staatlich administrierten Umlageverfahren hin zu Kapitaldeckungsverfahren wird zwar mit dem Argument durchgeführt, daß dies den Staatshaushalt entlasten würde, effizienter wäre und auch die volkswirtschaftliche Sparquote und damit das Wirtschaftswachstum ankurbeln würde, sowie gegen demographische Veränderungen immun sei. Dem ist aber nicht so, wie theoretische Überlegungen verdeutlichen und empirische Untersuchungen bestätigen. Vielmehr wird durch den Transformationsprozeß der Staatshaushalt über viele Jahrzehnte zusätzlich schwer belastet, da ja weiterhin Pensionen zu bezahlen sind, die Pensionsbeiträge der aktiven Bevölkerung jedoch nicht mehr für die Bezahlung der laufenden Pensionen verwendet, sondern in Finanzanlagen gesteckt werden. Damit wird ein enormer Druck auf das Budget produziert, der als »Sachzwang-Argument« zur weiteren Reduktion der Sozialausgaben herangezogen wird und damit zu zusätzlichen negativen sozialen Konsequenzen beiträgt (Jäger 1998).

Auch jetzt, nachdem in einigen Ländern die akute Krise überwunden ist, zeigt sich deutlich, daß das neue Entwicklungsmodell fundamental negativere soziale Auswirkungen hat als das vorangegangene und große Ähnlichkeiten mit dem liberalen Export-Import-Modell, welches bis in die 1930er Jahre vorherrschte. Das neue Modell beinhaltet jedoch nicht nur ein neues Wirtschaftsmodell mit einer entsprechenden Wirtschaftspolitik, deren Kernmerkmal in einer wesentlich ungleicheren Einkommensverteilung liegt, von der in der Regel nur die oberen zwei Dezile (20 Prozent der EK-Bezieher) profitieren, sondern auch eine neue Form des Staates und eine Neukonzeption der Sozialpolitik. Das führt insgesamt zu einer Polarisierung der Gesellschaft. Die neoliberale Sozialpolitik erhebt im Vergleich zur Vorperiode nicht mehr den Anspruch, einen allgemeinen sozialen Ausgleich des Einkommens und der Lebenschancen anzustreben, sondern beschränkt sich unter dem Stichwort Armutsorientierung in geringerem Umfang nur mehr auf wenige Felder.

Nicht alle sozialen Veränderungen und Probleme in den 80er und 90er Jahren sind jedoch auf die Auswirkungen des neoliberalen Wirtschaftsmodells per se zurückzuführen, sondern hängen mit dem Prozeß der Einführung neoliberaler Politikmuster zusammen. Dazu zählen z.B. die Konsequenzen aus den rezessiven Wirkungen neoliberaler Schockprogramme. Ist das neoliberale Modell implementiert und sind die Auswirkungen des Einführungsprozesses abgeklungen, werden negative soziale Wirkungen des neoliberalen Modells jedoch weiterhin nachhaltig reproduziert. Die Probleme sind zwar im Vergleich zur Einführungsphase häufig weniger ausgeprägt – es kommt teilweise zu einer Verbesserung einiger sozialer Indikatoren – was von Apologeten häufig als sozial positives Ergebnis des neoliberalen Modells interpretiert wird. Im Vergleich zum früheren Entwicklungsmodell ist jedoch das neoliberale Modell sozial wesentlich regressiver.

Soziale Auswirkungen des neoliberalen Wirtschaftsmodells: Musterbeispiel Chile

Am Fall Chile zeigen sich die nachhaltigen sozialen Konsequenzen des neoliberalen Modells besonders deutlich. Nichtsdestotrotz wird das chilenische Beispiel nach wie vor vielfach als »die Erfolgsstory« angeführt, insbesondere mit dem Verweis auf die in der zweiten Hälfte der 80er Jahre beginnenden und bis zum Einsetzen der Asienkrise 1997 andauernd hohen Wirtschaftswachstumsraten. Wichtige Basis für dieses Wachstumsmodell war ein massiver Ressourcentransfer vom öffentlichen zum privaten Bereich (Moguillansky 2000). Bei genauerer Analyse der Veränderungen in Chile wird offensichtlich, wie eng die Durchsetzung und Garantie der Freiheit des Marktes mit einer starken staatlichen Hand – im Fall Chile einer terroristischen Militärdiktatur – verbunden ist (Moulian 1997). Im Namen des freien Marktes wurde gemordet, gefoltert und vertrieben. Daß ein autoritärer Staat keinen Gegensatz, sondern vielmehr eine Voraussetzung für die Implementierung einer neoliberalen Gesellschaft – deren höchster Wert die Freiheit ist – bildet, wird auch dadurch verdeutlicht, daß die bekanntesten Vertreter der neoliberalen Wirtschaftsdoktrin, wie Friedrich August Hayek und Milton Friedmann, den Transformationsprozeß während der Militärdiktatur aktiv unterstützten, das Land und Pinochet besuchten und die Vorgänge derart legitimierten.

Auf die negativen Begleitumstände der Implementierung des neoliberalen Modells soll hier nicht weiter eingegangen werden. Vielmehr interessiert, welche nachhaltigen sozialen und gesellschaftlichen Wirkungen mit einem neoliberalen Modell einhergehen. Diese Wirkungen hängen eng mit der spezifischen Ausgestaltung des Wirtschaftssystems zusammen, welches vornehmlich durch eine verstärkte Außenorientierung gekennzeichnet ist. Internationale Handels- und Kapitalverflechtungen haben stark an Einfluß gewonnen und ihre Fluktuationen dominieren nun in größerem Ausmaß die interne Dynamik (Jäger 1999). Mit dieser Neuorientierung der Ökonomie sind zentrale Deregulierungen im Bereich der Arbeitsbeziehungen durchgesetzt worden (Imbusch 1997), welche in Einklang mit dem neuen technischen Paradigma stehen und zu einer Flexibilisierung, Prekärisierung und Informalisierung der Arbeitsverhältnisse und zu einer tiefen Spaltung des Arbeitsmarktes – in wenige gut bezahlte und zahlreiche prekäre Jobs – geführt haben (Leiva/Agacino 1994), wobei sich dieses Muster insbesondere auch in zentralen dynamischen Wirtschaftssektoren, wie z.B. im Finanzsektor (Escobar 1997), in der Forstwirtschaft und Holzverarbeitung und im Agrarexport (Escobar/

López 1996) feststellen läßt. Die durch die Deregulierung der Arbeitsverhältnisse ermöglichte Spaltung des Arbeitsmarktes und das damit verbundene
technische Paradigma hängen eng mit der jetzt wesentlich ungleicheren Einkommensverteilung zusammen. Die personelle Einkommensverteilung ver-
schlechterte sich langfristig dramatisch (siehe Tabelle 3) und es kam gleichzeitig zu einer nachhaltigen Verschiebung der Einkommen von den Löhnen
hin zu den Kapitaleinkommen, wobei die Lohnquote heute wesentlich unter
den Werten von 1960 bis 1973 liegt (Fazio 1997a: 6f.).

Tabelle 3: Chile - Anteil der Einkommensschichten am privaten Konsum, in Prozent

	1969	1978	1988
reichstes Fünftel	43,2	51	54,9
ärmstes Fünftel	7,7	5,2	4,4

Quelle: Dabrovski 1995: 101 und Fazio 1997b

Die Reallöhne erreichten erst 1992 den Wert von 1970 und lagen bis 1996
noch wesentlich unter den Werten von 1971 und 1972. Der reale Mindestlohn
lag 1996 sogar noch unter dem Wert von 1981 (PET 1996: 276ff). Der Anteil
der Armen an der Gesamtbevölkerung hat sich jedoch im Vergleich zu den
krisenhaften Entwicklungen in den 70er und 80er Jahren, in denen die Arbeitslosigkeit teilweise über 30 Prozent lag, (Banco Central de Chile 1989)
reduziert (PET 1996: 285). In die im Vergleich zum vorangehenden Wirtschaftsmodell äußerst ungleiche Verteilung des neoliberalen Modells wurde
auch im seit 1990 formal demokratischen Chile nicht eingegriffen (siehe Tabelle 4).

Tabelle 4: Chile - Anteil der Haushalte am Gesamteinkommen, in Prozent

Dezil	1991	1994	1996
I	2,2	2,2	2,0
II	3,3	3,4	3,3
III	4,1	4,3	4,2
IV	4,9	5,2	5,1
V	5,7	6,0	5,9
VI	6,6	6,9	6,7
VII	7,8	8,1	8,0
VIII	9,5	10,0	10,2
IX	13,7	13,8	13,9
X	42,4	40,2	40,7

Quelle: Fazio (1997a: 8)

Die hohen Einkommen einer kleinen Schicht sind die Basis für zahlungskräf-
tige NachfragerInnen für importierte Waren sowie für die privatisierten Sozi-
al- und Infrastrukturleistungen. Die niedrigen Löhne für die Masse der Ar-

beitskräfte sind einerseits Garant für hohe Gewinne, bilden andererseits einen wesentlichen Eckpfeiler und komparativen Vorteil für die Exportwirtschaft. Aufgrund der geringen Massenlöhne ist der Druck zur Implementierung von arbeitssparender Technologie kaum vorhanden, weshalb nur wenige produktivitätssteigernde Maßnahmen gesetzt werden. Die Steigerung der Arbeitsproduktivität – einem Kernindikator der ökonomischen Entwicklung – ist daher in diesem Modell, welches seine Dynamik hauptsächlich aus der Erhöhung der (Frauen-)Erwerbsquote erhält, im Vergleich zum binnenorientierten Entwicklungsmodell wesentlich geringer. Langfristig sind damit kaum Verbesserungen der Lebenschancen und der Lebensqualität für breite Schichten der Bevölkerung zu erwarten (Jäger 1999). Darüber hinaus basiert das chilenische Exportmodell auf einer nicht-nachhaltigen Ausbeutung der Natur und ist daher nur für einen relativ begrenzten Zeitraum aufrechtzuerhalten (van Hauwermeiren/de Wel 1997).

Neben diesen Veränderungen in der Wirtschaft und den daraus folgenden sozialen Konsequenzen kam es insbesondere zu einem radikalen Umbau des Staates. Ein Abgehen von einer aktiven Industrialisierungspolitik und eine weitreichende Privatisierung von Staatsbetrieben und zentralen staatlichen Aufgabenbereichen wurden durchgesetzt. Dennoch spielt staatliche Regulierung, insbesondere bei der Schaffung und Garantie von entsprechenden Kapitalverwertungsbedingungen – entgegen der neoliberalen Rhetorik – nach wie vor eine zentrale Rolle. Damit einher geht ein radikaler Abbau sowie eine weitreichende Kommodifizierung der Sozialleistungen.

In der Bildung kam es zu einer drastischen Ausgabenreduktion während der 70er und 80er Jahre. Diese sanken als Anteil vom BIP von 4,18 Prozent 1970 auf 2,73 Prozent im Jahre 1988 (Délano/Traslaviña 1989: 150). Erst mit den sich durch das starke Wirtschaftswachstum vergrößernden Spielräumen in den 90er Jahren wurden auch diese Posten angehoben (PET 1996). Insgesamt bleibt es in diesem Bereich jedoch bei einer dramatischen strukturellen Verschlechterung der Chancen ärmerer Bevölkerungsschichten durch die Verlagerung der Zuständigkeit und Finanzierung der Bildung auf Gemeindebzw. teilweise auf Bezirksebene, womit in ärmeren Gegenden weniger finanzielle Mittel für die öffentliche Bildung zur Verfügung stehen (Guerrero 1993). Dadurch werden sozio-räumliche Disparitäten verstärkt. Reichere Bevölkerungsschichten greifen in Bildung auf im Vergleich zum ausgehungerten öffentlichen Sektor qualitativ bessere über den Markt bereitgestellte Angebote zurück, was die Grundlage für verschärfte soziale Polarisierung legt (Urmeneta 1996: 118ff.).

Im Pensionssystem kam es bereits 1981 zu einer dramatischen Transformation, bei der de facto gänzlich auf ein privat administriertes Kapitaldeckungsverfahren umgestellt wurde. Die Konsequenzen sind in der Verteilung, für die Staatsfinanzen sowie aus volkswirtschaftlichen Effizienz-Gesichtspunkten als äußerst negativ zu beurteilen. Darüber hinaus erfolgt damit eine

Kettung der Interessen der ArbeitnehmerInnen an eine gute Performance im Finanzbereich, was progressiven Umverteilungsbestrebungen zusätzliche strukturelle Grenzen setzt, weil Gewinnreduktionen im Finanzsektor (z.B. durch politisch induzierte Senkung der Realzinsen) unmittelbar zu einer Reduktion der Pensionen führen (Jäger 1998). Auch der Gesundheitsbereich wurde 1981 zu einem großen Teil privatisiert. Damit wurde auch in diesem sozialpolitischen Feld ein in zwei Klassen gespaltenes System eingeführt (Larrañaga 1997: 27ff.). Die staatlichen Gesundheitsausgaben reduzierten sich gemessen in konstanten USD pro Kopf von 28,8 im Jahre 1976 auf 10,9 im Jahre 1988 (Délano/Traslaviña 1989: 148).

Betrachtet man insgesamt das staatliche Engagement im Sozialen, so zeigt die Quote die Dramatik der neoliberalen Veränderung: Der Anteil der Sozialausgaben am BIP betrug 1972 noch 25 Prozent, war 1981 bereits auf unter 15 Prozent (Arellano 1988: 33) gefallen und betrug 1997 gar nur mehr 11,7 Prozent, wobei derzeit über 42 Prozent der Sozialausgaben für die (Transformations-)Kosten des privatisierten Pensionssystems aufgewendet werden (Ministerio de Hacienda 1998). Dies korrespondiert auch mit dem Bild des niedrigen Niveaus der gesamten staatlichen Ausgaben am BIP, welches sich auch nach 1990 nicht erhöhte und bei rund 20 Prozent verharrt (IADB 2000).

Mit der 1998 auf Chile übergreifenden Asienkrise kam das neoliberale Modell in eine Legitimationskrise. Die Schrumpfung der Wirtschaft von mehr als drei Prozent in der ersten Jahreshälfte von 1999 (Banco Central de Chile 2000) entzog einem der zentralen Pro-Argumente für das neoliberale Wirtschaftssystem – den hohen Wachstumsraten – seine Basis. Dennoch wird in Chile am neoliberalen Kurs festgehalten bzw. wurde dieser z.B. durch weitere Liberalisierungen für ausländische Portfolioinvestitionen während der Krise noch vertieft (Nadal-De Simone/Sorsa 1999). Die neoliberale Doktrin wird jedoch auch in Chile flexibel gehandhabt: Ist es im Interesse bestimmter Kapitalfraktionen, nicht der neoliberalen Doktrin entsprechende Maßnahmen durchzusetzen, so greift der Staat sehr wohl für diese Gruppen ein. Ein Beispiel dafür bietet die Verstaatlichung der privaten Auslandsschulden zu Beginn der 80er Jahre.

Mit der neuen Verfassung von 1981 wurde noch während der Militärdiktatur auf Dauer das undemokratische neoliberale Modell festgeschrieben. Vertreter des Kapitals und des Militärs haben dabei in der Regel die Mehrheit. Sind Veränderungen beabsichtigt, die die Verteilung verändern und damit in das Privateigentum eingreifen – wie in den letzten Jahren von der Regierung beim Arbeitsrecht angestrebt – so können diese blockiert werden, da für solche Änderungen qualifizierte Mehrheiten notwendig sind, welche aufgrund solch abstruser Konstruktionen wie Senatoren auf Lebenszeit, vom Militär bestimmter Senatoren, einem äußerst undemokratischen Wahlrecht etc., nicht zustande kommen können (Moulian 1997). Die ungerechte Gesellschafts- und Herrschaftsstruktur bleibt damit gesichert. Jeder/jede hat zwar formal gleiche Chancen, die realen Ausgangspositionen sind jedoch extrem ungleich und nicht veränderbar. Armut und soziale Probleme werden als individuelles Problem gewertet, soziale Leistungen des Staates entsprechen einem Almosen, auf die kein Anspruch besteht. Ungerechtigkeit und soziale Ungleichheit werden damit nicht angetastet (Agacino 1998).

Polit-ökonomische Hintergründe und neoliberaler Diskurs

Wie die aktuellen Erfahrungen in Lateinamerika zeigen, kann nicht von einem Automatismus ausgegangen werden, bei dem verschärfte soziale Problemlagen zu einer Ausweitung der Sozialpolitik führten. Vielmehr wird deutlich, daß trotz der Explosion der sozialen Probleme ein klarer sozialpolitischer Rückzug stattgefunden hat. Auch hat die Transformation des Wirtschaftsmodells zu einer Vertiefung der Probleme geführt. Die für breite Schichten der Bevölkerung als negativ zu beurteilenden sozialen Veränderungen können daher nur vor dem Hintergrund einer polit-ökonomischen Analyse hinreichend verstanden werden. Einen entsprechenden Rahmen dafür bietet etwa die Regulationstheorie (Aglietta 1987).

Eine langfristige historische Betrachtung zeigt, daß bei äußerst grober Einteilung die Ökonomie in Lateinamerika bis circa 1930 von einer außenorientierten Entwicklungsweise dominiert war. Diese Ära war von einer liberalen Wirtschaftspolitik geprägt und Sozialpolitik nur von marginaler Bedeutung. Im Zuge der Weltwirtschaftskrise konnte die außenorientierte Entwicklungsweise nicht mehr aufrecht erhalten werden, da die ausländischen Absatzmärkte zusammenbrachen. Es erfolgte eine staatlich geleitete binnenorientierte Industrialisierung, welche Kernbestandteil des neuen Entwicklungsmodells war (vgl. Feldbauer et al. 1995). Im Zuge dieses binnenorientierten Entwicklungsmodells, in dessen Zentrum der Nationalstaat stand, kam es zur Institutionalisierung kollektiver Lohnverhandlungen, welche zu Lohnerhöhungen führten und zu einer ausreichenden Entwicklung der Nachfrage beitrugen. Gleichzeitig kam es durch das Erstarken der Arbeiterklasse zu einem Ausbau des Sozialstaates an der Peripherie, der, z.B. im Rahmen des Pensionssystems, ebenfalls zu einer Stabilisierung der für dieses Entwicklungsmodell wichtigen Binnennachfrage beitrug. Die sozialen Verhältnisse blieben jedoch im Vergleich zu europäischen Staaten weitaus heterogener (vgl. Boris 1990). Das fordistische Lohnmodell wurde auf weniger Bevölkerungskreise ausgedehnt, ein nicht unbeträchtlicher informeller Sektor blieb stets erhalten, weshalb von einem peripher-fordistischen Entwicklungsmodell gesprochen werden kann. In den 60er und 70er Jahren kam dieses Modell aufgrund der ungenügenden Ausweitung des Binnenmarktes und der oligopolistischen Struktur der Märkte in eine Akkumulationskrise, welche in der Regel durch Auslandsverschuldung und zum Teil auch durch Einkommensumverteilung von Arbeit zu Kapital unter den Militärdiktaturen kurzfristig überbrückt wurde. Mit dem Ausbruch der Schuldenkrise zu Beginn der 80er Jahre war das binnenorientierte Modell nicht mehr aufrechterhaltbar. Die durch die Militärdiktaturen zersplitterten Gewerkschaften waren zu schwach, um eine Vertiefung des Binnenmarktes durch Erhöhung der Löhne und Ausweitung des Sozialstaates durchzusetzen. Statt dessen wurde ein anderer Weg zur Lösung der Krise des Entwicklungsmodells beschritten. Eine radikale wirtschaftliche Öffnung erfolgte und die lateinamerikanischen Ökonomien wurden wieder, in Korrespondenz mit den internationalen Liberalisierungsprozessen und unter Druck internationaler Finanzinstitutionen, auf Außenorientierung getrimmt – heute oft unter dem Begriff Globalisierung gefaßt. Während zu Beginn der 80er Jahre vor allem die Förderung des Außenhandels im Vordergrund stand, kam es später besonders zur Orientierung der Politik an den Interessen des (internationalen) Finanzkapitals sowie internationaler Investoren. Die Lohn- und Sozialpolitik alter Prägung hatte in diesem Modell ihre Funktion für die Stabilisierung des Wirtschaftsmodells verloren und konnte gegen den Widerstand der geschwächten Arbeiterschaft in wesentlichen Bereichen abgeschafft werden. So konnte das neoliberale Wirtschaftsmodell in Lateinamerika – begleitet vom rechtfertigenden neoliberalen Diskurs – Einzug halten. Damit einher geht in Lateinamerika auch eine neue Form des Populismus, der im Unterschied zum vorangegangenen Entwicklungsmodell anstelle des Auslandskapitals den Staat und die PolitikerInnen als Feinde stigmatisiert (vgl. Sutter 2000). Die konkreten Anlässe und Zeiträume für den neoliberalen Umbruch waren in den einzelnen Ländern unterschiedlich. Vielfach waren die Strukturanpassungsprogramme ein zentraler Motor. Insbesondere Ende der 80er und Anfang der 90er Jahre, wie etwa im Fall von Brasilien oder Argentinien, waren jedoch neben internationalen Finanzinstitutionen vornehmlich interne politische Konstellationen und die zunehmende Dominanz des neoliberalen Diskurses für deren Umsetzung ausschlaggebend (Dombois/Imbusch 1997: 13). Auch im chilenischen Fall war die Präsenz der neoliberalen Ideologie inklusive des entsprechenden technischen Werkzeuges (Valdés 1995) für die Transformation des Wirtschafts- und Gesellschaftssystems eine unabdingbare Voraussetzung.

Der mit den sozialen Umbrüchen einhergehende neoliberale Diskurs impliziert eine bestimmte Gesellschaftsvorstellung, welche vor allem auf Marktfreiheit, einen Minimalstaat, der private Eigentumsrechte garantiert und diese nicht beschneidet, und auf die Unterwerfung möglichst vieler Lebensbereiche unter das Marktprinzip abzielt. Ausgangspunkt dieser – in der herkömmlichen ökonomischen Theoriebildung dominanten Position – ist das Bild des Menschen als *Homo Oeconomicus*, ein Mensch, der sein Handeln marktrational als Nutzenmaximierer lebt. Dabei wird methodologisch individualistisch vorgegangen, d.h. daß jegliche Theoriebildung von diesem konstituierten Individuum ausgehen muß und Gesellschaft nicht mehr als die

Summe der Handlungen der Individuen darstellt. Der freie Markt als gesellschaftliches Organisationsprinzip ist in dieser Vorstellung die Institution, die als »unsichtbare Hand« optimal wirkt und zum größten Nutzen führt (Dombois/Imbusch 1997: 14ff.). Aufgebaut ist die Schlußfolgerung jedoch auf der Annahme, daß Nutzen nicht inter-personell vergleichbar ist. Der Kauf des 50. Paar Schuhe an einem Tag für einen Milliardär mag für diesen einen wesentlich größeren Nutzen stiften als die erste Scheibe Brot für einen Hungernden. So wird mit der neoklassischen/neoliberalen ökonomischen »Wohlfahrts«-Theorie, die auf Vilfredo Pareto (1972) zurückgeht, die Verteilungsfrage per Annahme ausgeblendet. Staatliches Eingreifen darf in dieser Logik nur erfolgen, wenn mindestens ein Individuum besser, jedoch keines schlechter gestellt wird. Das ist der Kern, auf dem das neoliberale ideologische Konstrukt aufbaut, das nun vielfach als Markt in den Köpfen herumspukt. Die propagierte Alternativlosigkeit macht den Markt zur totalisierenden, einzig entscheidenden Instanz aller gesellschaftlichen Entscheidungen (Hinkelammert 1993: 130). Zentrales Aufgabengebiet neoliberaler Theoretiker- und PraktikerInnen ist daher die Zerschlagung der bestehenden Institutionen mit Ausnahme des Marktes (Müller-Plantenberg 1997: 69) sowie die Schaffung von Märkten (in der aktuellen Phase kapitalistischer Entwicklung in der Altersvorsorge, Gesundheit, Bildung, Infrastruktur). Die neoliberale Theorie knüpft insgesamt eng an traditionelle liberale Vorstellungen, geht aber einen wesentlichen Schritt über diese hinaus, indem sie alle gesellschaftlichen Bereiche ausschließlich dem Kalkül der Marktlogik unterwirft: »Während der klassische Liberalismus die Regierung angehalten hat, die Form des Marktes zu respektieren, ist der Markt in dieser Konzeption nicht mehr das Prinzip der Selbstbegrenzung der Regierung, sondern das Prinzip das sich gegen sie kehrt: ›eine Art permanentes ökonomisches Tribunal‹.« (Lemke 1997: 256) Besondere im Fall Chile wird deutlich, wie stark theoretische Konzepte Auswirkungen auf gesellschaftliche Veränderungen haben können.

Man darf aber nicht vergessen, daß die neoliberale Doktrin, die heute nicht nur in Lateinamerika zum *common sense* gehört, offensichtlich mit klaren Interessen bzw. einer spezifischen Wirtschaftsstruktur verbunden ist, da diese Politikmuster für bestimmte Sektoren mit enormen Gewinnen verbunden sind. Während in Chile die Implementierung eines neoliberalen Wirtschaftsmodells primär im Interesse dominanter nationaler Finanzkonglomerate war, hing die Öffnung weiterer nationaler Wirtschaftsräume im Handel, den Finanz- und Kapitalverkehr besonders mit Interessen internationaler im weltwirtschaftlichen Zentrum verorteter Kapitalien zusammen, die durch die internationalen Finanzinstitutionen mit großer Durchschlagskraft vertreten werden. Multinationale Unternehmungen und internationales Finanzkapital sind es, die neben großen nationalen Kapitalagglomerationen von Privatisierung, Umverteilung nach oben und schrankenloser Ressourcenausbeutung am meisten profitieren.

Perspektiven?

Die strukturellen Grenzen des neoliberalen Modells liegen dort, wo das Entwicklungsmodell seine Wachstumsdynamik verliert und es zu Widersprüchen zwischen Akkumulationsregime und Regulationsweise kommt. Diese können im neoliberalen Entwicklungsmodell z.B. in der Erschöpfung der natürlichen Ressourcen, aber auch im akuten Mangel an entsprechend ausgebildeten Menschen aufgrund des unzureichenden Bildungssystems liegen, sind jedoch mittelfristig noch nicht abzusehen. Der neoliberale Diskurs, der Markt in den Köpfen, die (scheinbare) Alternativlosigkeit, die heute oft mit dem Schlagwort »Globalisierung« gepredigt wird, und die prekäre Struktur der Beschäftigungsverhältnisse tragen zu einer Individualisierung und Entpolitisierung der Massen bei und erschweren so kollektives Handeln auf den Ebenen, wo zentrale gesellschaftliche Entscheidungen getroffen werden, und damit progressive Veränderungen. Hinzu kommt, daß durch die Internationalisierung der Wirtschaft der ökonomische Raum nun in weiten Bereichen jenseits des nationalen Territoriums liegt, was zu einer weiteren strukturellen Schwächung der Lohnabhängigen gegenüber dem Kapital beiträgt, welche politisch in der Regel weiterhin an die nationalen Grenzen gebunden bleiben (Becker 1996). Die unterschiedlichen Realitäten in den einzelnen Staaten Lateinamerikas, ebenso wie die Umsetzung progressiver politischer Projekte auf lokaler Ebene, wie z.B. in Porto Alegre oder Montevideo, zeigen jedoch deutlich, daß Politik trotz dieser negativen Rahmenbedingungen innerhalb bestimmter Handlungsspielräume sehr wohl einen Unterschied machen kann. Dennoch steht es außer Zweifel, daß weitergehende progressive Veränderungen klar an die sich aus dem ökonomischen Modell ergebenden und sich ändernden Machtkonstellationen gebunden sind und insbesondere auf höheren territorialen Ebenen durchgesetzt werden müssen. Bisherige Erfahrungen etwa mit regionalen Integrationsansätzen in Lateinamerika – wie z.B. dem MERCOSUR – liefern keine vielversprechenden Ergebnisse in puncto progressiver Wirtschafts- und Sozialpolitik (vgl. González Cravino 1998). Vielmehr bleibt der Einfluß internationaler Finanzinstitutionen weiterhin bestimmend. Weitreichende progressive Umbrüche sind nur in Verbindung mit der Überwindung neoliberaler Denkmuster, der Begründung eines alternativen Diskurses zur Schaffung eines kollektiven Bewußtseins als Basis für soziale Bewegungen und dem Aufbau entsprechender Organisationsstrukturen möglich.

Anmerkungen

* Dieser Artikel entstand im Rahmen des vom FWF unter der Projektnummer P12378-OEK geförderten Forschungsprojektes »Zum Zusammenhang der Veränderung des ökonomischen Raumes und der Form und Territorialität politischer Regulierung.«

Literatur

Agacino, R. (1998): Los derechos sociales y el problema de la impunidad. Crítica a la ideología y al sentido común dominantes. In: *Economía y Trabajo en Chile. PET informe anual no. 7*: 113 – 128

Aglietta, M. (1987): *A Theory of Capitalist Regulation: the U.S. Experience.* London

Albala-Bertrand, J. (1993): Evolution of Aggregate Welfare and Development Indicators in Latin America and the OECD. In: Abel, C./Lewis, C.: *Welfare, poverty and development in Latin America.* Basingstoke, UK: 33-48

Arellano, J.P. (1988): *Políticas Sociales y Desarrollo. Chile 1924-1984.* Santiago de Chile

Banco Central de Chile (1989): *Indicadores Económicos y Sociales 1960 - 1988.* Santiago de Chile

Banco Central de Chile (2000): *Producto Interno Brutto.* http://www.bcentral.cl/Indicadores/actualizados/pib.htm, 3.5.2000

Becker, J. (1996): Fenster für die Linke. Umbrüche in der Weltwirtschaft und alternative Gesellschaftsprojekte in der (Semi-)Peripherie. In: *Kurswechsel* 1/98: 8-25

Boris, D. (1990): *Arbeiterbewegung in Lateinamerika.* Marburg

Calderón, H. (1981): Veränderungen in der Klassenstruktur der Bourgeoisie von 1970-1980. In: Calderón, H. et al. Hg.: Chile. *Der Monetarismus an der Macht.* Hamburg

CEPAL (1997): *La brecha de equidad. Integración social es demasiado baja en América Latina y el Caribe.* Santiago de Chile

CEPAL (1998): *El pacto fiscal.* Santiago de Chile

CEPAL (1999a): *Ahora hay más pobreza en América Latina que en los años 80.* Santiago de Chile

CEPAL (1999b): *Anuario Estadístico de América Latina y el Caribe. Edición 1999.* Santiago de Chile

Costa Bonino, L. (o.J.): *Factores de viabilidad política de una reforma de la seguridad social. Programa de Cooperación Tecnica BID/MEF.* Montevideo

Délano, M./Traslaviña, H. (1989): *La herencia de los Chicago boys.* Santiago de Chile

Dombois, R./Imbusch, P. (1997): Neoliberalismus und Arbeitsbeziehungen in Lateinamerika. Einführende Bemerkungen. In: Dombois, R. et al. Hg: *Neoliberalismus und Arbeitsbeziehungen in Lateinamerika.* Frankfurt a.M.

Escobar, P. (1997): *La Banca en Chile: Aspectos de la Modernización. Estudios Económicos y Sociales No. 1.* Santiago de Chile

Escobar, P./Lopez, D. (1996): *El sector forestal en Chile: Crecimiento y precarización del empleo. Colección Estudios Sectorales 12.* Santiago de Chile

Fazio, H. (1997a): *La Economía del País y las Remuneraciones. Documentos de Trabajo. CENDA.* Santiago de Chile

Fazio, H. (1997b): *Resumen Económico Trimestral. Tercer Trimestre de 1997. CENDA.* Santiago de Chile

Feldbauer, P. et. al. Hg. (1995): *Industrialisierung. Entwicklungsprozesse in Afrika, Asien und Lateinamerika.* Historische Sozialkunde 6, Frankfurt a. M., Wien

González Cravino, S. (1998): Globalización, Integración y Cohesión Social. El Caso Mercosur. In: CEPAL. Serie Políticas Sociales 14, *Aspectos Sociales de la Integración,* vol. III. Santiago de Chile: 35-60

Guerrero, R. (1993): Les politiques sociales au Chili. In: *Cahiers de Amérique Latine* Nr. 15: 51-71

Hammond, R./McGowan, L. (1993): *The Other Side of the Story: The Real Impact of World Bank and IMF Structural Adjustment Programs. The Development Group for Alternative Policies.* Washington D.C.

Hinkelammert, F. (1993): Markt ohne Alternative. Über die Symmetrie von Neoliberalismus und Stalinismus. In: Dirmoser, D. et al. Hg.: *Markt in den Köpfen. Lateinamerika. Analysen und Berichte 17.* Bad Honnef: 130-143

IADB (2000): *Chile.*
http://www.iadb.org/int/sta/ENGLISH/brptnet/english/chlbrpt.htm, 3.5.2000

Imbusch, P. (1997): Neoliberalismus und Arbeitsbeziehungen in Chile: Die Erfahrungen der Pinochet-Diktatur. In: Dombois, R. et al. Hg.: *Neoliberalismus und Arbeitsbeziehungen in Lateinamerika.* Frankfurt a.M.: 225-253

Jäger, J. (1998): Die Privatisierung des Pensionssystems in Lateinamerika-Ursachen u. Folgen des Experiments in Chile. In: *Kurswechsel* 3/1998: 104ff.

Jäger, J. (1999): Pionier der Globalisierung: Chile. In: Parnreiter, C./Novy, A./Fischer, K., Hg: *Globalisierung und Peripherie. Umstrukturierung in Lateinamerika, Afrika und Asien.* Frankfurt a.M., Wien: 237-258

Koschützke A. (1994): Die Lösung auf der Suche nach dem Problem. NGOs diesseits und jenseits des Staates. In: Dirmoser, D. et al. Hg.: *Jenseits des Staates. Lateinamerika Analysen und Berichte Nr. 18.* Bad Honnef

Larrañaga, O. (1997): *Eficiencia y equidad en el sistema de salud chileno. CEPAL.* Serie Financiamiento del Desarrollo no. 49

Leiva, F./Agacino, R. (1994): *Mercado de trabajo flexible, pobreza y desintegración social en Chile 1990-1994. PIRET.* Santiago de Chile

Lemke, T. (1997): *Eine Kritik der politischen Vernunft. Foucaults Analyse der modernen Gouvernementabilität.* Argument Sonderband Nr. 251. Berlin, Hamburg

Mills, C./Nallari, R. (1992): *Analytical Approaches to Stabilization and Adjustment Programs. EDI Seminar Paper no. 44. World Bank.* Washington D.C.

Ministerio de Hacienda (1998): *Tesoro Publico. Clasificación Funcional del Gasto.* http://www.anfitrion.cl/mhacienda/cod-28a.htm. 9.7. 1998

Mitchel, O./Altaliba, F. (1997): *After Chile, What? Second-Round Pension Reforms in Latin America.* NBER Working Paper No. 6316

Moguillansky, G. (2000): *La inversión en Chile ¿el fin de un ciclo en expansión?* Santiago de Chile

Moulian, T. (1997): *Chile actual. Anatomía de un mito.* Santiago de Chile

Müller-Plantenberg, U. (1997): Theorie und Praxis des Neoliberalismus. In: Imbusch, P. et al. Hg.: *Neoliberalismus und Arbeitsbeziehungen in Lateinamerika.* Frankfurt a.M.:68-74

Nadal-De Simone, F./Sorsa, P. (1999): *A Review of Capital Account Restrictions in Chile in the 1990s.* IMF Working Paper 99/52. Washington D.C.

Pareto, V. (1972): *Manual of Political Economy.* London

PET (1996): *Anexo Estadístico. Economía y Trabajo en Chile no. 6*

Queisser, M./Larrañaga, O./Panadeiros, M. (1993): *Adjustment and Social Development in Latin America during the 1980s.* Education, Health Care and Social Security. München, Köln, London

Raffer, K. (1999): Das »Management« der Schuldenkrise: Versuch wirtschaftlicher Sanierung oder Instrument neokolonialer Dominanz? In: Parnreiter, C./Novy, A./Fischer, K., Hg: *Globalisierung und Peripherie. Umstrukturierung in Lateinamerika, Afrika und Asien.* Frankfurt/M., Wien: 95ff

Sutter, C. (1999): Weltwirtschaftskrise und Globalisierungskrise in Lateinamerika: Ursachen, Folgen, Überwindungsstrategien. In: Feldbauer, P./ Hardach, G./ Melinz, G. et al.: *Von der Weltwirtschaftskrise zur Globalisierungskrise (1929-1999).* HSK 15. Frankfurt a.M., Wien: 145-160

Sutter, C. (2000): Helden und Propheten. Der Wandel des Populismus in Lateinamerika. In: *Blätter des iz3w* Nr. 242, Jänner: 26-29

UNDP (1999): *Human Development Report 1999.* Oxford

Urmeneta, R. (1996): Exclusión, servicios sociales y pobreza: Desafíos para
las políticas. In: *Economía y Trabajo en Chile,* No. 6: 107-130

Valdés, J.G. (1995): *Pinochet's Economists: the Chicago School in Chile.*
Cambrigde

Van Hauwermeiren, S./de Wel, B. (1997): Europas ungleicher ökologischer
Tausch – der Fall Chile. In: Raza, W./Novy, A., Hg.: *Nachhaltig reich –
nachhaltig arm?* Frankfurt a.M., Wien: 206-220

Francisco Claure Ibarra / Ingrid Fankhauser
Der Weg zum Neoliberalismus / El camino del neoliberalismo

II.
Die Umweltproblematik
im internationalen Kontext:
Diskurs, Politik und Recht
im Lateinamerikanischen Neoliberalismus

Sigrid Stagl

Ökologische Ökonomie –
Chance für ein nachhaltigeres Lateinamerika?

Einleitung

Umweltschädigung ist keineswegs ein Problem, das sich erstmals in unserer Zeit stellt. Abholzung und Verschlechterung der Wasserqualität waren in Europa schon zur Zeit des Römischen Reiches ein Problem. Seit Beginn der Industriellen Revolution gab es zum Beispiel Berichte aus Großbritannien von massiver Luftverschmutzung und in den Adirondacks im Nordosten der Vereinigten Staaten führte die Nachfrage nach Holz zur Herstellung von Gerbstoffen im letzten Jahrhundert zur beinahe vollständigen Abholzung des riesigen Waldgebietes. Auch Friedrich Engels Untersuchungen der Arbeiterklasse um 1840 in Manchester sind voller Beispiele schlechter Umweltqualität. In Lateinamerika wurden im 19. Jahrhundert zahlreiche Arten durch Jagd ausgerottet. Außerdem führten die Plantagenmonokulturen für Exportgüter zu raschen Veränderungen in den Ökosystemen (Ponting 1991). Was sich jedoch seither verändert hat, ist daß die Auswirkungen zeitlich beharrlichere und räumlich ausgedehntere Ausmaße annehmen. Die heutigen, global wirkenden Umweltprobleme sind daher historisch beispiellos. Die offensichtlichsten Grenzen für weitere Ausdehnung der menschlichen Aktivitäten sind Klimawandel, Ausdünnung der Ozonschicht, menschliche Aneignung von Biomasse, Verringerung der Bodenqualität und Verlust von Biodiversität.

In der ökonomischen Theorie des 18. Jahrhunderts wurde Natur in Form von landwirtschaftlich genutztem Land noch als bedeutender Produktionsfaktor gesehen. Die Physiokraten vertraten gar die Ansicht, dass Land als einziger Produktionsfaktor Überschüsse produzieren könne. Mit sinkender wirtschaftlicher Bedeutung der Landwirtschaft verloren die Ökonomen die Natur aus den Augen und fokussierten sich auf die Faktoren Kapital und Arbeit sowie Technologie und später Humankapital. Solange der Umfang der wirtschaftlichen Aktivitäten gering genug war, sodass die biogeophysischen Grenzen nur lokal oder temporär überschritten wurden, war es kein dringendes Problem diese in die ökonomischen Analysen einzubeziehen. Inzwischen sind aber lokale Probleme zu globalen angewachsen.

In den 60er Jahren dieses Jahrhunderts als die Folgen der Industrialisierung sichtbar wurden, sah man die negativen Auswirkungen des Wirtschaftens auf die Umwelt (inkl. menschliche Gesundheit) als Externalitäten. Diese sollten die Marktpreise entsprechend korrigieren. Wenig später begründeten die beiden Erdölkrisen verstärktes Interesse an möglicher Knappheit nichterneuerbarer Ressourcen. Energie und Materie wurden aufgrund dessen in die Produktionsfunktionen der Wachstumsmodelle integriert. Diesen Ansätzen ist die Denkweise gemein, daß Umweltgüter besonderer Aufmerksamkeit bedürfen, weil sie aufgrund ihrer Eigenschaften zu Marktversagen führen. UmweltökonomInnen leiten daraus die Notwendigkeit der Korrektur von Marktpreisen oder die Simulation von nicht vorhandenen Märkten ab. Die Lösung des Problems wurde vorerst darin gesehen, daß die Umwelt derart in den ökonomischen Denkrahmen integriert wird.

Aus einer Unzufriedenheit mit diesen aus verschiedenen Gründen zu kurz greifenden Ansätzen wurde 1987 die »International Society for Ecological Economics« und ein von ihr herausgegebenes akademisches Journal gegründet. Letzteres wurde vor kurzem am guten 27. Platz der ökonomischen Journale gereiht (Hodgson 1999). Es handelt sich also um einen noch sehr jungen Teilbereich der ökonomischen Theorie. Dennoch hat die internationale Gesellschaft bereits regionale Untergesellschaften in Europa, Australien/ Neuseeland, den Vereinigten Staaten, Kanada, Indien sowie Brasilien (für letztere siehe http://www.eco.unicamp.br/ecoeco/).

Zitate zweier Proponenten der ersten Stunde verdeutlichen wofür Ökologische Ökonomie steht. Ökologische Ökonomie versucht Erkenntnisse aus den Naturwissenschaften über das Funktionieren von Ökosystemen in die ökonomische Analyse zu integrieren und stellt die Definition von ökonomischer Nachhaltigkeit in Frage (z.B. den maximalen nachhaltigen Ertrag für erneuerbare Ressourcen). Nachhaltigkeit muss daher dahingehend erweitert werden, sodass »der Erhalt aller Komponenten und natürlicher Prozesse die für den langfristig guten Zustand und die Produktivität des Ökosystems erforderlich sind«, angestrebt wird (Costanza 1993). »Die Ökologische Ökonomie ist keine neue Disziplin, sondern ein neues interdisziplinäres oder transdisziplinäres Forschungsgebiet. Sie geht über Karl Polanyis Anthropologie der Wirtschaft und über die institutionelle Ökonomie hinaus, da die Wirtschaft als in die soziale Wahrnehmung des physischen Rahmens oder Kontexts eingebettet angesehen wird« (Martínez-Alier 1996).

Den verschiedenen Strömungen innerhalb der ökologischen Ökonomie ist gemein, dass die Wirtschaft als Subsystem der biogeophysischen Sphäre wahrgenommen wird. Die Wirtschaft hängt zumindest von vier lebenserhaltenden Funktionen der Umwelt ab:

- Quelle von Energie und Materie;
- Senke für Emissionen und Abfall;
- Dienste wie der Wasserkreislauf;
- Raum für Mensch, Natur und Ästhetik.

Das globale Ökosystem hat eine beachtliche, aber dennoch beschränkte Kapazität das ökonomische Subsystem zu erhalten und zu unterstützen. Da jedoch Obergrenzen für die Tragfähigkeit unseres Planeten bestehen, kann der unvorsichtige Umgang mit Umweltressourcen die Produktionsmöglichkeiten in der Zukunft unumkehrbar verringern (Arrow et al. 1995).

Die Ökologische Ökonomie sucht Antworten auf folgende (interdependente) Fragen: Ist der derzeitige *Umfang* menschlicher Aktivitäten nachhaltig? Zweitens, wie können Ressourcen und Eigentumsrechte fair zwischen der gegenwärtigen und den zukünftigen Generationen *verteilt* werden; wie zwischen Menschen und anderen Spezies? Wie können (bepreiste und unbepreiste) Ressourcen *effizient* genutzt werden? Letztere ist die Hauptfrage in der herkömmlichen ökonomischen Theorie, die etwa im Postkeynesianismus um die Verteilungsfrage ergänzt wird. Darin ist aber nicht die ökologische Verteilung inkludiert, die daher in der ökologisch ökonomischen Analyse gesondert Berücksichtigung findet. Auch der in physischen Einheiten gemessene Umfang wirtschaftlicher Aktivitäten ist der ökologischen Ökonomie eigen.

Nach dieser kurzen Einführung über die Entstehungsgeschichte und das Hauptanliegen der Ökologischen Ökonomie werden im folgenden die ökologisch-ökonomischen Konzepte im Entwicklungszusammenhang diskutiert. Der erste Teil widmet sich der Definition und Messung von Nachhaltigkeit. Dem rein ökonomischen Ansatz der »schwachen Nachhaltigkeit« wird der »stärkere« Ansatz gegenübergestellt. Im zweiten Teil wird der Zusammenhang zwischen Einkommen und Umweltqualität untersucht. Dabei stellen sich zwei Fragen: Ist Armut Ursache von Umweltzerstörung? Führt steigendes Einkommen zu einer Verbesserung der Umweltqualität?

Nachhaltigkeit – die »schwache« und die »starke« Version

In der einfachsten Version ist ein »nachhaltiges System eines, das überlebt und bestehen bleibt«. Diese Definition wirft freilich mehrere Fragen auf: Welches System ist das entscheidende? Verursacht die Verbesserung in einem Subsystem Verschlechterungen in einem anderen? Wie lange muss ein System überleben und bestehen, um nachhaltig zu sein? (Costanza/Patten 1995) Der Begriff Nachhaltigkeit spricht eine Vielzahl von Zielen und Unterzielen an, die mehr oder weniger schwer miteinander vereinbar sind (Norgaard 1994). Daher ist es nicht überraschend, dass es eine Menge verschiedener Definitionen gibt. Diese rangieren von »Erhalt der Existenz der menschlichen Art, Erhalt der Wohlfahrt zwischen den Generationen, Erhalt der Produktivität und Resilienz des ökonomischen Systems« (Tisdell 1991: 164), über den Erhalt des Kapitalstocks (inkl. des »natürlichen Kapitalstocks«) (Costanza/Daly 1992: 9), zum Erhalt der regenerativen Kapazität der Umwelt (Hueting 1980; Hueting et al. 1992 zitiert nach: O'Hara 1995).

Der Begriff der »nachhaltigen Entwicklung« wurde vor allem seit dem Bericht der *World Commission on Environment and Development* (WCED) populär. Darin wird unter nachhaltiger (oder dauerhafter) Entwicklung diejenige verstanden, »die den Bedürfnissen der heutigen Generation entspricht, ohne die Möglichkeiten künftiger Generationen zu gefährden, ihre eigenen Bedürfnisse zu befriedigen und ihren Lebensstil zu wählen« (Hauff 1987: XV). Der Brundtland-Bericht muss als Ergebnis eines politischen Prozesses gesehen werden und enthält Widersprüche. Einerseits wurde darauf hingewiesen, dass der Umfang wirtschaftlicher Aktivitäten nicht nachhaltig sei, da sie bereits eine Übernutzung des natürlichen Kapitals erfordern. Andererseits wurde langfristig ein wirtschaftliches Wachstum um einen Faktor fünf oder zehn erwartet. Als politische Strategie empfahl die Kommission vor allem das Wirtschaftswachstum zu fördern, um dadurch die Wohlfahrt der Menschen zu erhöhen und die finanziellen Mittel für Umweltmaßnahmen zu schaffen. Duchin/Lange (1994: 27) zeigten aber, dass selbst bei Anwendung der besten verfügbaren Technologien »the prescriptions in the Brundtland Report are not adequate to arrest the growth in global emissions of the pollutants that were examined«. Als Hauptbeitrag der Kommission bleibt die Ausweitung der Suche nach nachhaltiger Entwicklung auf den Norden. »Sustainable development becomes a goal not just for developing nations but for industrial ones as well" (WCED 1987: 4). Seither sind auch die Länder des Nordens explizit aufgefordert Beiträge für nachhaltige Entwicklung zu leisten. Es werden je nach Entwicklungsstand differenzierte Ansätze verfolgt.

In der ökonomischen Theorie wird Nachhaltigkeit zumeist mit dem Erhalt des Kapitalstocks, der aus natürlichem und ›hergestelltem‹ Kapital besteht, verbunden. Nach diesem Konzept, das in der Literatur als »schwache Nachhaltigkeit« bezeichnet wird, werden die beiden Kapitalarten aufsummiert und fließen nur gemeinsam in die Entscheidung ein. Demnach kann intergenerationelle Gerechtigkeit erreicht werden indem der Kapitalstock, der natürliches und ›hergestelltes‹ Kapital enthält, erhalten bleibt (Solow 1986). Nachhaltigkeit ist erreicht, wenn in einer Wirtschaft mehr gespart wird als das natürliche und ›hergestellte‹ Kapital zusammen abgeschrieben werden müssen (Pearce/Atkinson 1993).

$$S > \left(\delta_N + \delta_M \right)$$

Einzelne Bestände können sinken oder gar erschöpft werden, solange die Bedingung im Aggregat erfüllt ist. Unter diesen Bedingungen gibt es keinen Konflikt zwischen unendlichem Wirtschaftswachstum und Nachhaltigkeit.

Die empirische Untersuchung basierend auf dieser Regel schwacher Nachhaltigkeit ergab, dass Japan (das viel Holz und Erdöl importiert aber auch viel spart) das nachhaltigste Land sei, gefolgt von Costa Rica und den Niederlanden (siehe Martínez-Alier 1995).

Diesem Ansatz liegt die Annahme zugrunde, dass natürliches und ›hergestelltes‹ Kapital vollkommene Substitute sind. Erdöl etwa ist durch energie-effizientere Technologie ersetzbar. Innerhalb bestimmter Grenzen ist diese Annahme sinnvoll. Die entscheidende Frage ist dann, wo diese Grenzen liegen? Sicher ist jedenfalls, dass beide Kapitalarten nicht unendlich gegeneinander ausgetauscht werden können. So bedarf auch die hochproduktive Informationstechnologie-Branche Rohstoffe um die Computer herzustellen, sowie Energie um diese zu betreiben. Gemäß der »schwachen Nachhaltigkeit« kann also eine Wirtschaft auch dann nachhaltig sein, wenn sie den Bestand des natürlichen Kapitals verringert, solange sie genug ›hergestelltes‹ Kapital produziert und die beiden Kapitalarten substituierbar sind.

Das Konzept der schwachen Nachhaltigkeit wurde aus verschiedenen Gründen kritisiert:

1. Es wird angenommen, dass natürliches und ›hergestelltes‹ Kapital sowohl als Inputfaktoren für die Produktion und/oder als Konsumgüter ersetzbar sind. Daly (1996) argumentiert hingegen, dass die Beziehung zwischen zwei Arten von Kapital oft eher komplementären denn substitutiven Charakter hat. Dieses Argument basiert auf Georgescu-Roegens Unterscheidung zwischen *stock*, *funds*, *flows* und *services* (Georgescu-Roegen 1984). Entscheidende regenerative und absorptive Kapazitäten des Ökosystems sind *funds* und keine *stocks*, ihre Nutzung ist auf eine bestimmte Menge pro Zeiteinheit beschränkt. Im Unterschied dazu können *stocks* in unterschiedlichem Ausmaß pro Zeiteinheit Dienste leisten (z.B. Kohlebestand). Die ökologische Ökonomie versucht das Wissen aus den Naturwissenschaften mit einzubeziehen und Nicht-Substituierbarkeit mit ›lebenserhaltenden Funktionen‹ des Ökosystems wie der Aufrechterhaltung der Kohlenstoffbilanz, des hydrologischen Kreislaufs und der Nährstoffkreisläufe zu begründen.

2. In der Literatur zur schwachen Nachhaltigkeit werden natürliches und ›hergestelltes Kapital‹ meist ausschließlich in Geldeinheiten gemessen. Es gibt selten Preise, welche die Opportunitätskosten von Ressourcenallokationsentscheidungen (Entscheidungen bezüglich der Aufteilung von Rohstoffen, Kapital, Arbeit etc auf verschiedene Verwendungszwecke) abbilden, die bis weit in die Zukunft wirken, oftmals irreversibel sind und deren Konsequenzen mehr oder weniger unsicher sind (Faucheux/O'Connor 1998). Zudem gibt es unüberwindbare Schwierigkeiten bei der Messung der verschiedenen Eigenschaften und Funktionen der biogeophysischen Sphäre und bei der Zurechnung von Geldwerten zum Naturkapital (Vatn/Bromley 1994). Eine Vorbedingung dafür stellt die Sichtweise der Natur als Ware dar (Commons 1990; Polanyi 1944). Wenn die Pluralität von Nutzungen und Funktionen auf einen einzigen Wert reduziert wird, muss starke Vergleichbarkeit angenommen werden. Das heißt es gibt eine gemeinsame Maßeinheit für die verschiedenen Konsequenzen einer Handlung, die es erlauben die Veränderungen kardinal zu messen. Viele Vorteile aus den lebenserhaltenden Funktionen der Biosphäre und aus den Ökosystemen als einzigartige kulturelle, biologische

und ästhetische Quellen sind nicht an einem Maßstab messbar (O'Neill 1993; O'Hara 1996). Nicht-Vergleichbarkeit verhindert aber Aggregation (Martínez-Alier et al. 1998). Daher ist in vielen Fällen eine Kombination aus monetären und physischen Indikatoren nötig.

3. Victor (1991) weist auf die Gefahr hin, die sich schon aus der Verwendung des Wortes ›Kapital‹ ergibt. Natürliches, hergestelltes und Humankapital haben sehr unterschiedliche Charakteristika. Krutilla (1967) wies schon früh darauf hin, dass Veränderungen der Umwelt durch wirtschaftliche Aktivitäten oft irreversible und weitreichende Folgen haben. Zum Beispiel kann die einmal zerstörte Biodiversität – wenn überhaupt – nicht innerhalb kurzer Zeit wiederhergestellt werden.

4. Faucheux/O'Connor (1998) begründen warum die Verwendung monetärer Daten oft als Entscheidungsgrundlage nicht ausreicht: »Die derzeit üblichen ›pragmatischen‹ Bewertungsmethoden tendieren dazu in Situationen, in denen politische Entscheidungen sehr wichtig sind eine positive Entwicklung zu signalisieren während sich die Wirtschaft tatsächlich jedoch auf einem nicht nachhaltigen Entwicklungspfad befindet. Das sind keine zuverlässigen Indikatoren für politische Entscheidungen.« Die Folgen dieses Zugangs wurden beispielsweise von Martínez-Alier (1995) kritisiert. Er zeigt, dass auf Basis der Kriterien der schwachen Nachhaltigkeit die Länder des Nordens (ebenso wie die gesamte Weltwirtschaft) sich als nachhaltig erweisen, da ihre Kapitalbildung die Abschreibungen des Kapitals (inkl. Naturkapital) übersteigt. Länder des Südens hingegen, deren Kapitalbildung niedrig ist, werden nach diesem Konzept als nicht-nachhaltig befunden (Gowdy/McDaniel 1999; Gowdy/O'Hara 1997).

Als Antwort auf diese Kritik wurde das Konzept der »starken« Nachhaltigkeit entwickelt. Diese erfordern den wertmäßigen Erhalt von jeder Kapitalkomponente – ›hergestelltes‹ und natürliches Kapital – und nicht bloß des Aggregats. Diese gesonderte Behandlung der Komponenten wird als notwendig erachtet, da sich der natürliche Kapitalbestand aufgrund von Bedeutung für den Lebenserhalt sowie Irreversibilitäten und Unsicherheit in der Qualität von den anderen Kapitalkomponenten unterscheidet (Pearce/Turner 1990). Die erste Version von starker Nachhaltigkeit beinhaltete nur die Bedingung, dass der gesamte Naturkapitalbestand auf dem gegenwärtigen oder einem höheren Niveau erhalten werden müsse. Das Konzept zielt daher wieder auf ein Aggregat, nämlich das gesamte natürliche Kapital ab. Diese Version wurde kritisiert, da wenn Veränderungen überhaupt möglich sein sollen, die verschiedenen Arten von Naturkapital gegeneinander austauschbar sein müssen (z.B. Stern 1997). Außerdem wird es kaum möglich sein, die Gesamtheit des natürlichen Kapitals anhand einer einzigen Maßeinheit bedeutungsvoll auszudrücken. Daly (1990) verfeinerte das Konzept der »starken Nachhaltigkeit« indem er zwischen erneuerbarem und nicht erneuerbarem Naturkapital unterschied. Um als nachhaltig zu gelten, müssen drei Kriterien erfüllt sind: (a) die

Nutzung erneuerbarer Ressourcen soll ihre Erneuerungsrate nicht übersteigen, (b) die Abfallgenerierung darf die Aufnahmekapazität der Umwelt nicht übersteigen, und (c) erschöpfbare Ressourcen sollen nur in solchem Ausmaß aufgebraucht werden wie sie durch erneuerbare ersetzt werden können. Die neuere Version der »starken Nachhaltigkeit« erfordert daher »non-negative change over time in stocks of specified natural capital and is based on direct physical measurement of important stocks and flows«.

Beziehung zwischen Einkommen und Umweltqualität

Zwei grundlegende Fragen sind zu klären:

Ist Armut Ursache für Umweltschädigung?
Für Kochen verwendetes Holz in waldarmen Gebieten des Südens ist ein Beispiel, wo Armut zu Umweltschädigung führen kann. Arme Haushalte können sich hochwertigere und teurere Energieformen nicht leisten und decken diesen Bedarf durch Übernutzung der regional vorhandenen Bestände. Im Extremfall wird Rohöl exportiert, der Weltmarktpreis und damit Exportpreis liegt aber höher als die Kaufkraft der Armen. In diesem Zusammenhang sollte noch darauf hingewiesen werden, dass Abholzung nicht immer Folge von Armut ist. Sie wird auch durch veränderte landwirtschaftliche Produktionssysteme oder Nachfrage nach Edelhölzern für den Export vorangetrieben (Guha/Martínez-Alier 1997).

Ungleiche Einkommensverteilung und ungleicher Zugang zu natürlichen Ressourcen können zu Umweltschädigungen führen. Dies gilt aber nur bis zu einem gewissen Einkommensniveau. Andererseits wirkt sich schlechte Umweltqualität wie z.B. niedrige Wasserqualität oft unmittelbarer auf ärmere Bevölkerungsschichten aus. Die Folgen sind nicht selten gesundheitliche Schäden. Für Haushalte mit niedrigen Einkommen gibt es weniger Möglichkeiten sich von negativen Umwelteffekten abzuschirmen, und sie haben direktere Auswirkungen auf ihre Existenzgrundlage. Innerhalb der gegebenen Möglichkeiten gibt es daher seit einigen Jahrzehnten ein verstärktes Bemühen negative Umwelteffekte einzudämmen. Dies wird in den zahlreichen politischen Bewegungen im Süden sichtbar. Aufgrund des unmittelbareren Feedbacks von Umweltschäden auf Arme argumentieren Guha/Martínez-Alier (1997) daher, dass Wohlstand eine größere Gefahr für Umweltqualität darstelle als Armut. Da jedoch die Einkommen vieler Menschen nicht für deren Lebensunterhalt ausreichen, sind höhere Einkommen dennoch erstrebenswert.

Wird uns steigendes Einkommen bessere Umweltqualität bescheren?
Ein nachhaltiges ökonomisches System kann nur so gestaltet sein, dass die für die Wohlfahrtsgenerierung verwendete Menge an Ressourcen auf eine

Menge und Qualität beschränkt ist, welche weder die Quellen ausschöpft noch die Senken übernutzt. Am besten kann das Argument der absoluten Grenzen in bezug auf Energie veranschaulicht werden. Georgescu-Roegen (1971) argumentierte, dass alle wirtschaftlichen Prozesse Energie benötigen und aufgrund dessen das zweite Gesetz der Thermodynamik, das Entropiegesetz, Anwendung findet. Dieses besagt, dass die vorhandene Energie in einem geschlossenen System nur sinken kann. Weiter gibt es eine Parallele zwischen der reduzierten Verfügbarkeit von Energie und der Ordnung von Materialien. Ökonomische Prozesse, welche zum Beispiel Roheisen verwenden und veredeln, konzentrieren dieses mit Hilfe von Energie. Am Ende des Lebenszyklus wird das Produkt als Rost und Abfall so in die Umwelt verteilt, dass es manchmal noch weniger konzentriert vorkommt als das ursprüngliche Erz. Ein Recyclingprozess erfordert neue Energie.

Die Auswirkungen des Wirtschaftswachstums auf die Umweltqualität ist bereits seit längerem Gegenstand intensiver Diskussion. Unter anderem argumentierte Bhagwati (1993), dass Wirtschaftswachstum eine Vorbedingung für Umweltschutz sei. Und dies gelte umso mehr für den Süden: »Wirtschaftliches Wachstum scheint ein wirksames Mittel zu sein, um in Entwicklungsländern die Umweltqualität zu verbessern« (Panayotou 1993: 14). Und Beckerman (1992) argumentierte: »Der beste – und vielleicht einzige – Weg zur Erreichung einer ansprechenden Umweltqualität liegt in den meisten Ländern darin, reich zu werden«. Im Gegensatz dazu sieht Daly (1977), dass weiteres Wachstum die Weltwirtschaft jenseits der biogeophysischen Grenzen befördern würde. Es ist daher notwendig, die Auswirkungen von Wirtschaftswachstum auf die Umweltqualität besser zu verstehen. Dieser Frage sind (ökologische) ÖkonomInnen während der letzten sieben Jahre verstärkt nachgegangen. Die Ergebnisse sind nicht eindeutig. Für manche Umweltfaktoren konnte eine Entkoppelung zwischen Wirtschaftswachstum und Umweltqualität identifiziert werden, für andere nicht.

Der idealtypische Verlauf der Umwelt-Kuznets-Kurve ergibt sich aus den erwarteten Umweltfolgen, die sich in den verschiedenen Entwicklungsstufen von Gesellschaften ergeben. Der Kurvenverlauf wird damit begründet, dass bei geringem Industrialisierungsgrad die Umweltschädigung (sowohl qualitativ wie quantitativ) auf subsistenzökonomische Aktivitäten und biologisch abbaubare Abfälle begrenzt ist. Mit zunehmender wirtschaftlicher Entwicklung intensivieren sich die Landwirtschaft und andere Ressourcennutzungen. Mit diesem Industrialisierungsschub werden erstmals aufgrund steigender Abfallmengen und -qualitäten die Regenerationskapazitäten überschritten. Auf einem höheren Entwicklungsniveau verflacht sich die Kurve bis sie allmählich zu sinken beginnt. Diese verminderte Umweltschädigung wird einer Strukturveränderung in Richtung informationsintensive Industrien und Dienstleistungen gekoppelt mit steigendem Umweltbewußtsein und daraus resultierender Umweltgesetzgebung, besserer Technologie und höheren Umweltausgaben zugeschrieben (Panayotou 1993). Dieser umgekehrt u-förmige Verlauf wird die »Umwelt-Kuznets-Kurve« (UKK) genannt. Dies folgt im Prinzip der These von Kuznets (1955), worin er als erster den Zusammenhang zwischen Einkommenshöhe und Einkommensverteilung aufzeigte.

Grafik 1: Die Umwelt-Kuznets-Kurve für SO$_2$

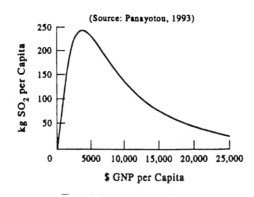

Ein Beispiel kann die zugrunde liegende Logik verdeutlichen. Die Frage, ob Haushalte mit steigendem Einkommen mehr Emissionen mit ihren Autos verursachen, lässt sich nicht ohne empirische Analyse beantworten. Das Endergebnis hängt davon ab, welcher von zwei gegenläufigen Trends stärker ist: Haushalte mit höherem Einkommen fahren üblicherweise mehr Kilometer, benutzen dazu aber neuere und damit emissionsärmere Autos. Für Haushalte mit niedrigem Einkommen ist es umgekehrt. Kahn (1998) fand eine umgekehrt u-förmige Emission/Einkommen-Beziehung. Das heißt, der senkende Effekt des neueren Autos beginnt bei Haushalten ab $ 35.000 Jahreseinkommen die negative Wirkung der zusätzlich gefahrenen Kilometer aufzuheben. Aber erst ab $ 60.000 sinken die Emissionen auf das Niveau der niedrigsten untersuchten Einkommensschicht ($ 10.000 bis $ 19.000). (In dieser Analyse wurden die in der Produktion der neueren (emissionsärmeren) Autos anfallenden Emissionen nicht berücksichtigt.)

Als Erklärungsansätze für sinkenden Umweltverbrauch mit steigendem Einkommen, werden meist folgende Argumente angeführt:

- höheres Einkommen geht mit weniger umweltschädigenden Produktionsstrukturen einher;
- höheres Einkommen führt zu höherer Präferenz für Umweltqualität;
- bei höherem Einkommen können eher teurere saubere Technologien eingesetzt werden.

Produktionsseitig wird aus zwei Gründen angenommen, dass wohlhabendere

Volkswirtschaften weniger Umweltschädigung hervorrufen werden. Erstens, weil sie nach der energie- und materialintensiven Industrialisierungsphase in die umweltmäßig extensivere Dienstleistungswirtschaft übergehen. Zweitens, weil es Ländern mit hohem Einkommen eher möglich ist, umweltschädigende Produktion auszulagern, wodurch aber die Auswirkungen nur verschoben, aber nicht verhindert werden. Der Entwicklung von Entwicklungsländern zur »reiferen« Dienstleistungsgesellschaft könnten außerdem polit-ökonomische Gründe entgegenstehen. In diesem Zusammenhang wird von der Gefahr des Einfrierens von Spezialisierungsmustern gesprochen (Krugman 1990).

Die oft vertretene These vom mit dem Einkommen steigenden Umweltbewußtsein lautet: Wenn Armut überwunden wird und der Lebenserhalt gesichert ist, dann beginnen Menschen sich über Lebensqualität Gedanken zu machen. Dieser idealtypische Verlauf basiert auf den Annahmen der Hierarchie von Bedürfnissen (Maslow 1954). Einerseits neigen KonsumentInnen mit höherem Einkommen dazu, relativ mehr für umweltfreundliche Produkte auszugeben. Andererseits wird von BürgerInnen in wohlhabenderen Ländern erwartet, dass sie politischen Druck für verbesserte Umweltpolitik ausüben. »Wenn eine Gesellschaft wohlhabender wird, werden ihre Mitglieder die Nachfrage nach mehr Gesundheit und eine hohe Umweltqualität verstärken. In diesem Fall wird von der Regierung in vermehrtem Maße verlangt werden, dass strengere Umweltkontrollen eingeführt werden« (Grossman/Krueger 1991). In den meisten Fällen, in denen die Emissionen mit steigendem Einkommen zurückgingen, wurden diese Reduktionen mit Hilfe von lokalen und nationalen institutionellen Reformen erreicht, wie Umweltgesetzgebung und marktorientierte Anreizsysteme. Eine Rückschau über die vorhandenen Fälle von Verringerungen der Umweltschädigung legt nahe, dass der stärkste Zusammenhang zwischen Einkommen und Umweltschädigung tatsächlich durch die Rückkoppelung an die Politik besteht. Deshalb zeigt die umgekehrte U-Relation, dass in einigen Fällen institutionelle Reformen private NutzerInnen von Umweltressourcen zur Berücksichtigung sozialer Kosten veranlasst haben (Arrow et al. 1995).

Einschränkend wies McConnell (1997) aber vor kurzem darauf hin, dass Umweltqualität eine Menge äußerst heterogener Güter ist, wovon nur einige mehr geschätzt werden, wenn das Einkommen steigt. Außerdem sind ärmere Menschen, im besonderen ärmere Menschen im ländlichen Raum oft am direktesten von der natürlichen Umwelt und ihren Ressourcen abhängig. Damit stellen sie auch jene Bevölkerungsgruppe dar, die aufgrund einer Verschlechterung der Umweltqualität die stärksten Auswirkungen zu spüren bekommt. Davon betroffene Menschen müssen nicht wohlhabender werden, um sich der Probleme bewußt zu werden. Natürlich liegt es nicht in meiner Absicht dafür zu plädieren Arme weiterhin in Armut zu belassen. Ein ausreichendes Einkommen ist natürlich ein entscheidender Faktor für die Lebensqualität. Der Schluss, dass höheres Einkommen als eine Vorbedingung für höheres Umweltbewußtsein gesehen werden kann, ist jedoch nicht haltbar (Ekins 1997). »Es gibt einige Umweltprobleme, die so gravierend sind, dass sie das Überleben gefährden. In diesem Fall ist der Wille zur Schadensvermeidung nahe unendlich und das Einkommensniveau beeinflusst nur die Fähigkeit, nicht den Willen zur Bezahlung dessen« (Shafik 1994). Wenig überraschend haben deshalb viele Gesellschaften mit niedrigem Einkommen sowohl bewahrende und nachhaltige Ressourcennutzungsstile entwickelt, wo ihr Überleben auf dem Spiel stand. Ein solches Verhalten beschränkt sich auf Gesellschaften, die sich die Kontrollrechte über ihre Ressourcen erhalten haben. Zahlreiche Fälle sind dokumentiert, in denen die ärmeren Bevölkerungsschichten aufgrund von Umweltschädigungen zu AktivistInnen wurden (Broad 1994; Guha/Martínez-Alier 1997; Martínez-Alier 1995).

Bessere Technologien resultieren nicht nur in erhöhter Produktivität bei der Fertigung von bereits vorhandenen, sondern auch in der Entwicklung von neuen Produkten. Diese Unterscheidung ist in bezug auf die Umweltproblematik wichtig, da neue Lösungen zu weitreichenderen Verbesserungen bei der Material- und Energieeffizienz führen können. Andererseits können dadurch natürlich auch bisher unbekannte Probleme entstehen (z.B. bei der Verwendung neuer Giftstoffe). Hochentwickelte Länder müssen ständig Neuerungen einführen, nicht nur um zu wachsen, sondern sogar um ihr Realeinkommen beizubehalten. Für Entwicklungsländer bringt Technologietransfer zusätzlich zum direkten Nutzen auch noch indirekt eine Verbesserung ihrer außenwirtschaftlichen Austauschverhältnisse (Krugman 1990). Die Diffusion von verbesserter Technologie hat den Vorteil, dass heute sich entwickelnde Länder nicht das gleich hohe Niveau an Material- und Energieintensität pro BIP-Einheit benötigen, wie die bereits industrialisierten Länder in der Vergangenheit. Internationaler Handel verstärkt die Technologieverbreitung. Einige AutorInnen geben daher der Hoffnung Ausdruck, dass dies den Entwicklungsländern erlauben könnte, einen Teil der UKK unter der Übernutzungsschwelle zu »durchtauchen« (Munasinghe 1999).

Bisher durchgeführte Studien ergaben, dass ein Zusammenhang vom Typ der Umwelt-Kuznets-Kurve für manche Umweltfaktoren gefunden werden kann (z.B. SO_2, Rauchpartikel in der (städtischen) Luft, Blei, fäkalische Verunreinigung von Flüssen; Grossman/Krueger 1995). Er gilt jedoch nicht für Kohlendioxid oder Abfall (Rothman 1998). Die Ergebnisse lassen also keinesfalls den Schluß zu, dass Wirtschaftswachstum quasi automatisch auch zur Verbesserung von Umweltqualität führt. Vielmehr scheint das Einkommen ein – wenn auch ein häufig signifikanter – Faktor von vielen zu sein, der die Auswirkungen menschlichen Handelns auf die Umwelt beeinflußt.

Es lassen sich Gemeinsamkeiten feststellen für die Umweltfaktoren für die ein umgekehrt u-förmiger Verlauf beobachtet wurde und für jene für die dies nicht möglich war. »Die Umsetzung erfolgt tendenziell bei verallgemeinerten, lokal anfallenden Kosten und beträchtlichem privaten und sozialen Nutzen. In jenen Fällen, in denen die Umweltschadenskosten durch andere getragen werden (durch ärmere Bevölkerungen oder andere Länder), gibt es wenig Anreiz zur Änderung des schädigenden Verhaltens« (Shafik 1994: 770). Wenn Wirtschaftswachstum sich also positiv auf Umweltqualität auswirkt, dann gilt dies nur für lokal und in der Gegenwart wirksame oder näheren Zukunft wirksam werdende Faktoren sowie für Probleme, für die eine technische Lösung gefunden werden kann. Gesellschaften gehen Umweltprobleme also sequentiell an; zuerst werden jene beseitigt, deren Auswirkungen sofort Kosten verursachen, und erst danach solche, bei denen die Kosten später oder in anderen Ländern auftreten (Ansuategui/Perrings 1999). Während diese Haltung durchaus verständlich scheint, wird dadurch keineswegs garantiert, dass die schwerwiegendsten Probleme zuerst in Angriff genommen werden.

Die Studien zur Umwelt-Kuznets-Kurve wurden aus verschiedenen Gründen kritisiert. So steigt – selbst wenn der Zusammenhang in dieser Form gilt – die Umweltschädigung pro Kopf bis zum Wendepunkt weiterhin an. Die Wendepunkte liegen innerhalb eines sehr breiten Spektrums (zwischen $ 5.000 und $ 35.000 Pro-Kopf-Jahreseinkommen). Außerdem handelt es sich um eine Gegenüberstellung von Pro-Kopf-Umweltschädigung und Pro-Kopf-Einkommen. Wenn auch das Wachstum der Bevölkerung sich verlangsamte, steigt die Weltbevölkerung wahrscheinlich noch weit ins nächste Jahrhundert an. Selden/Song (1994) prognostizieren, dass die negativen Wirkungen für die meisten Umweltfaktoren bis 2100 weiter ansteigen werden.

Daraus kann also geschlossen werden, daß Wirtschaftswachstum sich zwar nicht in allen Fällen negativ auf die Umweltqualität auswirkt, jedoch ohne durchgängigere und entschlossenere, auf Nachhaltigkeit orientierte Umwelt-, Wirtschafts- und Sozialpolitik lebensnotwendige Ökosystemfunktionen (langfristig) in Gefahr sind.

Schlußfolgerungen

Die Ökologische Ökonomik ist ein noch recht junges Forschungsgebiet. Dementsprechend gibt es noch weiße Flecken in der Forschungslandschaft. Der problemorientierte Zugang lässt einen Überhang an Fallbeispielen gegenüber der Theoriebildung erkennen.

Die ökologische Ökonomik trat mit dem Ziel an, Erkenntnisse aus den Naturwissenschaften mit in die ökonomische Analyse zu integrieren. Im Laufe der Zeit wurde auch auf alternative Ansätze innerhalb der ökonomischen Theorie, wie die evolutorische Ökonomik, aber auch andere Sozialwissenschaften und die Philosophie zurückgegriffen. Daraus entstanden verschiedene Stränge, die teilweise noch unverbunden nebeneinander stehen. Gemeinsam ist den verschiedenen Strängen jedoch, daß sie sich meist mit Fragen beschäftigen, die einen interdisziplinären Ansatz erfordern. Da ökologische ÖkonomInnen nach einer stärkeren Verbindung des ökonomischen und ökologischen Systems in Zeit und Raum suchen, handelt es sich um weitreichendere Fragen als in der Ökonomie oder Ökologie. Die verschiedenen Aspekte von komplexen Systemen können nur durch mannigfaltige Methoden verstanden werden. Dafür ist eine stärkere interdisziplinäre Kooperation nötig (Norgaard 1989). Otto Neurath forderte die »Orchestrierung der Wissenschaften« und Norgaard einen »methodologischen Pluralismus«. Ökologische Ökonomik sollte aber nicht als ein neues Paradigma gesehen werden, sondern vielmehr ein interdisziplinäres Forschungsgebiet, das durch Fragen der Nachhaltigkeit motiviert ist (Martínez-Alier 1996).

Aus der ökologischen Ökonomie ergeben sich für Fragen der Entwicklungspolitik neuartige Vorschläge. Eine konkrete politische Forderung, die sich jüngst aus diesen Ideen ergab, ist die der Aufrechung von Finanzschulden des Südens gegen die ökologischen Schulden des Nordens. Werden letztere erst einmal als Verpflichtung des Nordens gegenüber dem Süden anerkannt, ergeben sich Entwicklungspfade in beiden Regionen.

Für konkrete Vorschläge und aktuelle Informationen hierzu siehe: http://www.cosmovisiones.com/DeudaEcologica/

Literatur

Ansuategui, A./Perrings, C. (1999): *Transboundary Externalities in the Environmental Transition Hypothesis: Departamento de Fundamentos del Analisis Economico*, Universidad del País Vasco, Spain

Arrow, K./ Bolin, B./ Costanza, R./ Dasgupta, P./ Folke, C./ Holling, C. S./ Jansson, B.-O./Levin, S./Mäler, K.-G./Perrings, C./Pimentel, D. (1995): *Economic Growth, Carrying Capacity, and the Environment*. Science, 268: 520ff

Beckerman, W. (1992): Economic Growth and the Environment: Whose Growth! Whose Environment? In: *World Development*, 20: 481-496

Beckerman, W. (1996): Beware rules and regulations. In: *New Statesman & Society*: 29-30

Bhagwati, J. (1993): The case for free trade. In: *Scientific American*: 42-49

Broad, R. (1994): The poor and the environment: friends or foes? In: *World Development*, 22: 811-822

Commons, J. R. (1990): *Institutional economics: its place in political economy*. News Brunswick [N.J.] U.S.A.: Transaction Publishers

Costanza, R./Patten, B. C. (1995): Defining and predicting sustainability. In: *Ecological Economics*, 15: 193-196

Daly, H. E. (1977): *Steady-state economics: the economics of biophysical equilibrium and moral growth*. San Francisco: W. H. Freeman

Daly, H. E. (1994): Operationalization of sustainable development by investing in natural capital. In: Jansson, A. M./Hammer, M./Folke, C./Costanza, R., Eds.: *Investing in Natural Capital: The Ecological Economics Approach to Sustainability.* Washington, D.C.: Island Press: 22-37

Daly, H. E. (1996): *Beyond growth: the economics of sustainable development.* Boston: Beacon Press

Duchin, F./Lange, G.-M. (1994): *The Future of the environment: ecological economics and technological change.* New York: Oxford University Press

Ekins, P. (1997): The Kuznets Curve for the Environment and Economic Growth: Examining the Evidence. In: *Environment and Planning* A: 29

Faucheux, S./O'Connor, M. (1998): Valuation for sustainable development: methods and policy indicators. In: Costanza, R. Ed.: *Advances in Ecological Economics. Cheltenham, Glos and Northhampton*, MA: Edward Elgar

Georgescu-Roegen, N. (1971): *The entropy law and the economic process.* Cambridge, Mass.: Harvard University Press

Georgescu-Roegen, N. (1984): Feasible recipes and viable technologies. In: *Antlantic Economic Journal*, 12: 21-30

Gowdy, J. M./McDaniel, C. (1999): The physical destruction of Nauru: an example of weak sustainability. In: *Land Economics*: 75

Gowdy, J. M./O'Hara, S. U. (1997): Weak Sustainability and Viable Technology. In: *Ecological Economics*, 22: 239-47

Grossman, G. M./Krueger, A. B. (1991): *Environmental Impacts of the North American Free Trade Agreement.* Cambridge, MA: NBER.

Grossman, G. M./Krueger, A. B. (1995): Economic growth and the environment. In: *Quarterly Journal of Economics*, 112: 353-378

Guha, R., /Martínez-Alier, J. (1997): *Varieties of environmentalism.* London: Earthscan Publications Ltd.

Hauff, V. (1987): *Unsere gemeinsame Zukunft. Der Brundtland-Bericht der WCED.* Greven

Hodgson, G. (1999): *The Economic Journal*

Hueting, R. (1980): *New scarcity and economic growth: more welfare through less production?* Amsterdam; New York

Hueting, R./Bosch, P./Boer, B. d./Netherlands. Centraal Bureau voor de Statistiek. Hoofdafdeling Milieustatistieken. (1992): Methodology for the calculation of sustainable national income. 's-Gravenhage: Netherlands Central Bureau of Statistics Department of Environmental Statistics: SDU

Kahn, M. E. (1998): A household level environmental Kuznets curve. In: *Economics Letters*, 59: 269-273

Krugman, P. R. (1990): *Rethinking International Trade*. Cambridge, MA: MIT Press

Krutilla, J. V. (1967): Conservation reconsidered. In: *American Economic Review*, 47: 777-86

Kuznets, S. (1955): Economic growth and income inequality. In: *American Economic Review*, 49: 1-28

Martínez-Alier, J. (1995): The environment as a luxury good or »too poor to be green«? In: *Ecological Economics*, 13: 1-10

Martínez-Alier, J. (1996): *Ecological economics as human ecology*. Frankfurt: UNESCO-MOST project: 156

Martínez-Alier, J., Munda, G./O'Neill, J. (1998): Weak comparability of values as a foundation for ecological economics. In: *Ecological Economics*, 26: 277-286

Maslow, A. (1954): *Motivation and Personality*. New York: Harper & Row

McConnell, K. E. (1997): Income and the demand for environmental quality. In: *Environment and Development Economics*, 2: 383-400

Munasinghe, M. (1999): Is environmental degradation an inevitable consequence of economic growth: tunneling through the Environmental Kuznets Curve. In: *Ecological Economics*, 29: 89-109

Norgaard, R. (1989): The case for methodological pluralism. In: *Ecological Economics*, 1: 37-57

Norgaard, R. B. (1994): *Development betrayed: the end of progress and a coevolutionary revisioning of the future*. London ; New York: Routledge

O'Hara, S. U. (1995): Sustainability: Social and Ecological Dimensions. In: *Review of Social Economy*, 53: 529-551

O'Hara, S. U. (1996): *The Challenges of Valuation*: Ecological Economics Between Matter and Meaning. Plenary lecture, 4th Biannual Meeting of the International Society for Ecological Economics. Boston University, Boston, August 4-7

O'Hara, S. U. (1999): Economics, Ecology and Quality of Life: Who Evaluates? In: *Feminist Economics*, 5: 83-89

O'Neill, J. (1993): *Ecology, Policy and Politics*. London: Routledge

Panayotou, T. (1993): *Empirical tests and policy analysis of environmental degradation at different stages of economic development*. Geneva: International Labor Office, Technology and Employment Programme

Pearce, D. W./Atkinson, G. D. (1993): Capital theory and the measurement of sustainable development: an indicator of weak sustainability. In: *Ecological Economics*, 8: 103-108

Pearce, D./Turner, K. R. (1990): *Economics of Natural Resources and the Environment.* New York: Harvester Wheatsheaf

Polanyi, K. (1944): *The great transformation.* New York Toronto: Farrar & Rinehart

Ponting, C. (1991): *A green history of the world.* London, England: Sinclair-Stevenson

Rothman, D. S. (1998): Environmental Kuznets curves - real progress or passing the buck? A case for consumption-based approaches. In: *Ecological Economics,* 25: 177-194

Selden, T. M./Song, D. (1994): Environmental quality and development: Is there a Kuznets curve for air pollution? In: *Journal of Environmental Economics and Management,* 27: 147-162

Shafik, N. (1994): Economic development and environmental quality: an econometric analysis. In: *Oxford Economic Papers,* 46: 757-773

Solow, R. M. (1986): On the intergenerational allocation of natural resources. In: *Scandinavian Journal of Economics,* 88: 141-149

Stagl, S. (1999): *Delinking economic growth from environmental degradation? A literature survey on the Environmental Kuznets Curve Hypothesis.* Vienna: Wirtschaftsuniversität Wien: 24

Stern, D. I. (1997): The Capital Theory Approach to Sustainability: A Critical Appraisal. In: *Journal of Economic Issues,* XXXI: 145-73

Tisdell, C. (1991): *Economics of Environmental Conservation.* Amsterdam: Elsevier Science Publishers

Vatn, A./Bromley, D. W. (1994): Choices without Prices without Apologies. In: *Journal of Environmental Economics and Management,* 26: 126-48

Victor, P. A. (1991): Indicators of sustainable development: some lessons from capital theory. In: *Ecolocial Economics,* 4: 191-213

WCED (World Commission on Environment and Development, 1987): *Our Common Future.* Oxford: Oxford University Press

Ramachandra Guha/Joan Martínez-Alier
The environmentalism of the poor and the global movement for environmental justice

Introduction: currents of the environmental movement

There are three main, intertwined currents in the environmental movement. Chronologically, and also in terms of self-awareness and organization, the first current is the defence of immaculate Nature, the love of old forests and wild rivers, the »cult of wilderness« represented already one hundred years ago by John Muir and the Sierra Club in the United States, and with parallels in many other countries. This current grew as a reaction to the destruction of landscapes wrought by economic growth, as argued by the historian Trevelyan seventy years ago. It did not attack economic growth as such. It conceded defeat in most of the industrial world but it fought a rearguard action in order to keep some beautiful and pristine natural spaces outside the market. Conservation Biology provides the scientific support for this first tendency, which is also defended at another level by »deep ecology«. Its main policy proposal consists in keeping »natural parks« (which should occupy large parts of the Earth) free from human interference. Biologists and environmental philosophers are active inside this current. Indicators of human pressure on the environment such as HANPP (human appropriation of net primary production of biomass) (Vitousek et al. 1986) show that less and less biomass is available for species other than humans and those associated with humans. This first current is internationally well organized, in organizations such as IUCN, the WWF. In the 1970s and 1980s the growth of this type of environmentalism was interpreted by Inglehart (1990, 1995) in terms of »post – materialism«, a culture shift which implied, inter alia, an increased appreciation for nature as material needs diminish in urgency because they are mostly satisfied. »Post-materialism« is certainly a strange word to use for societies which use a very large amount of energy and materials per capita (World Resources Institute, Wuppertal Institut et al. 1997). It is interesting to remember that Friends of the Earth was born around 1969 because the director of the Sierra Club, David Brower, resigned over the failure of his organization to oppose nuclear energy. In his view, the excessive focus on the wilderness made the Sierra Club forget about the environmental costs and risks of the production of nuclear electricity. Opposition to hydroelectricity went easily hand in hand with the defense of beautiful scenery and wild spaces (as in celebrated struggles on Hells Canyon, the Colorado River and elsewhere in the American West), Opposition to nuclear energy was to be based on more material concerns.

The second current of the environmental movement defends economic growth though not at any cost. It is concerned with the environmental impacts of the production of commodities, and with the sustainable management of natural resources, and not so much with the loss of natural amenities or the loss of the »intrinsic« values of nature. This current could be called the »gospel of eco-efficiency« (cf. Hays 1959). In the environmental history of the United States it would be associated with Gifford Pinchot, trained in German forestry management. This tendency has roots not only in forestry. It has roots also in the many studies of use of energy and in agricultural chemistry (cycles of nutrients) since mid-19th century, as when Liebig in 1840 sounded the alarm on dependence on imported guano, or when Jevons in 1865 wrote his book on coal. This current has roots also in the many debates by engineers and public health experts on industrial and urban pollution since the 19th century. Today, in overpopulated Western Europe (where there is little pristine nature left) even more than in the United States, the »gospel of eco-efficiency« is socially and politically in command. Its proponents believe in »Kuznets environmental curves« (i.e. increasing incomes lead first to increased environmental impacts but eventually they lead to decreased environmental impacts, Selden & Sonq 1994), and in »sustainable development« (as in the Brundtland Report) or »ecological modernization« (an expression coined by the sociologist Arthur Mol, who did research on the Dutch chemical industry). Eco-taxes and markets in emission permits, and support for technical change (»dematerialization« of the economy, and new renewable energies) are the main policies in support of this current. It rests, scientifically, on Environmental Economics (whose message is simplified as »getting the prices right«, by »internalizing the externalities«), and on the new science of Industrial Ecology. Chemical engineers and economists are active inside this current. Biotechnologists are trying to jump into it, with their promises of engineered seeds which will dispense with pesticides, and will synthetize atmospheric nitrogen, though they encounter public alarm at GMOs. Indicators and indices such as MIPS (material input per service unit, including the »ecological rucksack«) and »total material requirement« (World Resources Institute, Wuppertal Institute et al. 1997) measure progress towards »dematerialization« (relative to GNP, or even in absolute terms). Life cycle analysis of products, and environmental auditing are used to measure improvements at the level of firms.

It is commonly accepted that »the idea of wilderness has for decades been a fundamental tenet – indeed, a passion – of the environmental movement, especially in the United States« (Cronon, 1996: 69). Cronon shows that there is much that is not »natural« in wilderness. The displacement or elimination of native peoples who used to live in the new »natural parks«, was not a natural event. The notion of »wilderness« is itself a product of industrial civilization and destruction. It has even been argued that in the United States, contrary to received opinion, the second current, concerned with efficiency in the use of natural resources, preceeds the first current, concerned with natural amenities and quality of life (Hays 1998: 336-7), a chronology which fits in with Inglehart's »post-materialist« thesis. Whichever was »first«, the fact is that both currents of environmentalism (the »cult of wilderness«, the »gospel of eco-efficiency«) are simultaneously alive at present, sometimes crosscutting, as when the search for efficiency encounters the rights of future generations, which requires a language different from that of efficiency, or in the opposite direction, when real or fictitious markets for genetic resources or natural amenities are seen as efficient instruments for their preservation.

The third current, which is growing, emphasizes unavoidable ecological distribution conflicts. Economic growth damages the environment – in other words, there is no evidence of »Kuznets environmental curves« for many impacts (Opschoor 1995). Economic growth also damages people because we all depend on access to natural resources or environmental services. New technologies often imply uncertain risks or »surprises«, and they are not necessarily a way out for the conflict between economy and environment. Many social conflicts today and in history, have an ecological content, with the poor trying to retain under their control the environmental resources and services they need for livelihood, and which are threatened by state takeover or by the advance of the generalised market system. Actors of such conflicts are sometimes reluctant to call themselves environmentalists. The best name for this third current is Environmental Justice (local and global), though Environmentalism of the Poor has also been used (Guha & Martínez-Alier 1997).

Political Ecology:
the study of Ecological Distribution Conflicts

Ecological distribution conflicts (i.e. conflicts over the access to environmental resources and services, whether traded or not; Martínez-Alier & O'Connor 1996) are studied by Political Ecology, a new field born from local case studies of rural geography and anthropology, which today extends to the national and international scales (Wolf 1972, Martínez-Alier 1987).

Ecological distribution means the social, spatial, and intertemporal patterns of access to the benefits obtainable from natural resources and from the environment as a life support system (including its »cleaning up« properties). The determinants of ecological distribution are in some respects natural (e.g. climate, topography, rainfall patterns, minerals, soil quality). However they are clearly, in other respects, social, cultural, economic, political and technology.

For instance, in rural contexts, anthropologists and geographers have explained how the use of the environment depends on social structures. For instance, there are different explanations of land erosion caused by peasants. They are sometimes forced to farm mountain slopes because the valley land is appropriated by large landholdings. As they themselves lament, farming on the slopes is likely to cause erosion (Stonich 1993). Or, in other cases, because of state policies, peasants are caught up in a »scissors crisis« of low agricultural prices, which forces them to shorten fallow periods and intensify production in order to support their meagre incomes, and this implies increased soil erosion (Zimmerer 1996). In other cases, the communal system of collectively fallowed lands breaks down (because of population growth or because of the pressure of production for the market), and land is degraded. In other cases there might be overgrazing, perhaps connected to failures in the communal control of the pasture land. The political ecology of rural societies studies the relations between social (economic, political) structures and changes, and the environment. Another example: rural poverty may intensify collection of wood in arid lands, or the use of dung as fuel, with negative consequences on environment and land fertility. A different pattern of income distribution would allow poor families to »move up« in the cooking fuel ladder, towards bottled GLP. This field of research on rural political ecology developed from studies such as those of Blaikie and Brookfield (1987). It takes into account not only class or caste divisions, not only differences in income and power, but also the gender division of property, labour and knowledge (Agarwal 1992).

In our view, the field of Political Ecology must move beyond local rural situations, into the wider world. In fact, many recent books collect a number of studies on different ecological distribution conflicts: land degradation, agricultural seeds, use of water, urban ecology, industrial pollution, defence of the forests, struggles on fisheries, etc. In some cases (Bryant and Bailey 1997) the approach is not on topics but on actors: the state, business, NGOs, the grass-roots. They are books of Political Ecology, defined as the study of social conflicts over the access to, and the destruction of environmental resources and services (whether such resources and services are traded or not). Studies of »environmental justice« conflicts in the United States in the 1980s and 1990s also must be included in the field of Political Ecology, though they are usually absent from books on Political Ecology (one exception is Goldman (ed.) 1998, with an article by DiChiro), perhaps because of disciplinary demarcation disputes: anthropologists and geographers working on the rural Third World have acquired a proprietary interest in Political Ecology, while Environmental Justice in the U.S. is the turf of the intellectual activists, the sociologists, and the experts on race relations. The many studies on the use and defence of common property resources also belong to Political Ecology

(McCay and Acheson, 1989, Berkes, 1989, Ostrom, 1990, Hanna and Muna-singhe, 1995, Berkes and Folke, 1998), while there is also an immense amount of research on Political Ecology produced by Third World activists themselves in their own local languages or even in English. This is usually considered open-access secondary sources.

Political ecologist Laura Pulido (1991) has studied both rural conflicts on communal land and water rights threatened by enclosure, and urban struggles against pollution threats. Studies on the struggles for occupational health and safety (from the popular more than the engineering viewpoint) belong to the field, as also studies of conflicts over urban pollution and urban waste disposal, over urban planning and the system of transport in cities. For instance, the well-known concept of the »ecological footprint« of metropolitan regions, developed by Rees and Wackernagel (1994), has a clear distributional content. The international ecological distribution conflicts over bioprospection, over property rights on sinks of greenhouse gases, over the use of open access fisheries, over environmental damages by transnational firms, over ecologically unequal exchange and the »ecological debt«, are analysed by Political Ecology, although this field of study dealt initially with the relations between land use and social structures in Third World countries.

Brosius perceptively recognizes two forms or styles in Political Ecology (Brosius 1999: 17). The first is »a fusion of human ecology with political economy... [it is the study of] a series of actors, differentially empowered but with different interests, contesting the claims of others to resources in a particular ecological context«. The second, more recent style has to do with the problematization of such »ecological contexts«, with queries about the meaning of »environmental resources and services« for different cultures, with the »social constructedness or reinventions of nature«. Such emphasis on »discourses on nature« is bound to annoy vulgar materialists such as ourselves. Thus, the Chipko movement (described below, and in Guha 1989: rev. edn. 1999) disintegrates in some seminars on Political Ecology *cum* Cultural Theory taught in the United States into an analysis of the variety of discourses used by different authors who write on the discourses produced by actors of the Chipko movement (which perhaps never did exist at all). Nevertheless, overcoming our parrochial annoyance at discourse analysis, we make a connection between both styles of Political Economy, in that the different actors in ecological distribution conflicts might contest the claims of others by appealing to different standards of valuation, and even the same actor might choose different idioms within the wide cultural repertoire at its disposal. This variety of vocabularies and value standards applies in particular to subaltern actors. As Stonich has succintly put it: »an overemphasis on constructivist discourse analysis may diminish the concern for the material issues that first provoked the emergence of political ecology. From the perspective of the political ecologist, the importance of understanding discursive formations lies precisely in what that understanding reveals about the behaviors [and the interests and values, RG and JMA] of the diverse actors involved in social and environmental conflicts« (Stonich 1999: 24). In a discussion of the »vocabularies of protest« deployed against the enclosure of communal grazing and fuelwood grounds in Karnataka, this point was made some time ago: »In field or factory, ghetto or grazing ground, struggles over resources, even when they have tangible material origins, have always been struggles over meanings« (Guha & Martínez-Alier 1997: 13). Both styles of Political Ecology (study of material conflicts, and discourse analysis) must thus be combined.

Are ecological distribution conflicts likely to increase, or on the contrary, economic growth will lead to an improvement in the situation of the environment? In modern industrialised and industrialising societies there has been a strongly argued view that enlarging the economic pie (GNP growth) represents the best way of alleviating economic distributional conflicts between social groups. The »environment« came in, if at all, as an afterthought, as a post-materialist concern (Inglehart 1995), or as a luxury good (environmental »amenities« rather than necessities). The poor, were »too poor to be green«. They must »develop« to get out of poverty, and as a byproduct, they could then acquire the means to improve the environment.

Certainly, economic growth is not socially or environmentally a zero-sum game. For instance, health and environmental damages from sulphur dioxide, or lead poisoning, have decreased in rich countries, not only because of income growth but also because of social activism and public policies. There are also some immediate opportunities for decreasing greenhouse gases through changes in technologies made possible by income growth. There is research showing the scope in rich countries for a decrease in material intensity by »factor 4«, or even »factor 10«, without decrease in welfare (Schmidt-Bleek 1994, Lovins & Weizsaecker 1996). However, such optimistic beliefs (»the gospel of eco-efficiency«) cannot overcome the perceived realities of increased exploitation of resources in environmentally fragile territories (oil in Amazonia and other tropical areas, for instance), increased traded flows of materials and energy (Bunker 1996), the increased perception of the greenhouse effect, and of past and recent »robbery« of genetic resources, the disappearance of traditional agroecology and in situ agricultural biodiversity, the unexpected »surprises« which have come or might come from new technologies (nuclear energy, genetic engineering). In this respect, some of the research on Industrial Ecology is »pessimistic« (Cleveland and Ruth 1998).

Beyond technological optimism and technogical pessimism, a systemic view of the relations between economy and environment is provided by Ecological Economics: the economy is embedded in social institutions and conflicts, in the social perception of physical flows and environmental impacts.

Table 1: Ecological distribution conflicts and related resistance movements

Name	Definition (to our knowledge)	Main source
Environmental Racism (USA)	Disproportionate burden of pollution in places inhabited by African Americans, Latinos, Native Americans	Bullard, 1993
Environmental justice	Movement against env. racism	Bullard, 1993
Environmental blackmail	Either you accept LULU (locally unacceptable land use), or you stay without jobs.	Bullard, 1993
Toxic imperialism	Dumping of toxic waste in poorer countries	Greenpeace, 1989
Ecologically unequal exchange	Importing products from poor regions or countries, at prices which do not take account of exhaustion or of local externalities	
Raubwirtschaft	Ecologically unequal exchange, plunder economy	Raumoulin, 1984
Ecological dumping	Selling at prices which do not take account of exhaustion or externalities. It takes place from the North to South (agr. exports from Europe or USA), and from South to North	
Internalization of international Externalities	Law suits against TNCs (Union Carbide, Texaco, Dow Chemical) in their country of origin, claiming damages for externalities caused in poor countries	
Biopiracy	The appropriation of genetic resources (»wild« or agricultural) without adequate payment or recognition of peasant or indigenous knowledge and ownership over them (incl. the extreme case of Human Genome project).	Pat Mooney-RAF1 c. 1993

»Plantations are not Forests«	The movements against eucalyptus, pine, acacia plantations for wood or paper pulp exports	Carrere Lohman, 1996
Defence of the rivers	The movements against large dams	Hyldiard 1986, McCully 1996
Mining conflicts	Complains over the siting of mines and smelters because of water and air pollution and land occupation by slag	
Ecological debt	Claiming damages from rich countries on account of past excessive emissions (CO_2 for instance) or plundering of natural resources.	Robleto & Marcelo, 1992, Borrero, 1993.
Transboundary pollution	Applied mainly to SO_2 crossing borders in Europe, and producing acid rain.	
National/local fishing rights	Attempts to stop open access depredation by imposing (since the 1940s in Peru, Ecuador, Chile) exclusive fishing areas (200 miles, and beyond, as in Canada, for straddling stocks), or by local communal management against industrial fishing.	
Environmental space	The geographical space really occupied by an economy, taking into account imports of natural resources and disposal of emissions	Friends of the Earth, Netherlands 1993.
Ecological trespassers vs. People of Ecosystem	Applied to India, but could be applied to the world. The contrast between people living in ecosystem on their own resources and people living on the resources of other territories, and peoples.	Gadgil & Guha, 1995.

Ecological footprint or appropriated carrying capacity	The ecological impact of regions or large cities on the outside space. Empirical work has been done	W.Rees, M.Wackernagel, 1994
Equal rights to carbon sinks	The proposal for equal per capita use of oceans, new vegetation, soil	Agarwal and Narain, 1991.
Workers' struggles for occupational health and safety	Actions (in the framework of collective bargaining or outside it) to prevent damages to workers in mines, plantations or Factories. (»red« outside, »green« inside)	
Urban struggles for clean water, green spaces	Actions (outside the market) to improve environmental conditions of livelihood or to gain access to recreational amenities in urban context.	Castells, 1983.
Consumers' and citizens' safety	Struggles over the definition of risks from new technologies (nuclear, GMOs, etc.) in rich countries	
Indigenous environmentalism	Use of territorial rights and ethnic resistance against external use of resources (e.g. Crees against Hydro Quebec, Ogoni against Shell)	Geddicks, 1993.
Social ecofeminism	The environmental activism of women, motivated by their situation. The idiom of such struggles is not necessarily that of feminism and/or environmentalism	Bina Agarwal, 1992
Environmentalism of the poor	Social conflicts with an ecological content (today and in history), of the poor against the (relatively) rich, not only but mainly in rural contexts	R.Guha, 1989

Some cases of ecological conflict

Research on various aspects of the »environmentalism of the poor« has been published in many recent studies in many languages, some of which (in English, and of academic origin) we list in the bibliography to the present article. There is an explosion of research and communication by activists themselves, which recalls the beginning of the international socialist movement in the second half of the 19th century, though the present movement is of wider geographical reach, and in proportion there are far more women active in it.

Some such environmental conflicts and movements will now been described in some detail. For instance,

A) Mangroves. It is common to find social resistance in areas where poor people (mainly poor women) live sustainably in mangroves which are uprooted in order to provide space for commercial shrimp farming for export. The mangroves are public land, being in the tidal zone, but governments give concessions for shrimp farming, or the land is taken illegally by shrimp owners. Illegality is prevalent because often there are laws protecting the mangroves. Shrimp (or prawn) production entails the uprooting of the mangroves, and the loss of livelihood of people living from mangrove resources. Beyond direct human livelihood, other functions that mangroves have, as coastal defence, carbon sinks, repositories of biodiversity, are also lost. The people who make a living in the mangroves only recently have learnt to use the word »ecology« in their vocabulary of protest. It is the intermediary NGOs which have given an environmental meaning to their livelihood struggles, connecting them into wider international networks. There is an international network (IsaNet, i.e. International Shrimp Action Network) in defence of the mangroves, and their dwellers. Research on this conflict in Ecuador, Honduras (Stonich 1991) and in other countries could use the documentation of environmental organizations which have participated in it (Acción Ecológica and Fundecol in Ecuador; Coddefagolf in Honduras).

Both in Ecuador and in Colombia the defence of the mangroves is connected to the birth of an Afro-American movement. There are also mangrove-shrimp conflicts in India (in Tamil Nadu, for instance), where the Supreme Court has forbidden the destruction of mangroves by the shrimp industry. In Bangladesh there is a movement against extraction of oil in the mangroves of the Sunderbans, where there are Bengal tigers, in a movement which perhaps combines (as sometimes it happens) the »cult of wilderness« and the »environmentalism of the poor« against natural resource exploitation for outside markets.

In Ecuador, pressure on the remaining mangroves is intense, and in early 1999 there was a rumour that the shrimp ponds built on destroyed mangroves on public lands were going to become legal private property. Fundecol, a grassroots organization in Muisne, Esmeraldas, distributed by email a message to international environmental networks which included (in Spanish) the following claim for »environmental justice« from a local woman: »We have always been ready to cope with everything, and now more than ever, but they want to humiliate us because we are black, because we are poor, but one does not choose the race into which one is born, nor does one choose not to have anything to eat, nor to be ill. But I am proud of my race and of being *conchera* (women who collect shells, RG & JMA) because it is my race which gives me strength to do battle in defence of what my parents were, and my children will inherit; proud of being conchera because I have never stolen anything from anyone, I have never taken anybody's bread from his mouth to fill mine, because I have never crawled on my knees asking anybody for money, and I have always lived standing up. Now we are struggling for something which is ours, our ecosystem, but not because we are professional ecologists but because we must remain alive, because if the mangroves disappear, a whole people disappears, we all disappear, we shall no longer be part of the history of Muisne, we shall ourselves exist no longer, and this we do not wish to accept... I do not know what will happen to us if the mangroves disappear, we shall eat garbage in the outskirts of the city of Esmeraldas or in Guayaquil, we shall become prostitutes, I do not know what will happen to us if the mangroves disappear... what I know is that I shall die for my mangroves, even if everything falls down, my mangroves will remain and my children will also remain with me, and I shall fight to give them a better life than I have had... We think, if the *camaroneros* (owners of shrimp ponds, RG & JMA) who are not the rightful owners, nevertheless now prevent us and *the carboneros* (charcoal makers, RG & JMA) from getting through the lands they have taken, not allowing us to get across the *esteros* (swamps), shouting and shooting at us, what will happen next, when the government gives them the lands, will they put up big »Private Property« signs, will they even kill us with the blessing of the President?« (Líder Góngora; fundecol@ecuanex. net.ec, 11th March 1999).

In other places, such as Honduras, the conservation of mangroves has produced victims. Killing threats must be understood literally even in Ecuador, which has been an island of peace between Peru and Colombia. In the Philippines, Broad and Cavanagh (1993:114-5) report: »Eliodoro'Ely« de la Rosa, a forty-three year old father of five, had been a fisherman and a leader of the fishers'group LAMBAT... Ely was deeply concerned that Manila Bay was dying, that there would be no fish for his children and grandchildren. He talked of his organization's efforts to halt the destruction of the coastal mangroves. He spoke eloquently of the dangers of prawn-pond expansion, of the need to stand up to the prawn-pond owners and other mangrove destroyers, and of his plans to start a mangrove replanting program. For his visions and for his ability to inspire others to take action against the impediments to these visions, he was murdered« (on January 22, 1990).

B) Oil extraction. On the 10th of November 1995, the military dictatorhip of Nigeria killed nine dissenters, the most prominent of whom was the poet and playwright Ken Saro-Wiwa. Their crime had been to draw attention to the impact on their Ogoni tribe of oil drilling by the Anglo-Dutch conglomerate, Royal Shell. Shell had been drawing some 25,000 barrels a day from the Ogoni territories. The Federal Government benefited from oil exploration in the form of rising revenues, but the Ogoni lost a great deal. They remained without schools, or hospitals. thirty-five years of drilling had instead led to death and devastation – »a blighted countryside, an atmosphere full of carbon monoxyde and hydrocarbon; a land in which wildlife is unknown; a land of polluted streams and creeks, a land which is, in every sense of the term, an ecological disaster«. The Movement for the Survival of the Ogoni People, founded by Saro-Wiwa in 1991, had led the opposition to Shell and its military backers. The generals in Lagos responded by threats, intimidation, arrest and finally, by judicially murdering Saro-Wiwa and his colleagues. (Saro-Wiwa 1995; also The Guardian Weekly, 12 Nov. 1995).

Events such as this led to the birth of OilWatch. This is a network based in Southern countries which has grown out of local resistance against oil or gas extraction. Its newsletter, named Tegantai (an Amazonian butterfly), announced Saro-Wiwa's death months in advance, while European environmentalists were focussing on the Greenpeace victory over Shell in the Brent-Spar case. There is a wealth of local knowledge and documentation to be explored on conflicts on oil extraction (including papers from court cases, such as the Texaco case in Ecuador). Other conflicts that come to mind in Latin America are those between Repsol and local Amazonian populations in Bolivia, between the Ashaninka and Elf or between Shell and the Nahua in Peru, between Maxus (now YPF) and the Huaorani in Ecuador, or between Occidental Petroleum and the U'Wa in Colombia ...

C) Against logging and tree plantations. Pressed to earn foreign exchange, the State Forest Department of Thailand initiated, in the late seventies, the conversion of tens of thousands of hectares of natural forests into monocultural plantations of eucalyptus, in order to provide chips for paper mills, mostly owned by Japanese companies. While bureaucrats in Bangkok contemplated a rising intake of yens, peasants in the forests began opposition to the plantations. They believed that their rice fields would be affected by the proximity of the water-guzzling and soil-depleting Australian tree; they also mourned the loss of the mixed forests from which they harvested fodder, fuel, fruit and medicines. Peasant protesters were mobilized by Buddhist priests, who led their delegations to public officials and also conducted »ordination«

ceremonies to prevent natural forests into being turned into regimented tree plantations (Lohman 1991).

Given the increased export of paper pulp from the South, there is an increasing number of social conflicts against logging and subsequent tree plantations (not only eucalyptus), as that going on in the late 1990s against Smurfit in Portuguesa, Venezuela. One can combine in depth-study of particular cases with the comparative information available from international networks (such as the World Rainforest Movement, in this case). Carrere and Lohman (1996) explain that until recently, the bulk of the raw materials for the paper industry were produced in northern countries. Wood and paper pulp production is growing fast in the world, and moving toward the South, where the trees grow faster, and the land is cheaper (because there is an ample supply of land mainly in Latin America and Africa, and because the people are poorer). There is also, still, much exploitation of primary or old-growth forests. For instance, well known conflicts between the wood industry and ecologists have taken place in Chile (where an alliance was formed between »cult of wilderness« and »environmentalism of the poor« currents). Such conflicts are similar to those in Washington state or British Columbia. Even some of the firms involved, such a Trillium, are the same. But old-growth raw material is not enough, there are many new tree plantations, often with rapid-growth species. Only about one third of world wood production goes to paper pulp, but wood production for paper pulp is increasing faster than wood production for sawn logs. The slogan that sums up the resistance against such trends is »plantations are not forests«. Regimented lines of single-species plantations of trees, although they are often classified as forests in Europe and the United States (following the forest management rule of the 19th c. German school of forestry: maximum sustainable wood yield), have lost the biological variety characteristic of the true forests. Many of the ecological and livelihood functions of the forest are lost, and poor people tend to complain accordingly. While there are recent attempts to claim short-run carbon-sink functions for eucalyptus, pine or acacia plantations, trying to make some extra money in the »joint implementation« market arising out of the climate change convention, other functions lost (degradation of soil, loss of fertility and water retention, loss of grass for pasture) are not included in the profit-and-loss accounts of the paper pulp firms. Resistance movements to tree plantations have developed in Thailand, Indonesia, Brazil and many other countries.

Another widely known case. The Penan are a tiny community of hunters and farmers who live in the forests of the Malaysian state of Sarawak. They number less that seven thousand individuals, and do not generally seek the limelight. In the late eighties, however, they became major players in a major controversy. For their forest home had been steadily encroached upon by commercial loggers, whose felling activities had fouled the rivers, exposed their soils and destroyed plants and animals which they harvested for food. Beyond this material loss was a deeper loss of meaning, for the Penan have a strong cultural bond with their river and forest landscape. Helped by Bruno Manser, a Swiss artist who then lived with them, the tribe organized blockades and demonstrations to force the chainsaws and their operators back to where they came from. The Penan struggle was taken up and publiziced by the Penang-based group, Sahabat Alam Malaysia, and by transnational forums such as Friends of the Earth, Greenpeace and the Rainforest Action Network (the Penan struggle is the subject of a unpublished manuscript by J.Peter Brosius, Univ.of Georgia).

The Environmentalism of the Poor

Such cases of social conflict support the thesis of an »environmentalism of the poor«, that is, the activism of poor people (who perhaps do not know or do not use the word »environment« at all), threatened by the loss of the environmental resources and services they need for livelihood.

Certainly, the environment provides the raw materials for the production of commodities. The rich buy more of such commodities than the poor. The environment does also provide the recreational amenities appreciated by those with leisure and money to enjoy them. More importantly, the environment provides, apart from commodities and amenities, and outside the market, essential services needed for livelihood.

It is true that the opposition to dams has often come from groups of people concerned by the loss of the beauties of nature, or by the loss of pleasures such as rafting down a river. The opposition also comes, as in the movement by the *atingidos pelas barragens* in Brazil, or in the struggle by Medha Patkar and her associates against the Narmada dams in India, from poor people in danger of losing their livelihood. »An argument often used by dam builders and backers in developing countries... is that concern for the environment is a »first world luxury« which they cannot afford. In fact the oposite is the case« (Mc Cully 1996: 58).

It is also true that the defence of the old-growth forests, and the opposition to industrial treeplantations, and the defence of Amazonia or the Sunderbans against oil exploration, might come from the »post-material« environmentalism of the WWF or similar groups. However, poor and indigenous people are often found in the forefront of many of the struggles in defence of the forests and against treeplantations, from Chile to Indonesia, from the Philippines to Brazil. The uprooting of eucalyptus, and the planting instead of a diversity of fruit trees and native trees, has been a common practice of such movements, in places distant from each other. The languages that such struggles adopt may be very diverse. They may use local traditions, such as in Thailand the tying of yellow Buddhist monks'robes to protect old trees in danger of being cleared to make way for treeplantations. However, the use of local idioms of resistance is compatible with the increasing international coordination of such struggles, through NGOs and the Internet.

To these struggles against environmental degradation one must add struggles for environmental renewal, the numerous and growing efforts by communities to better manage their forests, conserve their soil, sustainably harvest their water or use energy-saving devices like improved stoves and biogas plants. Indeed, struggles of resistance imply a fight for sustainability which is not based on theoretical discussions but on practical institution-building, as for instance new institutions of communal management of natural resources.

One such struggle of environmental reconstruction was Kenya's Green Belt Movement founded by Waangari Maathai, an anatomist schooled at the University of Kansas who became her country's first woman professor. In 1977 Matthai threw up her university position to motivate other and less-privileged women to protect and improve their environment. Starting with a mere seven saplings planted on the 5th of June 1977, the movement had by 1992 distributed seven million saplings, planted and cared for by groups of village women spread over twenty-two districts of Kenya. The Green Belt Movement, writes the journalist Fred Pearce (1991), has »arguably done more to stall the expansion of deserts and the destruction of soils in Africa than its big brother international body down the road, the United Nations Environmental Programme [also headquartered in Nairobi] with its grand but largely unsuccessful anti-desertification programmes«. Pressure on the forests continues. As reported in February 1999 (Githongo 1999:11), the allocation of land in the Karura Forest outside Nairobi »to well-connected people and the greedy suckers who bought it from them« has arisen a lot of opposition among university students, environmental activists, and ordinary *wananchi*, who are not only talking about defending the forests but also about reclaiming the forests. While the president of the country attributed the controversy to tribalism, Prof Maathai did not agree with this view, and atributed the attack on the forest to corruption.

Though the social groups involved in such conflicts are often quite diverse, the »environmentalism of the poor« is a convenient umbrella term which we use for forms of social action based on a view of the environment as a source of livelihood. Hugo Blanco, a former peasant activist of Peru, has evocatively distinguished this kind of environmentalism from its better-known and more closely studied Northern counterpart described at the beginning of the present article as »the cult of wilderness«. At first sight, wrote Blanco (La República, Lima, 6th April 1999), »environmentalists or conservationists are nice, slightly crazy guys whose main purpose in life is to prevent the disapearance of blue whales and pandas. The common people have more important things to think about, for instance how to get their daily bread. Sometimes they are taken to be not so crazy but rather smart guys who, in the guise of protecting endangered species, have formed so-called NGOs to get juicy amounts of dollars from abroad... Such views are sometimes true. However, there are in Peru a very large number of people who are environmentalists. Of course, if I tell such people, you are ecologists, they might reply, »ecologist your mother«, or words to that effect. Let us see, however. Isn't the village of Bambamarca truly environmentalist, which has time and again fought valiantly against the pollution of its water from mining? Are not the town of Ilo and the surrounding villages which are being polluted by the Southern Peru Copper Corporation truly environmentalist? Is not the village of Tambo Grande in Piura environmentalist when it rises like a closed fist and is ready to die in order to prevent stripmining in its valley? Also, the people of the Mantaro Valley who saw their little sheep die, because of the smoke and waste from the La Oroya smelter. And the population of Amazonia, who are totally environmentalist, and die defending their forests against depredation. Also the poor people of Lima are environmentalists, when they complain against the pollution of water in the beaches«.

Some features of the Environmentalism of the Poor

Commercial forestry, oil drilling, and large dams all damage the environment, but they also, and to their victims more painfully, constitute a threat to rural livelihoods. The opposition to these interventions is thus as much a defense of livelihood as an »environmental« movement in the narrow sense of the word.

The fact that environmental degradation often intensifies *economic* deprivation explains the moral urgency of these movements of protest against eucalyptus planations, destruction of the mangroves, polluting factories, or soil-exposing and water-polluting mines. There, a longstanding, prior claim to the resource in question – land, wetland, forests, fish, water – has been abruptly extinguished by the commercial sector working in concert with government, which has granted these outsiders oil, mineral, water, mangrove or logging concessions. There is then manifest a palpable sense of betrayal, a feeling that the government has let down the poor by taking the side of the rich, whether nationals or foreigners.

There is, however, at first the hope that the government will come to see the error of its ways. These struggles thus most often begin by addressing letters and petitions to persons of authority, themselves in a position to bring about remedial action. When these pleas are unanswered, protesters turn to more direct forms of confrontation, and they also often appeal to a wider audience – here the environmental NGOs play the role of translating the economic and social vocabulary of the petitions into an environmental vocabulary which at the same time connects with international environmental networks and organizations. On the ground, the forms of social protest may be diverse. In India, seven different forms have been identified: the *dharna* or sitdown strike, the *pradarshan* or mass procession, the *hartal* or general strike, forcing shops to down shutters, the *rasta roko* or transport blockade (by squatting on rail tracks or highways), the *bhook hartal* or hunger fast (conducted at a strategic site, say the office of the dam engineer, and generally by a recognized leader of the movement), the *gherao,* which is to surround an office or official for days on end; and last of all, the *jail bharo andolan* or movement to fill the jails by the collective breaching of a law considered unfair or unjust (Gadgil and Guha 1995).

Most of these methods were perfected by Mahatma Gandhi in his battles with British colonialism, but of course they have ready equivalents in other peasant cultures too. Larry Lohman, writing of the opposition to eucalyptus in rural Thailand, noted how, »Small-scale farmers are weathering the contempt of bureaucrats and petitioning district officials and cabinet ministers, standing up to assassination threats and arranging strategy meetings with villagers from other areas. They are holding rallies, speaking out at seminars, blocking roads, and marching on government offices, singing songs composed for the occasion. Where other means fall and they are well enough organized, they are ripping out eucalyptus seedlings, either subrreptitiously or openly in large mobs, chopping down eucalyptus trees, stopping bulldozers and burning nurseries and equipment. At the same time, well aware of the need to seize the environmentalist high ground, many villagers are planting fruit, rubber, and native forest trees to preempt or replace eucalyptus and are explaining to sympathetic journalists the methods they have used to preserve local forest patches for generations« (Lohman 1991).

Similarly, in the fight against shrimp farming, people who make a living in the mangroves, have resorted (when circumstances have allowed them), to destroy the shrimp ponds, replanting rhizofora seedlings in the hope of reconstructing the vanished mangroves.

Such protests are sometimes underwritten by a powerful indigenous ideology of social justice. Gandhi, for instance, has given Indian environmentalists their most favored techniques of protest as well as a moral vocabulary to oppose the destruction of the village economy. Thai peasants, likewise, take recourse to Buddha and Buddhism to remind their rulers, who publicly profess the same religion, that their policies are a clear violation of their commitment to justice, moderation, and harmony with nature. It is notable that the anti-eucalyptus struggle has been led by Buddhist priests, known appositely as *phra nakanuraksa*, or »ecology monks«. In Latin America, the ideology most conveniently at hand is popular Catholicism and its contemporary variant, »liberation theology«, which makes clear the commitment of the clergy, of the Church as a whole, to redirect its energies towards the poor (see the books by Leonardo Boff). In the United States, the organized Environmental Justice movement from its beginnings in the early 1980s was closely linked to some churches, through the role of activists such as the Rev. Benjamin Chavis.

How to do research on the hundreds of local ecological distribution conflicts, which sometimes are not even reported in the national newspapers, and which have not yet been picked up by local environmental groups and the international enviromental networks? In which archives will historians look for them, trying to reconstruct the grassroots history of the environmentalism of the poor, the environmental justice movement, the ecofeminist movement? Our own general strategy is a mixture of historical research, anthropology, sporadic and low-intensity activism, international teaching, newspaper cutting, »honorary« membership in international networks of activists which send or email their newsletters, and even some consultancy (for »donor« organizations which give money to environmental NGOs). There are in fact abundant sources for the study of contemporary ecological distribution conflicts, from documentation produced as background to the international treaties and protocols, to the legal briefs prepared in »class action suits« against transnational corporations, to the economic estimates of damages from local externalities or from use of carbon sinks, to the papers produced by activist groups on »community rights« to biodiversity, in struggles against mining, deforestation, large dams...

However, there is still no major international academic journal devoted to Political Ecology understood as the study of ecological distribution conflicts, nor is there a comprehensive citation index for the multitude of papers and grey literature in many different languages of the world dealing with particular conflicts.

Other fields of research are over urban planning, for instance the debates over »green belts«, and over urban transport. While use of the bicycle is a »post-materialist« luxury in rich cities, perhaps a Sunday pleasure, in poor cities cycling to work among the fumes and threats of buses and private cars is the daily obligation of many people. -Another field for research is demography (for instance, popular, feminist »neo-Mathusianism« in Europe and America one hundred years ago; Ronsin 1980, Mas Juan 1998). Much historical work remains to be done in this line of research, which necessarily implies combining local and global perspectives.

Table 1 was initially presented in Guha and Martínez-Alier (1997), as the evolving agenda of Political Ecology, and it is here somewhat expanded. Many ecological conflicts are local, and they use languages which are not explicitly environmental. However, there are connections between local and global ecological distribution conflicts – thus, OilWatch has learnt to use »greenhouse« arguments against oil companies exploring or drilling in the tropical rainforest. Similarly, the movement for the mangroves against commercial shrimp farming, has pointed out to the role of mangroves as first coastline defence confronted with recurrent *Niños*, increasingly important before the risk of sea level rise.

Local resistance movements reinforce the global networks, and in turn they profit sometimes by adding the language and strength of global environmentalism to their own local idioms and forms of resistance. Thus, mangrove people learn to use the word »ecology« to communicate with the outside world, and get help from Greenpeace or other environmental organizations. At other times, the conflict probably arises in the first instance because of the external global influence – witness the recent use of the language of »biopiracy« in conflicts over property rights on *uña de gato, ayahuasca , sangre de drago, neem*, and also *quinua* and *jacarandi,* or indeed human genes, in several Latin American countries and in India. Here the sequence has started from international controversies on property rights, and it goes downwards to local indignation motivated by a new perception of concrete cases of stealing of information on genetic resources, and particularly over the role of firms located in the United States and therefore not bound by the provisions of the international Convention on Biodiversity signed in Rio de Janeiro, 1992. Many Third World agriculturalists are acquiring a new pride in the task they have done from time immemorial of in situ conservation (or rather, co-evolution) of seeds.

The Ecological Debt – notes for further research

We give here the main lines of a theory of ecologically unequal exchange, which provides backing for a claim for the »ecological debt« (which could offset the External Debt of countries such as Thailand, Nigeria, Indonesia, Brazil, Mexico, Venezuela...). As we shall see, the Ecological Debt brings together many of the conflicts related to the Environmentalism of the Poor, and it also puts squarely on the table the question of the languages in which such conflicts are to be expressed. The Ecological Debt is, in principle, an ecological-economic concept.

The recognition that production, in the economic sense, involves also destruction and degradation of the environment brings us to a new perspective in which to study trade between regions or countries. We are not arguing for autarky, or for a strict »bioregional« position. From a purely ecological point of view, there is an argument (made by Pfaundler 1902) for importing inputs the lack of which would limit production (in the sense of Liebig's law of the minimum). The recognition that the economy is an open system, which necessarily depends on nature for resources and sinks, has given rise to the beginnings of a new theory of ecologically unequal exchange, building on earlier notions such as *Raubwirtschaft* or »plunder economy«. This notion, coined by geographers and almost forgotten in the discipline, arose in the second half of last century in a context of recognition of the impacts of human activity on the environment (Raumolin 1984).

Unequal exchange had already been pointed out in terms of undervaluation of labor and health of the poor and of the deterioration of the terms of trade expressed in prices, and used as part of a theory of underdevelopment. By recognizing the links to the natural environment, the notion of unequal exchange can be expanded to include unaccounted, and thus uncompensated, local externalities, and the different production times exchanged when extracted products, that can only be replaced in the long term (if at all), are traded for products that can be produced quickly.

By ecologically unequal exchange we mean the fact of exporting products from poor regions or countries, at prices which do not take into account the local externalities caused by these exports or the exhaustion of natural resources, in exchange for goods and services from richer regions. The concept focuses on the low standard of living and the lack of political power of the exporter of natural resources to emphasize the idea of the lack of alternative options, in terms of exporting other goods with lower local impact, and also the inability in poor countries to internalize externalities in the price of exports. This could also be described in terms of ecological dumping, that is, in terms of selling at prices which do not account for externalities or for exhaustion of resources, something that happens not only in the trade of natural resources form South to North, but also sometimes from North to South, like in the agricultural exports from Europe or the United States to the rest of the world. We describe the first kind of ecological dumping as ecologically unequal exchange to emphasize the fact that most extractive economies are often poor and powerless economies unable to slow down the rate of resource exploitation, unable to internalize externalities into prices, and unable to diversify their exports.

The idea of differing »production times« together with the notion of valorization *(mise-en-valeur)* of new territories, governs Elmar Altvater's interpretation of the consequences of contact between capitalist and non-capitalist economies. In his studies of the Brazilian Amazonia, Altvater (1993, 1994), presented the idea of *mise-en-valeur* from a critical perspective. Capitalism incorporates new spaces by means of new transport systems in order to extract natural resources. Production in the newly incorporated spaces is no longer governed according to the time of reproduction of nature. Spatial relations being modified, temporal relations are altered as well. The antagonism between economic time, which proceeds according to the quick rhythm imposed by capital circulation and the interest rate, and biological time, controlled by the rhythm of nature, is expressed in the destruction of nature and of cultures which valued its resources differently. By placing a market value on new spaces we change the production times, and economic-chrematistic time triumphs, at least apparently, over ecological time.

Overextraction and overexploitation of natural resources, and the large negative externalities derived from these activities, are only intensified when terms of trade worsen for the extractive economies. This in fact, seems to be the trend for many of the Latin American resource exporters, where a quantum index of exports (especially when we include »ecological rucksacks«) is growing faster than an economic value index.

However, precisely because of the inability of bringing all externalities into the measuring rod of money, it is hard to produce a measure of ecologically unequal exchange, in the fashion that conventional economics is familiar with. The key question is not necessarily whether standard trade theory has adequately worked out the problems of externalities related to exports, but rather whether the standard tools are the adequate ones to do so. Microeconomic theory has evolved substantially in order to deal with externalities. The theory of incomplete markets tries to provide explanations of why externalities might arise and what problems they might bring to known welfare propositions. In fact, a substantial part of the recent application of this framework to study trade and environment issues focuses on the presence of incomplete property rights over natural resources and services to explain why trade might not be necessarily welfare improving for the natural resource exporter. Also, negative environmental externalities derived from export activity can be introduced in the standard trade theory approach by bringing in the distinction between private and social marginal cost of production or extraction. But the applicability of standard reasoning necessarily implies aggregating these externalities, at present values, under a unique numeraire. Many of the negative effects derived from economic activities cannot necessarily be translated into a unique measure. The problem becomes only harder when we consider that the externalities derived from the extraction of natural resources might reach the future as well as the present. In that case, the problem is not only to translate the externalities of the present period into money value but also of the future periods, something that forces us to choose a discount rate, and therefore to choose an intertemporal distributional pattern of costs and benefits. In other words, we do not know how to count in money terms the present value of the future externalities. Incommensurability is the absence of a common unit of measurement across plural values. It entails the rejection not just of monetary reductionism but also any physical reductionism. It does not imply incomparability (Martínez-Alier, Munda & O'Neill 1998, 1999), since other methods, like multicriteria evaluation, are available that allow us to rank alternative situations reasonably on the basis of different scales of value. Standard economic theory points to the need to internalize externalities, something that to the extent possible, is desirable in order to bring the costs of extraction and exporting of natural resources closer to their real social costs. The point is that, it is precisely the social and political limitations in achieving this goal, what pushes the analysis outside the neoclassical sphere.

Trade theorists are used to dealing with nominal, real or factoral terms of trade, or even with the notion of terms of trade in embodied labor units as needed for Emmanuel's unequal labor exchange theory. Attempts at accounting for the »use« of the environment attached to trade are present in the literature. Odum's theory of unequal exchange based on thermodynamics, and the concept of emergy is an example in this direction (Odum 1987, 1988, Odum & Arding 1991). Emergy is defined as embodied energy. It is similar to Marx's concept of labor value, but in energy terms. Odum is concerned with exposing unequal exchange of emergy between nations, and discusses trade in terms of their emergy exchange ratio. The periphery is underpaid for the emergy content of its natural resources because they are not properly valued on the market. The problem, as Hornborg (1996) points out, is whether Odum intents to give us a normative or positive approach. That is, whether the emergy content is something that should be used to determine how exports should be paid and thus we should aim at a emergy-equity trade, or is just something to be used descriptively. Hornborg also reviews the use of the concept of exergy to provide a different perspective on the relationship between energy and trade. Exergy stands for available energy. Hornborg (1996:6) argues that, »market prices are the specific mechanism by which world system centres extract exergy from, and export entropy to, their peripheries. It would be impossible to understand accumulation, 'development', or modern technology itself without referring to the way in which exchange values relate to thermodynamics, that is, the way in which market institutions organize the net transfer of energy and materials to world centers.«

Hornborg's point is crucial because it stresses the importance of understanding the mechanism by which unequal exchange takes place. This is precisely something a theory of ecologically unequal exchange has to provide, i.e., an explanation of why market prices, market mechanisms have not provided a fair or reciprocal exchange. The use of concepts like emergy or exergy, aside from the difficulty in their application, would only account for one aspect of the link between extraction of resources and the environment. As argued above, incommensurability applies not only to monetary terms but also to any physical reductionism. It is not clear to us how the value of the losses of biodiversity in tropical areas, because of the exports of oil or timber, could be meaningfully translated into either money terms, or energy, emergy or exergy terms.

At any rate, a theory of ecologically unequal exchange has to include a clear framework in which to describe how this kind of exchange arises. Theories more in accordance with mainstream economics, would point to the existence of incomplete markets for natural resources and environmental services. In fact, a growing amount of literature on environmental economics points to the lack of properly defined property rights on open-access resources as the cause of their overexploitation. This body of literature would highlight the need for establishing property rights and negotiations in actual or at least fictitious markets in order to avoid environmental problems related to the exploitation of natural resources or environmental services. In ecological economics, work is being done emphasizing the lack of political, market power of those suffering from the externalities of the destruction of natural resources, as the best explanation for the emergence of ecologically unequal exchange.

Assuming that »ecologically unequal exchange« is a notion that makes some sense, let us now turn to the Ecological Debt. This arises from two separate ecological distribution conflicts. First, the exports of raw materials and other products from relatively poor countries at prices which do not include damages from local or global externalities. Second, the disproportionate use by rich countries of environmental space or services, without payment and even without recognition of property rights over such services (for instance, the free use of carbon dioxide absorption capacities).

If we attempt to express the Ecological Debt in money terms, these would be the main components:

A) As regards Ecologically Unequal Exchange:
- The (unpaid) costs of reproduction or sustainable management of the renewable natural resources which have been exported. For instance, the nutrients incorporated into agricultural exports;
- The present-value costs of future non-availability of destroyed non-renewable resources, for instance, non-available petroleum or non-available biodiversity. This is difficult to monetarize;
- The (unpaid) costs of reparation of local harms produced by exports (e.g. damages from the sulphur dioxide in copper foundries, slag from mines, health damage in flower exports, mercury contamination in rivers because of gold exports), or, if no reparation is possible (mangroves destroyed?), the present-value costs of such irreversible harms.

B) As regards lack of payment for environmental services or for the disproportionate use of Environmental Space:
- The (unpaid) reparation costs from imports of solid or liquid toxic waste.
- The (unpaid) costs of free disposal of gas residues (CO_2, CFC ..assuming equal rights to sinks (see below).

- The (unpaid) amount corresponding to the commercial use of information and knowledge on genetic resources, when they have been appropriated gratis.

The idea of an Ecological Debt implies monetization of nature's services. One may doubt whether, beyond the technical and conceptual difficulties in reaching such money-values, it would not be better for the South to discuss such matters using other languages, like Environmental Security or Environmental Justice. However, the language of economics is perhaps better understood in the North. In U.S. culture, questions are settled by appealing to the metaphor of the »bottom line«.

Let us now look in more detail at one environmental service (carbon sinks) in the context of the Ecological Debt. Assuming that there should not be any further increase in concentration of CO_2 in the atmosphere, that all humans have equal rights to carbon sinks, and that at present there is an excessive emission by humans of about 3000 million tons of carbon per year (this is about half of present emissions, it is a plausible figure although the dynamics of carbon absorption depend to some extent on the amounts produced), then an ecological debt is arising which should be paid for by those whose emissions are in excess. The costs of reducing or absorbing emissions oscillate between one or two US$ per ton of carbon in some cases of »joint implementation« which use the best opportunities, to perhaps one hundred US$ when substantial reductions are contemplated in the rich economies themselves. The stronger and quicker the commitment to reduce, the higher the marginal cost. A quick reduction of 3000 million tons of CO_2 would increase the marginal costs of abatement enormously. Instead, if there is no reduction, this implies persistent use of the sinks as de facto property of the rich, and therefore a continuous increase, year after year, of the Ecological Debt at the tune of, say, 60 billion US$ (3000 M tons of carbon, at US$ 20 – to be compared for instance to the present Latin American total external debt of around 700 billion US$).

Countries which are in a creditor position in the Ecological Debt, could give a sense of urgency to the negotiations on climate change by claiming this Ecological Debt (which is admittedly hard to quantify in money terms).

Conclusions:
Environmental Justice as a Force for Sustainability

This paper has studied the vocabularies of protest of social movements (the Environmental Justice movement and the Environmentalism of the Poor) which are growing, because of increasing ecological distribution conflicts. The economy is not »dematerializing«, hence such conflicts, which are not only conflicts of interests but also conflicts on values. The movement for Environmental Justice and the Environmentalism of the Poor combine a concern for the environment with a more visible concern for social justice. They are also learning to combine local with global issues, in a process of mutual reinforcement. Thus, this paper could be seen as a modest answer to Raymond Bryant's complaint, that »politial ecologists have yet to develop an alternative to the mainstream concept of sustainable development« (Bryant and Bailey 1997:4). The answer is »environmental justice (local and global) and the environmentalism of the poor as the main forces for sustainability«.

There is still a widespread belief that environmentalism is a phenomenon peculiar to the rich nations of the North, a product of the move towards »postmaterialist« social values among the populations of North America and Western Europe (Inglehart 1977, 1990, 1995). A corollary of this thesis is the claim that poor people and countries cannot possibly generate environmental movments of their own. »If you look at the countries that are interested in environmentalism, or at the individuals which support environmentalism within each country, one is struck by the extent to which environmentalism is an interest of the upper middle class. Poor countries and poor individuals simply aren't interested« – wrote Lester Thurow (1980:104-5). »It is not accident – wrote Eric Hobsbawm (1994:570) – that the main support for ecological policies comes from the rich countries and from the comfortable rich and middle classes (except for businessmen, who hope to make money by polluting activity). The poor, multiplying and under-employed, wanted more ›development‹, not less«. This essay (in common with much research work on Third World political ecology) has challenged the view that societies of the Third World are too poor to be green, in a shift of perpective similar to how Environmental Justice has transformed the North-American environmental movement (Gottlieb 1993).

There are several varieties of environmentalism, and also correspondingly different environmental politics and policies. Environmentalism has been seen as a »post-materialist« movement concerned with the conservation of the most valuable parts of nature. This is the type of environmentalism most aware of itself, with organizations like the WWF, the IUCN. In this paper, the wilderness movement and the more recent trend (or perhaps older trend; Hays 1998) called »ecological modernization« or »eco-efficiency« movement (decreased use of energy and materials through technical change and through the application of economic instruments such as eco-taxes), are not seen as the only varieties that count. On the contrary, the paper analyses several manifestations of the growing Environmental Justice movement (and also of the Environmentalism of the Poor), seen as main forces in the next decades in order to achieve an ecologically sustainable society.

Quite often, social conflicts over the access to environmental resources and services adopt languages which are not explicitly environmental. This is a point which has also been made in the historical research on urban/industrial environmentalism (Gottlieb, 1993). There is therefore much work to be done trying to identify the ecological content in historical social conflicts which have used non-environmental idioms.

Today, the environmental movement worldwide continues to be dominated by two main currents, the »cult of wilderness«, and the »gospel of eco-efficiency«. However, a third current, called Environmental Justice and the Environmentalism of the Poor, is growing, and it is increasingly self-aware. Environmental Justice originated in the United States in the 1980s, the Environmentalism of the Poor in the Third World. There are many signs of confluence between Environmental Justice and the Environmentalism of the Poor. Thus, for example, links are developing between local and global aspects of the disproportionate use of carbon sinks by rich people. Sunita Narain from the Centre for Science and Development of New Delhi, joint editor of the periodical *Down to Earth*, who proposed with Anil Agarwal in 1991 a platform of »equal rights to carbon sinks«, visited in 1995 the United States to meet academics and activists of the Environmental Justice movement. As she herself reported, »having worked for environmental justice as the national level, this group was atracted to the concepts put forward in the book by us, asking for justice in global environmental governance«. (Notebook, newsletter from the Centre for Science and Environment, n.5, April-June 1996:9). Or, for instance, there has been an Alliance for Climate, between COICA (an umbrella group for indigenous peoples in Amazonia) and many European cities, whose authorities pay at least lip service to the cause of CO_2 reduction. Indigenous peoples oppose deforestation, northern environmentalists may complain against deforestation only if they set an example for CO_2 reductions. The global discussion on carbon dioxide is made locally relevant by linking it to campaigns in Europe in favour of bicycles and good public transport, and against urban planning in the service of the motor car. Or, for instance, environmental groups in Venezuela (»Orinoco Oilwatch«) published an open letter to President Clinton on October 9, 1997 (see Ecología Política n.14,1997), on the eve of his visit to the country, complaining about American oil companies' operations in areas inhabited by Waraos and other indigenous groups, and pointing out the incongruity between Clinton's and Gore's well publicized alarm at the increased greenhouse effect (shown recently at a press conference on the topic in Washington on October 6, 1997), and Venezuela's plans with American support to increase oil exports to 6 mbd (plans now probably to be discarded under the new government in 1999).

Our scepticism about the »dematerialization« of the economy, is based on the work done in Ecological Economics against »weak sustainability« and

130

against optimistic views on »Kuznets environmental curves«. If the economy is not »dematerializing«, then increasing ecological distribution conflicts (including conflicts over technological and health uncertainties, in a »post-normal« science framework), are to be expected.

The throughput of energy and materials in the world economy has never been so large as today. Paradoxically, increases in eco-efficiency lead sometimes to increased use of materials and energy – the Jevons effect, because the economist Jevons in his book of 1865 on the use of coal in Britain, explained that the increased efficiency of steam engines would lead to more use of coal, since its use would become cheaper than before. »Externalities« will not decrease but on the contrary, increase, because the growth of the world economy requires more energy and materials. We are certainly not in a »post-material« age. »Externalities« must be seen as part and parcel of the economy, which is necesssarily open to the entry of resources and the exit of residues. Environmentalism must go by its own logic beyond the single-issue of wilderness, because the whole human economy and society are embedded in ecosystems. The appropriation of resources and the production of »externalities« result in ecological distribution conflicts, which give rise sometimes to environmental movements. In this paper, some environmental movements of the poor have been considered, both in their local manifestations and in their global implications. For instance, resistance against oil exploration in the Tropics because of local negative externalities, is also at the same time resistance against the global enhanced greenhouse effect. Other conflicts mentioned in this paper are over river development, preservation of mangroves, »biopiracy« of genetic resources, access to carbon sinks, damages from mining, conservation of fisheries against external use... Political Ecology (wich was started by anthropologists and geographers) is defined in this paper as the study of such ecological distribution conflicts. For instance, the name »toxic imperialism« has been used for struggles against the import of toxic waste in Third World countries (such as Haiti, and several West African countries). Such struggles have not used the language of »environmental racism« but they could nevertheless easily link up with the Environmental Justice movement in the United States whose main platform is the struggle against Environmental racism«, defined as the disproportionate burden of pollution in areas inhabited by minority populations. There are other cases in which the local is connected to the global, in a generalized movement of resistance. In this connection, we have introduced the conflict over Ecologically Unequal Exchange and the so-called Ecological Debt, and discussed the possibilities of »translating« the economic language of the Ecological Debt into the language of Environmental Justice.

The Environmentalism of the Poor and the movement for Environmental Justice (local and global), grown from complaints against »externalities« and against the appropriation and abuse of environmental resources and services, may help to change society and economy in the direction of ecological sustainability. This is one connection between Political Ecology, as the study of ecological distribution conflicts, and Ecological Economics (as the science and management of sustainability; Costanza 1991). Another connection between both fields comes from the fact that ecological distribution conflicts are sometimes expressed as discrepancies of valuation inside a single standard of value, but they often lead to »multi-criteria« disputes (or dialogues) based on different standards of valuation (as in the U'Wa dispute with Occidental Petroleum) – and precisely, Ecological Economics is able to cope with the incommensurability of plural values.

Notes

* Some sections of this article were published in Kurswechsel 3/1999, and are also included in Ramachandra Guha (2000): Environmentalism: a world history. New York: Longmans; and in Joan Martínez-Alier (2001): Ecological Conflicts and Valuation. Cheltenham: Edward Elgar.
** We are grateful to Martin O'Connor and Maite Cabeza for valuable comments and suggestions.

Literature

Agarwal, B. (1992): The Gender and Environmental Debate: Lessons from India. In: *Feminist Studies* 18(1)

Agarwal, A./Narain, S. (1991): *Global Warming: a Case of Environmental Colonialism.* Centre for Science and Environment, Delhi

Altvater, E. (1993): *The future of the market*, London: Verso

Altvater, E. (1994): Modalities of space and time. In: O'Connor, M., ed.: *Is capitalism sustainable? Political economy and the politics of ecology.* New York: Guildford Press

Baviskar, A. (1995): *In the Belly of the River: Tribal Conflict over Development in the Narmada Valley.* Delhi: Oxford U.P.

Berkes, F., ed. (1989): *Common property resources: ecology and community based sustainable development.* London: Belhaven Press

Blaikie, P./Brookfield, H., eds. (1987): *Land Degradation and Society.* London: Methuen

Broad, R./Cavanagh, J. (1993): *Plundering Paradise. The struggle for the environment in the Philippines.* Berkeley: Univ.of California Press

Brosius. J. P. (1999): Comments to A. Escobar, »After Nature: steps to an anti-essentialist political ecology«. In: *Current Anthropology*, 40 (1)

Bryant, R./Bailey, S., eds. (1997): *Third World Political Ecology.* London: Routledge

Bunker, St. (1996): Raw materials and the global economy: oversights and distortions in industrial ecology. In: *Society and Natural Resources*, 9: 419-129;

Carrere,R./Lohman, L. (1996): *Pulping the South. Industrial Tree Plantations and the World Paper Economy.* London and New Jersey: Zed Books

Cleveland, C./Ruth, M. (1998): Indicators of Dematerialization and the Material Intensity of Use. In: *Journal of Industrial Ecology, forthcoming*

Costanza, R., ed. (1991): *Ecological economics. The science and management of sustainability.* New York: Columbia Univ. Press

Cronon, W., ed. (1996): *Uncommon Ground. Rethinking the Human Place in Nature.* New York: Norton

DiChiro, G. (1998): Nature as Community: The Convergence of Environmental and Social Justice. In: Goldman, M., ed.: *Privatizing Nature: Political Struggles for the Global Commons.* London: Pluto.

Escobar, A. (1995): *Encountering Development: The making and unmaking of the Third World.* Princeton: Princeton U.P.

Folke, C./Berkes, F., eds. (1998): *Linking social and ecological systems. Management practices and social mechanisms for building resilience.* Cambridge: Cambridge U.P.

Githongo, J. (1999): The Green Belt and the fading green ink. In: *The East African*, Febr.8-14:11

Goldman, M. ed. (1998): *Privatizing Nature: Political Struggles for the Global Commons.* London: Pluto

Gottlieb, R. (1993): *Forcing the Spring: The Transformation of the American Environmental Movement.* Washington D.C.: Island Press

Guha, R. (1989): *The Unquiet Woods: Ecological Change and Peasant Resistance in the Himalaya.* Berkeley: Univ. California Press (rev. edn. 1999)

Guha, R./Martínez-Alier, J. (1997): *Varieties of Environmentalism. Essays North and South.* London: Earthscan

Hanna, S./Munasinghe, M., eds. (1995): *Property Rights and the Environment: Social and Ecological Issues.* Washington D.C.: The World Bank

Hays, S. (1959): *Conservation and the Gospel of Efficiency. The Progressive Conservation Movement 1890–1929.* Cambridge: Harvard U.P.

Hays, S. (1998): *Explorations in Environmental History.* Pittsburgh: Univ. of Pittsburgh Press

Hornborg, A. (1996): *Toward an Ecological Theory of Unequal Exchange: Articulating World System Theory and Ecological Economics.* World Historical Systems, International Studies Association, San Diego

Hobsbawm, E. (1994): *Age of Extremes: The Short Twentieth Century. 1914–1991.* London: Michael Joseph

Inglehart, R. (1977): *The silent revolution – changing values and politic styles among Western publics.* Princeton: Princeton Univ. Press

Inglehart, R. (1990): *Culture Shift in Advanced Industrial Societies.* Princeton: Princeton Univ. Press

Inglehart, R. (1995): Public support for environmental protection: objective problems and subjective values in 43 societies. In: *PS-Political Science and Politics*, 28(1), March 1995.

Lohman, L. (1991): Peasants, Plantations and Pulp: the Politics of Eucalyptus in Thailand. In: *Bulletin of Concerned Asian Scholars*, 23 (4)

McCay, B.J./Acheson, J.M., eds. (1987): *The question of the commons: the culture and ecology of communal resources.* Tucson: Univ. of Arizona Press

McCully, P. (1996): *Silenced Rivers. The Ecology and Politics of Large Dams.* London: Zed Books

Martínez-Alier, J., with K. Schluepmann (1987): *Ecological economics: energy, environment and society.* Oxford: Blackwell

Martínez-Alier, J./O'Connor, M. (1996): Ecological and Economic Distributional Conflicts. In: Costanza, R./Segura, O./Martínez-Alier, J., eds: *Getting Down to Earth. Practical applications of Ecological Economics.* Washington D.C.: Island Press

Martínez-Alier, J./Munda G./ O'Neill, J. (1998): Weak comparability of values as a foundation for ecological economics. In: *Ecological Economics*, 26, Sept. 1998.

Martínez-Alier, J./Munda G./O'Neill, J. (1999): Commensurability and compensability in ecological economics. In: O'Connor, M./Spash, C., eds.(1999): *Valuation and the Environment: Theory, Methods and Practice.* Cheltenham: Edward Elgar

Masjuan, E. (1998): *El anarquismo ibérico: sus relaciones con el urbanismo »orgánico« o ecológico, con el neomalthusianismo y con el naturismo.* doctoral thesis, Universitat Autónoma de Barcelona, Barcelona

O'Connor, M./Spash, C., eds. (1999): *Valuation and the Environment: Theory, Methods and Practice.* Cheltenham: Edward Elgar

Odum H.T./Arding, J.E., (1991): *Emergy analysis of shrimp mariculture in Ecuador., Working paper, Coastal Resources Center,* University of Rhode Island

Opschoor, J. B. (1995): Ecospace and the fall and rise of throughput intensity. In: *Ecological Economics*, 15(2): 137-140

Ostrom, E. (1990): *Governing the commons: the evolution of institutions for collective action.* Cambridge: Cambridge U.P.

Pearce, F. (1991): Green Warriors: *The People and the Politics behind the Environmental Revolution.* London: The Bodley Head

Peet, R./Watts, M. (1996): *Liberation Ecologies.* London: Routledge

Pfaundler, L. (1902): Die Weltwirtschaft im Lichte der Physik. In: *Deutsche Revue* (Hg.Richard Fleischer), 22 (2), April-Juni, 29-38: 171-182

Pulido, L. (1991): *Latino environmental struggles in the Southwest.* Ph.D. thesis, UCLA

Raumoulin J. (1984): L'homme et la destruction des ressources naturelles: la Raubwirtschaft au tournant du siécle. In: *Annales.E.S.C.*, 39(4)

Rees, W./Wackernagel, M. (1994): Ecological footprints and appropriated carrying capacity. In: Jansson, A.M. et al., eds.: *Investing in natural capital: The ecological economics approach to sustainability*, ISEE, Covelo: Island Press

Ronsin, F. (1980): *La grève des ventres: propagande néo-malthusienne et baisse de la natalité française*. Paris: Aubier Montaigne

Saro-Wiwa, K. (1995): *A Month and a Day: A Detention Diary*. London: Penguin

Schmidt-Bleek, F. (1994): *Wieviel Umwelt braucht der Mensch? MIPS – das Maß für ökologisches Wirtschaften*. Berlin et al.: Birkhäuser

Selden, Th. M./Song, D. (1994): Environmental quality and development: Is there a Kuznets curve for air pollution emissions? In: *Journal of Env. Econ, & Manag.*, 27:147-162

Stonich, S. (1993): *I am destroying the land!: The Political Ecology of poverty and environment destruction in Honduras*. Boulder: Westview Press

Stonich, S. (1991): The promotion of non-traditional exports in Honduras: Issues of equity, environment, and natural resource management. In: *Development and Change*, 22: 725-755;

Stonich, S. (1999): Comments on A. Escobar, »After Nature: steps to an anti-essentialist political ecology«. In: *Current Anthropology* , 40 (1)

Thurow, L.C. (1980): The zero-sum society: distribution and the possibilities for economic change. New York, NY: Basic Books

Vitousek, P.M. et al. (1996): Human Appropriation of the Products of Photosynthesis. In: *Bioscience*, 36(6): 368-373

Weizsäcker, E.U.von/Lovins, A.B./Lovins, L.H., eds. (1996): *Factor four. Doubling wealth – halving resource use ; the new report to the Club of Rome*. London: Earthscan

Wolf, E. (1972): Ownership and Political Ecology. In: *Anthropological Quarterly*, 45:201-5.

World Resources Institute, Wuppertal Institut et al. (1997): *Resources Flow: the material basis of industrial economies*. World Resources Institute, Washington D.C.

Zimmerer, K. S. (1996): Discourses on Soil Erosion in Bolivia. Sustainability and the search for a socioenvironmental »middle ground«. In: Peet, R./Watts, M. (1996): *Liberation Ecologies*. London: Routledge

August Reinisch
Nachhaltige Entwicklung seit der
Rio-Konferenz 1992

Einleitung

Abgesehen davon, daß der Begriff der nachhaltigen Entwicklung als solcher nicht gerade zu den geglücktesten Sprachschöpfungen der neueren Zeit gehört und vielleicht am ehesten als notleidende Übersetzung des seinerseits nicht gerade ausdrucksstarken englischen Terminus »Sustainable Development« gerechtfertigt ist, hat das Konzept der nachhaltigen Entwicklung nachhaltig Eingang in die wissenschaftliche und dabei auch in die völkerrechtliche Diskussion gefunden. Es ist kaum vorstellbar, daß ein Standardwerk des internationalen Rechts noch auskäme ohne zumindest rudimentär auf den konzeptionellen Kern von »nachhaltiger Entwicklung« einzugehen – wenngleich jedoch nicht immer klar erscheint, was nun eigentlich damit gemeint sei. Nicht von ungefähr ergeben sich dabei Parallelen zum verwandten Bereich des internationalen Umweltrechts, dessen Existenz als Bestandteil des positiven *corpus iuris gentium* von manchen bezweifelt, von anderen als vornehmste Aufgabe des Völkerrechts vorausgesetzt wird.

Obwohl über die exakte Herkunft des Begriffs Unklarheit herrscht – so wird etwa angenommen, daß er erstmalig 1980 von der *World Conservation Strategy* im Zusammenhang mit dem Schutz natürlicher Ressourcen verwendet wurde (Committee Report on Sustainable Development 1996: 280) -, ist doch anerkannt, daß er durch seine Verwendung im sogenannten Brundtland Report »Our Common Future« der *UN World Commission on Environment and Development* (WCED) von 1987 Bestandteil des allgemeinen Sprachschatzes wurde. Die darin geprägte und seither weitgehend akzeptierte Definition als »development that meets the needs of the present without compromising the ability of future generations to meet their own needs« (»Entwicklung, die die Bedürfnisse der Gegenwart erfüllt ohne die Fähigkeit nachfolgender Generationen zu schmälern, deren Ansprüche zu erfüllen«, UN WCED 1987) zielt vor allem auf zwei Aspekte ab: einerseits auf den Ausgleich zwischen den Generationen (»inter-generational equity«), andererseits auf die dadurch erforderliche nachhaltige, im Sinne einer Rücksicht nehmenden bzw. auf Dauer angelegten Nutzung der natürlichen Ressourcen (»sustainable use of natural resources«).

Der Brundtland Report seinerseits hat in der Entwicklung eines eigenständigen Umweltrechtsgedankens im Rahmen der Vereinten Nationen seit Beginn der 70er Jahre einen wichtigen Vorläufer in der Stockholmer *UN Conference on the Human Environment* 1972. Die dabei angenommene Stockholmer Deklaration (ILM 1972: 1416) hat bereits auf die enge Verflechtung zwischen wirtschaftlicher Entwicklung und Umwelt hingewiesen.

Am bekanntesten ist jedoch zweifellos Prinzip 21 der Deklaration, welches das souveräne Recht der Staaten bekräftigte, ihre Ressourcen nach ihren eigenen umweltpolitischen Entscheidungen auszubeuten, und gleichzeitig auf die internationale Verantwortlichkeit der Staaten hinwies, dafür Sorge zu tragen, daß die Aktivitäten unter ihrer Jurisdiktion oder Kontrolle keine Umweltschäden bei anderen Staaten oder in Gebieten außerhalb ihrer nationalen Jurisdiktion verursachen.

Im gegebenen Zusammenhang ist der Brundtland Report darüber hinaus von besonderer Bedeutung, weil er eine universelle Deklaration (»Universal Declaration«) und in der Folge eine umfassende Konvention zum Schutz der Umwelt und für nachhaltige Entwicklung (»Convention on Environmental Protection and Sustainable Development«) forderte, was wiederum wesentlicher Anstoß für die Einberufung der Rio-Konferenz als »Special Session« der Generalversammlung der Vereinten Nationen im Jahre 1992 war.

Rio Conference on Environment and Development (UNCED)

Um sich ein Bild von der Entwicklung im Bereich der nachhaltigen Entwicklung seit der Rio-Konferenz zu verschaffen, ist es zweckmäßig kurz die Pläne und Intentionen für die in vielerlei Hinsicht ehrgeizigste UN-Konferenz, die von 3. bis 14. Juni 1992 in Rio de Janerio, Brasilien, stattfand, zu überblikken.

Rio-Agenda

Die schon zu Konferenzbeginn bzw. in der Vorbereitungsphase im *Prep-Comm* (Preparatory Committee) evident gewordenen, teilweise höchst widersprüchlichen Vorstellungen der einzelnen staatlichen Delegationen und die darüber hinaus noch weiter gestreuten Ziele zahlreicher NGOs würden es schwer machen, eine allgemeine Zielsetzung der Rio-Konferenz zu eruieren. Es scheint daher nicht nur legitim, sondern auch zweckmäßig, sich auf die in der Konferenz Agenda manifestierte offizielle Zielsetzung zu konzentrieren.

Ihr zufolge waren die wesentlichen Ziele der Konferenz:

- die Ausarbeitung rechtlich verbindlicher Instrumente insbesondere im Schutz der Atmosphäre, im Klimawechsel, in der Artenvielfalt und im Wälderschutz nach dem Vorbild der Artenschutzkonvention 1973, der Wiener Ozonschutzkonvention 1985, des Basler Abkommens 1989 etc.;

- die Verabschiedung einer Charta für die Erde;
- die Annahme einer Agenda 21 samt eines Aktionsprogramms;
- eine Antwort auf die Frage der finanziellen Umsetzung der Agenda 21;
- Technologie Transfer;
- institutionelle Maßnahmen.

Rio-Ergebnis

Vergleicht man mit diesen ehrgeizigen Plänen das unmittelbare Konferenzergebnis, so zeigt sich ein relativ nüchternes Bild:

1) Von den zuerst geplanten rechtlich bindenden Verträgen blieben nur die Rahmenkonvention zum Klimawandel (»Framework Convention on Climate Change«) sowie die Biodiversitätskonvention (»Convention on Biodiversity«) übrig. Maßnahmen zum Schutz der Wälder wurden im wesentlichen vertagt, indem einerseits ein rechtlich nicht bindendes autoritatives Statement über Prinzipien eines globalen Konsens über die Bewirtschaftung, Bewahrung und nachhaltige Entwicklung der Wälder, andererseits eine Empfehlung zum Beginn über Verhandlungen über eine Wüstenkonvention verabschiedet wurde.

Allerdings bildete die Rahmenkonvention, die 1994 in Kraft trat, den Ausgangspunkt für weitere wichtige – wenngleich nicht immer gleichmäßig erfolgreiche – Entwicklungen des Klimaschutzes. Ihre rechtliche Bedeutung liegt vor allem darin, erstmalig einen quantitativen Zugang zum Problem der globalen Erwärmung, insbesondere dem Treibhaus-Effekt, vorbereitet zu haben. So sah die Rahmenkonvention eine Verpflichtung der OECD- Staaten vor, hinsichtlich der Treibhausgase, insbesondere CO_2, bis zum Jahr 2000 zu den Emissionswerten von 1990 zurückzukehren bzw. eine spürbare Verbesserung bis zum Jahr 2005 zu erzielen. Das *Kyoto Protocol* von 1997 konkretisierte diese quantifizierbaren Verpflichtungen für die sogenannten Annex I Staaten (OECD, zentral- und osteuropäische und GUS-Staaten) um eine weitere fünfprozentige Reduktion unter die 1990 Emissionswerte bis zur »committment period« (2008-2012).

Ziel der Biodiversitätskonvention ist die »Erhaltung der Artenvielfalt, die nachhaltige Verwendung ihrer Komponenten und die gerechte und billige Aufteilung der aus der Verwendung genetischer Ressourcen resultierenden Vorteile«. Im Gegensatz zur Artenschutzkonvention 1973 listet sie nicht bedrohte Arten auf, sondern fördert die Erstellung nationaler Programme, Pläne und Maßnahmen zur Erhaltung der Biodiversität gekoppelt mit gewissen staatlichen Berichtpflichten.

2) Die Rio Deklaration über Umwelt und Entwicklung (ILM 1992: 876), die anstelle der vor allem von den Entwicklungsländern abgelehnten[1] »Charta für die Erde« angenommen wurde, enthält 27 nicht bindende Prinzipien, die durch ihre teilweise recht vagen Formulierungen, durch den Kompromißcharakter ihrer Textierung etc. an all den Übeln der Ergebnisse internationaler

Konferenzdiplomatie teilhaben. So war es aufgrund des nicht verbindlichen Charakters dieser Deklaration möglich, sowohl im Interesse der Industriestaaten gelegene Grundsätze – wie etwa öffentliche Teilnahme (Prinzip 10), den Vorbeugungsgedanken (»precautionary approach«; Prinzip 15) oder das Verursacherprinzip (Prinzip 16) – als auch im Interesse des Südens gelegene – wie etwa das Recht auf Entwicklung (Prinzip 3)[2], die Notwendigkeit der Armutserleichterung (Prinzip 5) oder das Prinzip der gemeinsamen, aber differenzierten Verantwortlichkeit (Prinzip 7) – zu verankern.

Dennoch sollte die Bedeutung dieses rechtlich nicht verbindlichen Dokuments nicht unterschätzt werden. Denn die Rio-Prinzipien haben in vielfältiger Weise nationale Rechtsetzung und völkerrechtliche Verträge substantiell beeinflußt und werden mittlerweile von einer Reihe von Autoren als zumindest teilweise völkergewohnheitsrechtlich verankert angesehen.

3) Die Agenda 21 schließlich beinhaltet einen ebenfalls nicht bindenden, umfassenden Aktionsplan von Maßnahmen, die auf globaler, nationaler und lokaler Ebene gesetzt werden sollen. Die vier Hauptteile der Agenda 21 umfassen »soziale und wirtschaftliche Dimensionen«, »Ressourcenerhaltung und – management zum Ziele der Entwicklung«, »Stärkung der Rolle wichtiger (d.h. nicht staatlicher) Gruppen« und »Implementierungsmaßnahmen«.

4) Die Frage der Finanzierung der Maßnahmen zur Umsetzung der Agenda 21 wurde in Rio nur unzulänglich erörtert. Seit 1994 (bzw. bereits seit 1991 im Probelauf) steht jedoch die *Global Environmental Facility* zur Verfügung. Diese spezielle Kreditfazilität der Internationalen Bank für Wiederaufbau und Entwicklung (Weltbank), die gemeinsam mit dem UN Umweltprogramm (UNEP) und dem UN Entwicklungsprogramm (UNDP) administriert wird, steht insbesondere auch für Projekte im Zusammenhang mit den Rio-Konventionen zur Verfügung. So werden etwa Maßnahmen zum Schutz der Ozonschicht, zur Beschränkung von Treibhausgasemissionen, zum Schutz der Artenvielfalt sowie zum Schutz internationaler Wasserwege finanziert.

Rio-Follow-up

Eine Bestandsaufnahme der Entwicklungen im Bereich der nachhaltigen Entwicklung, die sich nur auf die unmittelbar auf die Rio-Konferenz rückführbaren Ergebnisse beschränkte, wäre unvollständig. Daher soll in der Folge auch auf die in Rio noch nicht entscheidungsreifen Bereiche, die im Rahmen des sogenannten *Rio Follow-up* behandelt wurden, sowie auf weitere in gewissem Sinne als Resultate der Rio-Konferenz qualifizierbare Entwicklungen eingegangen werden.

UN-Kommission für Nachhaltige Entwicklung

Im institutionellen Bereich, der im Rahmen der Rio-Konferenz recht kurz kam, wurde 1993 – anstelle weitreichenderer Pläne wie etwa der Errichtung eines Umweltsicherheitsrates oder der Umwandlung des vierten Generalversammlungskomitees für Dekolonisierung in ein Umwelt und Entwicklungskomitee – die UN-Kommission für nachhaltige Entwicklung (»UN Commission on Sustainable Development«) vom Wirtschafts- und Sozialrat der Vereinten Nationen eingesetzt (vgl. auch Kapitel 39 der Agenda 21). Aufgabe dieser Institution ist vor allem die Unterstützung der Implementierung der Agenda 21 auf nationaler, regionaler und globaler Ebene. Hierbei ist sie auch mit gewissen »Überwachungsfunktionen« (»Monitoring«) betraut. Es fehlen ihr jedoch rechtlich durchsetzbare Befugnisse. Der Implementierungsbeitrag ergibt sich bei der Kommission für nachhaltige Entwicklung im wesentlichen aus ihrer Aufgabe, Ziele und Leitlinien festzulegen.

Rio +5 Follow-up Session

Die UN-Kommission für nachhaltige Entwicklung bereitete die *Special Session* der Generalversammlung der UNO über Umwelt und Entwicklung 1997, die sogenannte Rio +5 Konferenz vor. Dabei wurde ein umfassendes »Programm zur weiteren Implementierung der Agenda 21« angenommen, gleichzeitig wurde aber auch beklagt, daß die generellen Trends für nachhaltige Entwicklung 1997 schlechter gewesen wären als im Jahre 1992. Auch wurde auf den konstant geringen Beitrag an offizieller Entwicklungshilfe hingewiesen, der sich auf einen durchschnittlichen Prozentsatz von etwa 0,3 Prozent des Bruttonationalprodukts – anstelle des OECD Ziels von 0,7 Prozent – befände.

Völkerrechtliche Verträge nach 1992

Obwohl die Zahl der rechtlich verbindlichen Verträge auf dem Gebiet der nachhaltigen Entwicklung hinter dem Ziel der Rio-Konferenz zurückblieb (Fehlen von spezifischen Verträgen zum Schutz der Atmosphäre und der Wälder), wurden seither doch eine Reihe wichtiger völkerrechtlicher Verträge geschlossen. Darunter: Das UN Übereinkommen zur Bekämpfung der Wüstenbildung in den von Dürre und/oder Wüstenbildung schwer betroffenen Ländern, insbesondere in Afrika (Anti-Desertification Convention) 1994, das Übereinkommen betreffend die Erhaltung und die Nutzung gebietsübergreifender und weitwandernder Fischbestände (Straddling Stock Convention) 1995, das Änderungsprotokoll zum Inkrafttreten der UN Seerechtskonvention, die UN Konvention betreffend die nicht-schiffahrtsmäßige Nutzung internationaler Wasserläufe (Convention on International Watercourses) 1997, in gewissem Sinne, wenngleich mehr auf regional europäischer Ebene der Energiechartavertrag (Energy Charter Treaty) 1994.

Rio-Einfluß

Der indirekte Einfluß der Rio Konferenz auf andere Bereiche des Völkerrechts soll nur beispielsweise anhand dreier Aspekte illustriert werden.

Welthandel

Insbesondere in den letzten beiden Jahrzehnten hat sich ein geradezu vorprogrammierter Konflikt zwischen den Idealen des (weltweiten) Freihandels und (nationalen) Maßnahmen zum Schutz der Umwelt herauskristallisiert. Ein hohes Schutzniveau umweltpolitischer Regelungen wird als unzulässiges nicht-tarifäres Handelshemmnis angesehen. Umgekehrt sind auch zu geringe Umweltmaßnahmen wirtschaftspolitisch nicht erwünscht, da sie in der Regel – vergleichbar geringen Sozialstandards – als »Umweltdumping« wettbewerbsverzerrend sind.

Der graduelle Abbau der Zollschranken im Welthandel als Resultat der diversen GATT- Zollsenkungsrunden hat dabei die Bedeutung nicht-tarifärer Handelshemmnisse ganz allgemein und der umweltpolitischen im besonderen erhöht, lassen sich doch zahlreiche protektionistische Intentionen leicht hinter feierlicher Umweltrhetorik verbergen.

Die Reaktion des GATT-Systems war jedoch keineswegs eine einseitig auf Freihandel konzentrierte Intensivierung des Abbaus nicht-tarifärer Handelsschranken, sondern vielmehr insbesondere im Zuge der GATT/WTO Uruguay Runde eine vorsichtige Öffnung für Umweltschutzanliegen, wenngleich wohl noch einiges zu der teilweise sehr plakativ gemeinten Forderung nach einem »Greening of the GATT« (vgl. Esty 1993; Sands et al. 1993) fehlt.

Immerhin findet sich in der Präambel zum WTO Abkommen 1994 eine Bestätigung der Berücksichtigung des Ziels der nachhaltigen Entwicklung bei der wirtschaftlichen Ressourcennutzung (»while allowing for the optimal use of the world's resources in accordance with the objective of Sustainable Development«) und in der Präambel zum WTO Landwirtschaftsabkommen wird die Notwendigkeit des Umweltschutzes (»need to protect the environment«) eingeräumt.[3]

Während sich die rechtlichen Rahmenbedingungen für die ausnahmsweise Zulässigkeit nationaler Umweltmaßnahmen als Handelshemmnisse durch die Uruguay Runde kaum geändert haben (Art XX (b) GATT – und ihm vergleichbar Art XIV (b) GATS – sieht weiterhin Ausnahmebestimmungen zugunsten von Maßnahmen vor, die zum Schutz des menschlichen, tierischen oder pflanzlichen Lebens oder Gesundheit notwendig sind (»measures necessary to protect human, animal or plant life or health«), hat sich in der Streitbeilegungspraxis durch die *Dispute Settlement Panels* des GATT/WTO-Systems eine zunehmende Berücksichtigung umweltrelevanter Aspekte herauskristallisiert (vgl. dazu unten).

Auf institutioneller Ebene spiegelt sich die erhöhte Bedeutung der nachhaltigen Entwicklung durch die Errichtung des WTO Komitees über Handel und Entwicklung beim ersten WTO Ratstreffen 1995 wider.

Auslandsinvestitionen

Auch im internationalen Investitionsrecht macht sich der Einfluß des Umweltrechts bzw. des Gedankens der nachhaltigen Entwicklung bemerkbar – wenngleich wohl etwas indirekter als im Welthandelsrecht.

Auch hier sind es in erster Linie sogenannte *Soft Law*-Instrumente, die entwicklungs- und mittlerweile auch immer stärker umweltpolitische Ziele enthalten. Die diversen *Guidelines* und *Codes of Conduct* für *TNCs* (UN Draft Code of Conduct for TNCs, ICC Guidelines on International Investment 1972, OECD Guidelines for Multinational Enterprises 1976) waren noch im wesentlichen Produkte des Kampfs um eine Neue Internationale Wirtschaftsordnung der 1960er und 1970er Jahre. Neben ihrem rechtlich nicht unmittelbar verbindlichen Charakter weisen sie die strukturelle Besonderheit auf, nicht bzw. nicht ausschließlich an Staaten, also an primäre Völkerrechtssubjekte, gerichtet zu sein, sondern vielmehr trans- oder multinationale Unternehmen als Normadressaten zu haben.

Die schrittweise Eingliederung umweltrechtlicher Gedanken zeigt sich etwa an der Überarbeitung der OECD *Guidelines for Multinational Enterprises* aus 1976, die seit 1984 die Verpflichtung enthalten, Umweltschäden zu minimieren, Notfallspläne auszuarbeiten und Trainingsprogramme vorzusehen (»minimize risk of environmental damage, to prepare contingency plans, to provide training programmes«).

Von besonderem Interesse im Zusammenhang mit der zunehmenden Berücksichtigung von Gedanken der nachhaltigen Entwicklung bei großangelegten Entwicklungsinvestitionsprojekten ist die Errichtung des Weltbankinspektionspanels in Jahre 1993. Dieses in vielerlei Hinsicht neuartige Beschwerdegremium wurde eingerichtet, um betroffenen Gruppen in den darlehensnehmenden Ländern ein Forum zu eröffnen, vor dem sie Verletzungen von Weltbankprinzipien (»World Bank operating policies«) rügen können. In der bisherigen Praxis dieses Mechanismus der Streitbeilegung waren es vor allem umweltrelevante Beschwerden, die von betroffenen Bevölkerungsgruppen – unterstützt durch NGOs – vorgebracht wurden. Obwohl dem Panel weitgehend nur empfehlende Befugnisse zustehen und man daher auch nicht von einer echten Streitentscheidungsinstanz sprechen kann, zeichnet sich eine sehr hohe Effektivität der Schlußfolgerungen ab, die sich aus den Untersuchungen des Panels ziehen lassen. So verkündete die Weltbank im Jahre 1995 im Zusammenhang mit dem Arun Staudammprojekt in Nepal, das Gegenstand des ersten Inspektionsverfahrens vor dem Panel war, daß sie aufgrund der Umweltgefährdung wie auch der erforderlichen großräumigen Umsiedlungsmaßnahmen von der Finanzierung des US $ 750 Millionen Projektes Abstand nehmen würde.

Europäische Union

Umweltmaßnahmen im Rahmen der Europäischen Gemeinschaft gehen auf den Pariser Gipfel von 1972 zurück, der – zeitgleich mit der *Stockholmer UN Conference on the Human Environment* – Ausgangspunkt für das erste fünfjährige Umweltaktionsprogramm der Gemeinschaft war, sowie im institutionellen Bereich für die Einrichtung eines »Service« für Umwelt- und Verbraucherangelegenheiten in der Kommission, aus dem sich dann später die Generaldirektion für Umwelt, nukleare Sicherheit und Zivilschutz entwickelte.

Eine primärrechtliche Verankerung erfährt der Umweltschutz jedoch erst durch die Hinzufügung der Art 130r-t und 100a in der Einheitlichen Europäischen Akte 1986. Von besonderem Interesse ist in diesem Zusammenhang Art 130r (2), der die inhaltlichen Leitlinien für die Umweltpolitik der Gemeinschaft festlegte, wonach das Vorbeuge- und das Verursacherprinzip sowie der Grundsatz der Internalisierung der Kosten (»polluter pays«) bei Gemeinschaftsmaßnahmen zu beachten sind. Diese Prinzipien finden sich in der Rio Deklaration 1992 wieder (vgl. Principle 15, 16). Zu den wichtigsten Rechtsakten der Gemeinschaft in der Umwelt gehören einerseits Maßnahmen zum Schutz gegen Verschmutzung und Umweltschäden, andererseits Natur und Ressourcen erhaltende Maßnahmen. Im ersten Bereich sind etwa eine Reihe von Sekundärrechtsakten zum Schutz der Wasser- und Luftqualität, wobei es sich dabei primär um Emissionskontrollmaßnahmen handelt, zum zweiten Bereich zählen etwa diverse Richtlinien, wie etwa jene zum Schutz von wilden Vogelarten oder jene bezüglich des Verbots bestimmter Pestizide.

»Sustainable Development« als allgemeine Zielbestimmung der Europäischen Union findet sich schließlich seit dem Amsterdamer Vertrag 1997 im Primärrecht der EU (Art 2 EGV-Neu). In diesem Zusammenhang ist es auch bemerkenswert, daß nach Art 6 EGV-Neu »Erfordernisse des Umweltschutzes ... bei der Festlegung und Durchführung der in Art 32 genannten Gemeinschaftspolitiken und -maßnahmen insbesondere zur Förderung einer nachhaltigen Entwicklung einbezogen werden« müssen. Damit hat der Umweltschutz nicht nur die Stellung eines Politikbereiches unter mehreren anderen, sondern vielmehr die eines integralen Ansatzes.

Richterliche Konkretisierung des Konzepts der »nachhaltigen Entwicklung«

Unabhängig der rechtsetzenden Maßnahmen – sei es völkervertragsrechtlich auf internationaler oder regionaler Ebene oder legislativ auf nationaler Ebene, die das Prinzip der »nachhaltigen Entwicklung« in verschiedenem Ausmaß aufgenommen haben – hat sich in den letzten Jahren eine interessante Entwicklung in der internationalen Rechtsprechung ergeben, wodurch das Konzept der »nachhaltigen Entwicklung« eine stärkere Verankerung erfährt.

In diesem Zusammenhang seien nur kurz zwei rezentere Entscheidungen diskutiert, welche die Vorstellung der »nachhaltigen Entwicklung« berücksichtigen. Einerseits ein Urteil des Internationalen Gerichtshofes in Den Haag aus 1997, andererseits ein Spruch der Berufungskammer des WTO Streitbeilegungsgremiums aus 1998.

Der Gabcikovo-Nagymaros-Fall vor dem IGH

Im Jahre 1977 schlossen Ungarn und die Tschechoslowakei einen Vertrag über die Errichtung eines gemeinsamen Wasserkraftwerks an der Donau. Als Reaktion auf immer stärkere Umweltbedenken der ungarischen Bevölkerung suspendierte Ungarn 1989 seine Mitarbeit an diesem Projekt. Die Slowakei, als territorial betroffener Nachfolgestaat der mittlerweile durch Dismembration untergegangenen Tschechoslowakei, hielt jedoch am ursprünglich vereinbarten Plan fest und erarbeitete – mangels ungarischer Unterstützung – ein eigenes alternatives Projekt auf ihrem Territorium, das jedoch entsprechende Auswirkungen auf Ungarn hatte. Nachdem es zu keiner Einigung über die daraus resultierenden Rechtsfragen kam, legten die beiden Streitparteien – auch auf entsprechenden politischen Druck durch die Europäische Gemeinschaft – den Fall dem IGH (Internationale Gerichtshof) zur Entscheidung vor. Dieser fällte 1997 ein nicht unkontroversielles Urteil (ICJ Reports 1997: 7), in welchem er beiden Seiten teilweise unrecht gab: Ungarn, insofern als es einseitig den Vertrag aus 1977 lösen wollte, und der Slowakei, insofern sie das ursprüngliche Projekt in modifizierter Form allein weiter verfolgte. Von größerem Interesse sind im gegebenen Zusammenhang jedoch die Ausführungen des Gerichtshofes zu den künftigen Pflichten der Streitparteien wie sie aus dem Status quo resultieren. Seiner Auffassung zufolge müssen die beiden Streitparteien *bona fide* miteinander verhandeln, um die Ziele des ursprünglichen Vertrages aus 1977 zu erreichen; dabei seien allerdings sich neu entwickelnde Normen des Umweltrechts zu berücksichtigen.

Im besonderen hielt der IGH fest: »In der Vergangenheit hat die Menschheit aus wirtschaftlichen und anderen Gründen ständig in die Natur eingegriffen. Dies wurde oft ohne jegliche Rücksichtnahme auf Auswirkungen auf die

Umwelt getan. Aufgrund neuer wissenschaftlicher Erkenntnisse und einem gesteigerten Bewußtsein hinsichtlich der Risiken für die Menschheit – für gegenwärtige und künftige Generationen –, die sich aus solchen Eingriffen bei unreflektierter und ungebremster Geschwindigkeit ergeben, entwickelten sich neue Normen und Standards, die in einer großen Zahl von Instrumenten in den letzten beiden Jahrzehnten niedergelegt wurden. Solche neuen Normen und solche neuen Standards müssen nicht nur bei der Planung neuer Aktivitäten, sondern auch bei der Fortsetzung bereits begonnener Aktivitäten berücksichtigt werden. Diese Notwendigkeit, wirtschaftliche Entwicklung mit dem Schutz der Umwelt in Einklang zu bringen, wird durch das Konzept der nachhaltigen Entwicklung adäquat zum Ausdruck gebracht.«

1998 erhob die Slowakei erneut Klage wegen behaupteter Nichtbefolgung der 1997 Entscheidung durch Ungarn.

Der Krabben-Schildkröten-Streit vor der WTO

Die Frage, ob einseitige Naturschutzmaßnahmen GATT-widrige nicht-tarifäre Handelshemmnisse sind, war Gegenstand des Krabben-Schildkröten-Streits vor der WTO (1998), der sogar zu einer Berufungsentscheidung führte. Darin hat das WTO-Berufungsgremium eine Frage, die in ähnlicher Konstellation bereits dem bekannten Thunfisch-Delphin Panels zugrunde lag, wesentlich differenzierter beantwortet.

Ausgangspunkt des Verfahrens war die US-amerikanische Artenschutzgesetzgebung, der *Endangered Species Act* aus 1973, welche von Krabbenfangschiffen verlangte, daß sie eigene Vorrichtungen verwendeten, um das Fangen von Schildkröten zu verhindern (sogenannte TEDs »turtle excluder devices«) im Zusammenhang mit Einfuhrrestriktionen, wonach Krabben im wesentlichen nur dann in die USA importiert werden durften, wenn sie in einer Art und Weise gefangen wurden, die nach amerikanischem Recht erlaubt war. Dies ergab nicht nur eine mengenmäßige Einfuhrbeschränkung, sondern im Ergebnis auch eine extraterritoriale Anwendung amerikanischer Naturschutzvorschriften.

Im Ergebnis bestätigte das Berufungsgremium zwar, daß es sich dabei um eine Verletzung von Art XI:1 GATT handelte, die nicht durch Art XX(g) zu rechtfertigen war. Allerdings hielt es fest, daß Krabben als »verbrauchbare natürliche Ressource« (»exhaustible natural resource«) im Sinne von Art XX(g) GATT angesehen werden können und daß es eine ausreichende Nahebeziehung zwischen der betroffenen bedrohten Meerestierart und den USA gab, um eine prinzipielle zumindest provisorische Berechtigung zum Setzen von Schutzmaßnahmen zu rechtfertigen (Appellate Body Report: Absatz 133).

Dieses Ergebnis wird ganz wesentlich unter Berufung auf den Grundsatz der nachhaltigen Entwicklung erzielt. Denn in den Augen des Berufungsgremiums ist Art XX(g) »im Lichte gegenwärtiger Bedenken der Staatengemeinschaft hinsichtlich des Schutzes und der Bewahrung der Umwelt zu interpretieren« (Appellate Body Report: Absatz 129).

Daß die amerikanischen Maßnahmen im konkreten Fall dennoch GATT-widrig waren, ergab sich vor allem aus der Tatsache, daß die USA einen einseitigen Importstopp verhängten, der auf das Setzen im wesentlichen gleichartiger Schutzmaßnahmen durch andere Staaten abzielte. Dadurch wurden die an sich rechtfertigbaren Maßnahmen unverhältnismäßig und GATT-widrig.

Ergebnis

Wenngleich immer wieder der Mangel an Synchronität bei der Entwicklung von umwelt- und entwicklungsrechtlichen Instrumentarien und Prinzipien beklagt wird, insbesondere, daß in den letzten Jahren im Umweltrecht wesentlich mehr Fortschritt erzielt wurde, darf nicht übersehen werden, daß das Konzept der nachhaltigen Entwicklung ständig an Einfluß und Rückhalt im Völkerrecht gewinnt.

Nach den jüngsten richterlichen bzw. quasi-richterlichen internationalen Entscheidungen scheint jedenfalls so etwas wie ein bereits in der Rio-Deklaration angekündigtes »Rechtsgebiet der nachhaltigen Entwicklung«[4] an Konturen zu gewinnen.

Literatur

Agenda 21: www.oneworldweb.de/agenda21

Appellate Body Report: WT/DS 58/AB/R, Absatz 129 und 133

Committee *Report on Sustainable Development*, ILA Report of the 67th Conference 1996: 280

Esty, D. (1994): *Greening the GATT. Trade, Environment and the Future.* Washington D.C.

ICJ (International Court of Justice) Reports 1997: 7

ILM (International Legal Materials) 1972: Band 11, 1416

ILM (International Legal Materials) 1992: Band 31, 876

Sands, Ph., ed., (1993): *Greening International Law.* London

WCED (World Commission on Environment and Development) (1987): *Our Common Future.* Oxford

[1] Diese vermeinten im Titel »Charta für die Erde« eine zu stark zum Ausdruck kommende Umweltlastigkeit zu erblicken.

[2] Dieses im Rahmen des Nord-Süd-Konflikts besonders umstrittene »Recht« fand in abgeschwächter Form Eingang in die Deklaration, wonach das Recht auf Entwicklung in einer Weise zu erfüllen sei, welche die Entwicklungs- und Umweltbedürfnisse gegenwärtiger und zukünftiger Generationen berücksichtigt. Darüber hinaus haben die USA in einer interpretativen Erklärung zu Prinzip 3 klargelegt, daß sie einen durchsetzbaren Rechtsanspruch von Entwicklungsländern auf Entwicklung ablehnen.

[3] Keinen ausdrücklichen Verweis auf nachhaltige Entwicklung findet man hingegen in den WTO Abkommen über GATS, TRIMs und TRIPs.

[4] Principle 27: »States and people shall cooperate in good faith and in a spirit of partnership in the fulfilment of the principles embodied in this declaration and in the further development of *international law in the field of sustainable development.*« (Hervorhebung durch den Autor)

III.
Akteure und Handlungsstrategien
im lateinamerikanischen Neoliberalismus

Clarita Müller-Plantenberg
Kleinbäuerliche Produktionsweisen: Vertreibung, Anpassung und Widerstand gegen die Weltmarktproduktion

Thesen zur Nachhaltigkeit unseres Konsums

Die großen Agrarrevolutionen dieses Jahrhunderts gingen in Lateinamerika von den Bauern Mexikos (1910) und Boliviens (1952) aus. Daher kreisen die wissenschaftlichen Arbeiten und Debatten zur kleinbäuerlichen Wirtschaft um die politische und wirtschaftliche Macht, die die Bauern im Staat darstellten (Roger Bartra 1977) und um die politischen Strategien zur Neutralisierung ihrer Macht durch Kooptation im Rahmen populistischer Regierungsstrategien. Ein Beispiel hierfür ist die Politik der Frei Regierung in Chile von 1964-70 im Rahmen der Allianz für den Fortschritt, die 1961 kurz nach der kubanischen Revolution durch den nordamerikanischen Präsidenten J.F. Kennedy proklamiert wurde. Einen weiteren andersartigen Versuch der Befriedung der Kleinbauern stellte etwas später die Spaltung in Klein- und Mittelbauern dar, die im Rahmen des Weltbank-Programms zur Integrierten Ländlichen Entwicklung (DRI) vollzogen wurde (Müller-Plantenberg 1983).

Theoretische Fragestellungen an die Entwicklung der Bauern in Rußland – wie die Tschajanovs – richteten sich auf die Anpassungsfähigkeit bäuerlicher Familien mit im Laufe der Zeit wechselndem Umfang im Raum bei stagnierender technischer Entwicklung auf dem Land (Tschajanov 1987).

Mariategui arbeitete in Perú in den 20er Jahren die Potentiale der indigenen andinen Produktionsweise heraus und erklärte deren Anpassungsfähigkeit mit den gemeinsamen indigenen Traditionen, Werten und Territorien (Mariategui 1995).

Schwerpunkt der 60er bis 80er Jahre war die Durchsetzung kapitalistischer Arbeitsverhältnisse auf dem Lande, eine kurz- bzw. mittelfristig steigende Effizienz der Produktion durch technologische Entwicklung (Maschinisierung, Düngemittel und Pestizide) bei gleichzeitiger Freisetzung von Arbeitskräften und Beibehaltung - zum Teil sogar Steigerung - der Konzentration des Landbesitzes. Damit einher ging:

• Der Verlust kleinbäuerlicher Unabhängigkeit und ein zunehmender Zwang, in die Abhängigkeit von Multinationalen Konzernen zu geraten und lediglich zum Zulieferer zu werden;

- Die Herausbildung kapitalistischer Märkte und Schwächung indigener Gemeinschaften, die gezwungen wurden, ihre Wirtschaften auch auf die Absatzmärkte zu beziehen, um die erforderlichen Einnahmen für Gesundheitsdienst und Schulbücher erwirtschaften zu können;
- Die Weltmarktproduktion, in Form von großen kapitalistischen Bergbau- und Energie- sowie Infrasturkturprojekten, überlagert die kleinbäuerlichen und indigenen Produktionsweisen und führt in zunehmendem Maße zu Vertreibung, Anpassung und Widerstand (ONIC, CECOIN, GhK 1995).

In den 90er Jahren:

- Es entsteht eine breite Schicht Landloser, die sich in Brasilien sogar landesweit organisieren, die die nicht-erfolgte Agrarreform praktisch ansatzweise bei Landbesetzungen umsetzen und weitergehend einfordern. Sie klagen eine Abkehr von neoliberaler Wirtschaftspolitik ein (Houtart/Polet 1999);
- Die Indianerbewegungen nicht nur des Hochlandes, sondern auch des Amazonas- und Orinoko-Tieflandes haben sich auf allen Ebenen gegen den immer weiter ins Innere des Kontinents vordringenden kapitalistischen Ressourcenraubbau organisiert. Sie sind dabei, ihre Territorien rechtlich anerkennen zu lassen und Bewirtschaftungspläne für sie zu erstellen (vgl. Anhang 1a und 1b);
- Der in kleinbäuerlichen und indigenen Produktionsweisen vorhandene Naturbezug und die entsprechende relativ kenntnisreiche Bewirtschaftung der Region wird durch die räumliche und zeitliche Intervention von außen in ganzen Regionen zerstört mit dem Resultat, daß die Bevölkerung abwandert und ökologisch sensible Regionen bzw. Wassereinzugsgebiete zum Teil irreversibel erodieren und verwüstet werden (vgl. Anhang 2a und 2b).

Es steht also nicht allein die Macht der kleinbäuerlichen Wirtschaft im Staat und ihr politisches Potential im Verhältnis zum Machterhalt der Herrschenden prioritär im Vordergrund. Wir stellen vielmehr fest, daß es heute nicht die Kleinbauern allein sind und sein können, die die Macht nationaler und internationaler Interessen an ihren Ressourcen in Frage stellen.

Das wissenschaftliche Interesse am Thema der Kleinbauern in der aktuellen Entwicklung muß zunächst von der Frage ausgehen, was wir heute unter der kleinbäuerlichen Produktionsweise zu verstehen haben? Im Anschluß fragen wir nach den Prozessen im Rahmen der Globalisierung, die sie zerstören und schließlich danach, was Konsequenzen der gewaltsamen Loslösung kleinbäuerlicher und indigener Produktionsweisen von der räumlichen und zeitlichen Bindung an die natürlichen Bedingungen sind. Wird ihre Orientierung an jahreszeitlich bedingten Rhythmen im Zuge der Globalisierung schwächer? Werden sie gezwungen, ihre Bewirtschaftung der Artenvielfalt einzuschränken? Was bedeutet das für die Zukunft der Regionen und wie sehen die daraus folgenden sozialen und ökologischen Konsequenzen für regionale Ökosysteme aus?

Das Erkenntnisinteresse:
Entwicklungsperspektiven nachhaltigen Wirtschaftens

Indianische und kleinbäuerliche Produktionsweisen

Analyse

Wenn wir den Begriff der kleinbäuerlichen Wirtschaft weit fassen, so umschließt er sowohl indigene als auch nicht-indigene Produktionsweisen in Regionen verschiedener Böden, Gewässer, Flora, Fauna und Klimazonen. Wir können diese kleinbäuerlichen Wirtschaften dann unterscheiden je nach Naturbezug, d.h. dem Grad ihrer raum-zeitlichen Anpassung:

- an die jahreszeitlichen Rhythmen und die jeweilige Flora und Fauna. Dieser Anpassungsprozeß kann in einem Wirtschaftskalender dargestellt werden, in dem die Tätigkeiten angepaßt an die klimatischen Bedingungen im Jahreszyklus erscheinen;
- durch die Vielfalt der Tätigkeiten der räumlichen Anpassung an die vorhandene biologische Diversität. Diese Tätigkeiten können kartiert werden auf dem Hintergrund der vorhandenen Böden, Flora und Fauna.

Wie stark ist diese Anpassung verankert in der gemeinsamen Verwaltung des Territoriums, der Arbeitsteilung, Produktivkraftentwicklung und Surplusverteilung (vgl. Anhang 2a, b), und wie weit drückt sie sich darüber hinaus in Werten aus, die religiös verankert sind und deren Einhaltung aktiv überwacht wird (vgl. Anhang 2c)? Dies ist für uns ein Zeichen für den Erhalt bzw. die Neuverankerung überkommener kultureller Charakteristika der kleinbäuerlichen Wirtschaftsweise, bei der zu unterscheiden ist zwischen:

- Rückeroberung kultureller Werte und Praktiken;
- Festigung kultureller Werte;
- Übernahme kultureller Werte von anderen Kulturen;
- Erarbeitung neuer kultureller Elemente (Santa Cruz et al. 1995).

Methoden

Die naturverbundenen Strukturen indigener Produktionsweisen erschließen sich über die Sprache, die Kosmologie und das indigene Wissen, um die vorhandene Artenvielfalt, die Lebenszyklen, Boden- und Wasserbeschaffenheit sowie klimatische Bedingungen. Die Beziehung zur Natur ist eine Subjekt-Subjekt-Beziehung, die zeit-räumlich den höchstmöglichen Grad der Anpassung über die Vermittlung des religiösen Führers sucht (Reichel-Dolmatoff 1976). Hierbei können eine Reihe unterschiedlicher Tätigkeiten kombiniert werden: Fischen, Jagen, Sammeln und Anbau.

Kleinbäuerliche Produktionsweisen haben wiederholt Anpassungsprozesse durchführen müssen, sei es, daß sie vertrieben wurden, sich in einem neuen Ökosystem zurecht finden mußten, sei es, daß sie gezwungen waren, neue Arbeitsverhältnisse und -techniken zu übernehmen und dabei ihre Eigenständigkeit einzubüßen. So gehören zu den Lernprozessen der Bauern aus dem Nordosten Brasiliens, die in den Wald getrieben wurden und die die Ratschläge von oben ausschlugen, daß es sich lohnt, von den Waldressourcen zu leben, vor Ort weiterzuverarbeiten, mehrere Tätigkeiten zu kombinieren und gewisse Tätigkeiten – z.B. die Jagd oder das Fischen - gemeinschaftlich durchzuführen. Sie erfuhren, daß sie sich durch Bankkredite in Abhängigkeit brachten aber – so sie den Lernprozessen im Wald Raum schenkten – besser daran taten, wenn ein Familienmitglied in der Anfangszeit Lohnarbeit suchte, da letztlich ein begrenzter Bargeldbedarf vorhanden war und die eigene Vermarktung der Produktion von lokalen Produkten nicht reibungslos die erforderliche Rückzahlung garantierten, da Nachfrage auf lokalen Märkten zum Teil fehlte und die Preise auf internationalen Märkten schwankten (Müller-Plantenberg 1989). Um ihrer neuen Lebensweise Ausdruck zu verleihen, haben Kleinbauern wiederholt gemeinsame Landstatute verfaßt, in denen die Lehren zusammengefaßt waren: Erhalt der Unabhängigkeit gegenüber Großgrundbesitz bzw. Bergbautätigkeit durch eine Wahrung der eigenen Lebensmittelversorgung. Gleichzeitig aber auch die Verfassung von gemeinschaftlichen Übereinkommen in bezug auf die Vermarktung, den Walderhalt und die neuen Tätigkeiten im Wald.

Instrumente

Die eigenen Entwicklungspotentiale der kleinbäuerlichen mehr oder weniger vielfältigen Produktionsweise liegen in der Planung die vorhandene Biodiversität zu nutzen, in der Anwendung und Weiterentwicklung eigener Technologien, die sich durch ihren hohen Grad der Anpassung an das Ökosystem kennzeichnen lassen (z.B. Fischfangtechnologien am Oberen Rio Negro, Ribeiro/Kenhiri 1986), in der Beibehaltung und bewußten gemeinsamen Planung des gemeinschaftlichen Eigentums an Land (zumindest im Falle indigener Produktion) sowie in einer Organisation, die dies alles zulässt.

154

Internationales »soft law« stellt Instrumente zur Umsetzung der kleinbäuerlichen und indigenen Interessen zur Verfügung:

In der Erklärung von Rio de Janeiro ist das Recht auf Entwicklung festgeschrieben, was Kleinbauern, die durch Großprojekte aus ihren Regionen vertrieben werden sollen, im Prinzip Rückendeckung geben sollte. Die Agenda 21 enthält in ihrem Kapitel 26 Empfehlungen für den Schutz indigener Produktionsweisen.

Die intellektuellen Eigentumsrechte indigener Völker wurden in der Biodiversitätskonvention der Internationalen Konferenz für Umwelt und Entwicklung 1992 erwähnt, allerdings haben die indigenen Organisationen jetzt damit zu tun, ihre Vorstellung kollektiver Eigentumsrechte umzusetzen.

Territoriale Rechte indigener Völker wurden in der Konvention 169 der ILO (International Labour Organisation) von 1989 festgeschrieben und bereits von vielen Ländern realisiert.

Traditionelle indigene Gewohnheitsrechte werden inzwischen wieder wahrgenommen und in besonderem Zusammenhang auch mit dem Management der Ressourcen gesehen. Ihnen wird daher eine Rolle eingeräumt, die zunehmend Beachtung findet.

Daß intakte Regionen schließlich nicht ohne geplanten Schutz ihrer nachhaltigen Nutzer auskommen ist eine Einsicht, die noch keinen Niederschlag in Konventionen und Gesetzen fand. In dem Maße jedoch wie die nachhaltigen Nutzer ihre Bewirtschaftungsplanung offen legen, führt kein Weg daran vorbei, daß die Nachhaltigkeit nur über sie zu erreichen ist.

Konzentration und Überlagerung –
Vertreibung, Anpassung und Widerstand.
Entwicklungsperspektiven im Zeitalter der Globalisierung
des wilden Kapitalismus

Analyse

Die Konzentration des Landeigentums im Agrarsektor ist in Lateinamerika kolonialen Ursprungs. Die Abhängigkeit indigener Gemeinschaften von den spanischen und portugiesischen Großgrundbesitzern führte oft genug zum Verlust ihrer kulturellen Eigenständigkeit bzw. zu ihrer Auflösung. Arme Spanier und Portugiesen bzw. Personen, die ursprünglich indigenen Gesellschaften angehörten, bilden die Kleinbauernschaft, die oft genug auf schlechterem Land zu schlechteren Bedingungen wirtschaftet.

Nach der Kapitalisierung der Arbeitsverhältnisse in der Zeit nach dem zweiten Weltkrieg und nach der zunehmenden Einbeziehung der Landbevölkerung in den städtischen Markt setzt eine zunehmende Deregulierung der

Handelsbeziehungen ein. Die Länder senken die Zollschranken, der Weltmarkt diktiert die Konkurrenzbedingungen grenzübergreifend.

Als könnten Raum und Zeit beliebig komprimiert werden, jagt das internationale Kapital um den Globus, auf der Suche nach Anlagemöglichkeiten, die durchgeführt werden, wenn die Faktorkosten niedrig sind und Ressourcen genutzt werden können. Das Interesse gilt einem schnellen Profit. Die Beachtung natürlicher Rhythmen und räumlicher Differenzen wird hintangestellt, Lebensbedingungen auf dem Land und in den Gewässern werden insofern nicht beachtet, als man meint, sie nicht kurzfristig in bezug auf das Projekt beachten zu müssen. Die Zerstörung und Behinderung der Lebensbedingungen auf dem Land und in den Gewässern schädigt jedoch zuvor existierende Produktionsweisen. Diese Konsequenzen werden allzu oft von den *global players* als externalisierbare Kosten wahrgenommen.

Hier muss notwendigerweise eine systematische Untersuchung der konfligierenden Nutzungsinteressen sowie der je spezifischen Interessen an alternativen Strategien einsetzen:

Die historisch nach der Eroberung entstandene Konzentration von Eigentum (siehe oben) schafft einen permanenten Bevölkerungsdruck, der sich in den Amazonasländern auf die Invasion des tropischen Regenwaldes auswirkte, die gleichsam ein Ventil für den Bevölkerungsdruck darstellte. Beispiele hierfür sind die Kolonisationsprogramme der jeweiligen Landesregierungen im Amazonasgebiet: in Ecuador 1966 über das IERAC, in Brasilien 1970 über das INCRA entlang der Transamazónica-Straße und ab 1982 entlang der BR 364 Cuiabá-PortoVelho-Straße, in Perú mit dem Bau der Straße entlang des Perené nach Satipo etc. Eine Agrarreform wäre die Voraussetzung für eine Unterbindung der Invasion großer Gruppen von Kleinbauern in den Regenwald. Sie ist für die labilen Ökosysteme zerstörerisch und für die Familien existentiell bedrohlich. Der Staat als potentiell regelnde Instanz besitzt nur eine indirekte Rolle, wo es um Fragen des Landbesitzes geht. Eine hohe Konzentration des Landbesitzes, die derartige Migrationsprozesse fördert, steht nachhaltiger Agrarpolitik im Wege.

Die Überlagerung von kleinbäuerlichen Nutzerinteressen durch das Anlegen von Baum-, Zuckerrohr-, Soja- u.a. Exportproduktplantagen – nicht zuletzt auch durch Verschuldung und Verfall der Rohstoffpreise motiviert – führt zu einer Vertreibung von Kleinbauern, Fischern und anderen kleinen und mittleren Produzenten auf Grund der Überlagerung der Räume. Die Plantagen sind weniger arbeitsintensiv, weshalb diese Regionen auch nach der Anlage der Plantagen zu Nettoexporteuren von Arbeitskräften werden. Im übrigen verdrängt die Exportproduktion in der Regel die Nahrungsmittelproduktion in den jeweiligen Regionen, wodurch diese auch von Nahrungsmittelimporten abhängig werden – soweit sie für die verbleibende Bevölkerung erschwinglich sind. Der Staat kann hier als regelnde Instanz eingreifen und nachhaltige Projekte fördern.

Weltweit

Die weltweite Expansion von Baumplantagen für die spätere Herstellung von Zellulose und Papier können wir nach neueren Statistiken übersehen, die entsprechende Verdrängung von Kleinbauern wurde nicht einmal registriert.

Es ist auch die Zeit der weltweiten Expansion von Öl- und Kokospalmenplantagen, von riesigen mit Zuckerrohr bepflanzten Flächen für Biosprit auf Kosten von kleinbäuerlicher Nahrungsmittelproduktion, Soja für Futtermittel in Europa.

Ein weiterer Schub der Polarisierung des Landbesitzes setzt ein. Das vielzitierte, scheinbar passive, resignative Zitat eines nordamerikanischen Indianers »Erst wenn der letzte Indianer verschwindet werdet ihr begreifen, daß man Geld nicht essen kann!« gewinnt immer mehr an Realität und Bedrohlichkeit angesichts des Ernstes der Lage:

Mit der Ausbreitung der monokulturellen Exportwirtschaft geht die regionale Nahrungsmittelproduktion zurück. Mit der Steigerung des Rohstoffexportes versuchen die Länder ihrer Verschuldungskrise Herr zu werden.

Überall können wir dasselbe Muster verfolgen: Vielfältig produzierende Kleinbauern werden von Monokulturen für die Herstellung von Kokosöl und Seife, für die Herstellung von Soja als Futtermittelexport, für Biosprit und für andere in immer größeren Mengen auf dem Weltmarkt nachgefragte Güter verdrängt.

Carajas

Aus der Perspektive der kleinbäuerlichen Familien im Bundesstaat Maranhão im brasilianischen Carajasgebiet, das ursprünglich weitgehend mit tropischem Regenwald bedeckt war, sieht das folgendermaßen aus:

Sie mußten zusehen wie die Firma CELMAR (85 Prozent CVRD, 15 Prozent Nissho Iwai) bis zum Jahre 1999 27 000 Hektar Eukalyptusplantagen angepflanzt hat. Darüber hinaus plant die Firma insgesamt 80 000 Hektar Eukalyptusplantagen auf dem Gebiet des primären tropischen Regenwaldes zu pflanzen, um eine Zelluloseproduktion überwiegend für den Export an dem Standort aufnehmen zu können.

Ihnen wurde auch bekannt, nachdem sie im Carajasgebiet Arbeitsgruppen zu den Großprojekten gebildet hatten, dass bereits 62 000 Hektar Soja gepflanzt wurden und damit jährlich 135 120 Tonnen im wesentlichen für den Futtermittelexport geerntet wurden. Das bedeutet, daß die Produktion von Nahrungsmitteln für die regionale Bevölkerung zu Gunsten der Exportproduktion abnahm.

Die neuen Unternehmen wurden staatlich unterstützt obwohl sie keine zusätzlichen Arbeitsstellen schufen, im Gegenteil, sie trugen zum Export der Arbeitskräfte aus Maranhão bei, die jetzt vorwiegend in Roraima zu finden sind. Auch polarisierten sie die Landverteilung noch mehr als dies ohnehin schon zuvor der Fall war (Forum Carajas 1999).

Die Überlagerung von Nutzerinteressen durch großangelegte Energie- und Bergbauprojekte führt sowohl zu einer Expulsion von Kleinbauern, Fischern und anderen kleinen und mittleren Produzenten zunächst auf Grund der Überlagerung der Räume und dann in der Regel auch zur Attraktion von arbeitsuchenden Landlosen. Es hat also nicht nur einmalige Auswirkungen sondern löst eine ganze Auswirkungskette aus:

Ölvorkommen in Ecuador führen nicht nur zur Vergiftung der Gewässer, zu beispielsweise Krebserkrankungen und genetischen Schäden der nächsten Generation von Indianern und Bauern. Sie ziehen auch kleinbäuerliche Migranten aus dem Hochland an, die auf Landsuche sind. Dadurch entsteht eine Auswirkungskette, die die Zerstörung des Waldes und seiner der Völker vorantreibt.

Vielfältig produzierende Schwarzengemeinschaften am Trombetas in Brasilien mussten dem Bauxitabbau weichen, der dort seit 1979 von der Mineração Rio Norte (zur Hälfte ausländisches Kapital) betrieben wird. Ihr Ziel ist es nun, das Land, das ihnen nach der Verfassung zusteht, demarkiert zu bekommen.

Das Eisenerz-Projekt (Mine, Eisenbahn und Hafen) zieht Indianervölker Sammler und Kleinbauern in Mitleidenschaft.

Die Goldsuche – angefacht durch steigende Goldpreise – zerstört Indianerterritorien unter anderem in Brasilien und verunreinigt die Flüsse, so daß die Fische ungenießbar werden. In Stauseen akkumuliert sich Methyl-Quecksilber, das zu überhöhten Konzentrationen in Fischen führt, über die es auch in die menschliche Nahrungskette gelangt.

Weitere Überlagerungen kleinbäuerlicher und indianischer Produktion sind Auswirkungen von Infrastruktur-Megaprojekten für die Inwertsetzung des Multinationalen Kapitals: z.B. durch Öl- und Gaspipelines. Im Bau ist eine Pipeline von Urucu nach Manaus und darüber hinaus ist eine Pipeline geplant von Urucu nach Porto Velho. Von Porto Velho soll die Energie über Rio Branco durch Bolivien nach Perú geleitet werden. Auch der geplante großangelegte Ausbau der Wasserwege durch das brasilianisch-argentinische Hydrovia-Projekt geschieht bisher weitgehend ohne Einbeziehung der kleinen Produzenten auf dem Lande.

Großprojekte im Energiesektor sind nicht minder feindlich gegenüber Kleinbauern. Allein der Sobradinho-Stausee am São Francisco-Fluß des brasilianischen Nordostens breitete sich auf etwa 4000 km^2 aus, vertrieb 70 000

Personen, vor allem kleinbäuerliche Familien. Der Tucurui-Stausee im Norden Brasiliens auf tropischem Regenwald maß über 2430 km^2 und zerstörte nicht nur Natur sondern auch menschliche Existenzen. Etwa 30 000 Personen mußten vor den Fluten fliehen, Kleinbauern, Indianer, Sammler – alle kleine ländliche Produzenten.

Wenn wir über die Ausdehnung der Wüsten und das Verschwinden der Wälder hören, dann sind dies die Auswirkungen kurzfristigen Gewinnstrebens, das die zukünftigen Generationen nicht im Blick hat und die Nachhaltigkeit kleinbäuerlicher Produktionsweisen oft irreversibel zerstört.

An der Jahrtausendwende beobachten wir einen Prozeß der Zerstörung regionaler Ökosysteme, die zu sozialer Destabilisierung führt. So die Region des Sinútales im Norden Kolumbiens nach dem Bau des Urrá I -Staudammes:

Dieser Staudamm über den Sinúfluß in Córdoba ist ein Beispiel für ein Projekt, durch das gleich viele Gruppen kleiner ländlicher Produzenten geschädigt bzw. ihrer Lebensgrundlage beraubt werden.

Sobald sie merkten, dass der Dammbau ihren Fischbestand drastisch verringerte, organisierten sich die Fischer- und Kleinbauerngemeinschaften am unteren Sinú und begannen – ebenso wie die Indianervölker am Oberlauf - Widerstand zu leisten. Sie reichten Schutzgesuche ein, die zu Verfassungsgerichtsurteilen führten, durch die die Flutung vor der gemeinsamen Erarbeitung eines Entschädigungsplanes untersagt wurde. Bis heute leisten sie trotz widerrechtlicher Flutung Ende 1999 Widerstand mit internationaler Unterstützung von UNO-Organisationen, Umwelt- und Menschenrechtsorganisationen weltweit, fordern ein Stop der Flutung und die Respektierung ihrer Rechte.

Exemplarisch können wir auch an diesem Beispiel erkennen, daß Staat und Unternehmen auf der einen Seite und kleine Produzenten auf der anderen Seite unterschiedlich agieren.

Der Umweltminister, der mit der Resolution 0838 am 5.10.1999 die Lizenz zur Flutung gegeben hat, war im wesentlichen an der Erfüllung seiner partiellen Aufgabe, der Erfüllung der rechtlichen Entschädigungsauflagen, interessiert. Die Lizenzvergabe erfolgte, obwohl weder die Akteure, noch der zeitliche Ablauf geschweige denn die Finanzierung des Entschädigungsprozesses gesichert wurden. Am 15.11.1999 wurde die Flutung autorisiert, nachdem die Einsprüche gesichtet worden waren. Keinerlei staatliche Vorkehrungen, von denen zuvor die Rede war, wurden durchgeführt.

Die hierfür erforderliche Planung wurde im Zusammenhang mit vier Plänen diskutiert: dem Bewirtschaftungsplan des Wassereinzugsgebietes, dem Entwicklungsplan des Departments, dem Raumordnungsplan und dem Fischerei-Ordnungsplan.

Die staatlichen Stellen wehrten sich gegen den von den Gemeinschaften und ihren Organisationen geforderten Entschädigungsplan für das Sinú-Wassereinzugsgebiet, der partizipativ und ganzheitlich zu erarbeiten sei. Sie wehrten sich außerdem gegen die Hinterfragung einseitiger Fischereistudien, sowie gegen den Vorwurf der zu geringen Transparenz und fehlender Festlegung von konkreten Verantwortlichkeiten in dem Prozeß. Der Prozeß ökologischer und sozialer Destabilisierung im Sinútal erregt internationale Aufmerksamkeit von Menschenrechts- und Umweltgruppen über auswärtige Staaten und Staatenbündnisse (Schwedisches und Europäisches Parlament) bis hin zu internationalen Organisationen wie der Internationalen Arbeitsorganisation und dem Hochkommissariat für Flüchtlingsfragen der UNO.

Methoden

Die Organisationen indigener Völker haben ihre Programme. Die Sicherung des Territoriums steht oben auf der Liste der Forderungen, die Respektierung der Rechte und Kultur, d.h. die Durchführung einer zweisprachigen Erziehung sind weitere Punkte.

Auch die Landlosen haben sich organisiert in Brasilien, wehren sich gegen ihre Marginalisierung und agieren in Richtung auf eine Realisierung der Agrarreform, um Lebensbedingungen für ihre Mitglieder zu schaffen (siehe den Beitrag von *Carlos Winckler*).

Die Grenzen der Marginalisierung von Bauern und Indigenen werden deutlich in der Demokratiebewegung in Mexico und in dem Aufstand in Chiapas für die Rechte der indigenen Minderheit.

Instrumente

Instrumente sind nötig um die Organisationen zu befähigen, ihre Rechte einzufordern. Daher werden vielerorts schon Lehrgänge über die eigenen Rechte durchgeführt. Weiterhin benötigen die Organisationen eine Ausbildung bezüglich der Problematik der Großprojekte: was ist ihr technischer Hintergrund, was sind die historischen Erfahrungen mit derartigen Projekten, welche Auswirkungen sind aus diesen Gründen zu erwarten?

Vorhuterfahrungen in bezug auf eine emanzipierte Beteiligung in Umweltverträglichkeitsprüfungen und regionalen Planungsprozessen sind Gold wert. Hier können indigene Organisationen von den Verhandlungen lernen, die kanadische Inuit mit Firmen und Staat aufgenommen haben. Sogar ein »Code of Conduct« des Umgangs miteinander haben sie entwickelt, um zu sichern, daß von gleich zu gleich verhandelt werden würde.

Internationale Instrumente: Richtlinien nachhaltiger Politik

Repräsentative internationale Studien zur Lage der Kleinbauern, bzw. kleinen ländlichen Produzenten und ihrer Beziehung zur Ressourcenbasis in Zeiten der Globalisierung zeigen, wie stark die kurzfristige Logik des internationalen

Großkapitals den Richtlinien nachhaltiger Politik, die bereits seit Jahren propagiert wird, in der Praxis nach wie vor vehement entgegensteht:

Brundtland Report
»Eine verbesserte landwirtschaftliche Produktivität erfordert wissenschaftliche und technologische Fähigkeiten, ein System zur Ausdehnung von Technologie und andere Dienstleistungen für die Landwirte sowie eine wirtschaftlich orientierte Verwaltung der Landwirtschaft. In vielen Teilen Asiens hat sich gezeigt, daß in Kleinbetrieben neue Technologien Anwendung finden, sobald man Anreize und entsprechende finanzielle und infrastrukturelle Unterstützung gibt. Auch in Afrika fällt das beträchtliche Potential der Kleinbetriebe auf, und in den letzten Jahren wurden Erfolge beim Anbau von Nahrungsmitteln und einträglichen Feldfrüchten festgestellt. Aber Gebiete, die ökologisch benachteiligt sind, und Landbevölkerung mit wenig Landbesitz haben hier von den technologischen Fortschritten wenig profitiert. Dies wird weiterhin der Fall sein, falls die Regierungen nicht das Land und die Ressourcen neu verteilen und notwendige Unterstützung und Anreize geben.

Die landwirtschaftlichen Unterstützungssysteme ziehen zu wenig die besonderen Umstände der Subsistenz-Bauern und Züchter in Betracht. Subsistenz-Bauern können sich die hohen Baraufwendungen für moderne Technologie nicht leisten. Viele Bauern mit wechselndem Wohnsitz haben kein einwandfreies Besitzrecht auf das von ihnen genutzte Land. Sie bauen eine Vielfalt von Früchten an, um ihren Eigenbedarf zu decken, und können daher die Methoden nicht anwenden, die sich zu groß angelegtem Anbau einer einzigen Sorte eignen« (Brundtland Kommission 1987: Kap. Welternährung, Sicherung des Möglichen V/2).

Agenda 21
»Je mehr Kontrolle die Gemeinschaft über die Ressourcen hat, die ihre Lebensgrundlage bilden, desto größer ist der Anreiz für die Entwicklung der wirtschaftlichen und menschlichen Ressourcen. Gleichzeitig müssen die nationalen Regierungen das erforderliche politische Instrumentarium festlegen, um lang- und kurzfristige Bedürfnisse miteinander in Einklang zu bringen. Die Konzepte sind schwerpunktmäßig auf die Förderung der Eigenständigkeit und der Zusammenarbeit, die Bereitstellung von Informationen und die Unterstützung nutzeigener Organisationen ausgerichtet. Im Vordergrund sollen dabei Anbaupraktiken, die Festlegung von Vereinbarungen über Änderungen der Ressourcennutzung, die Rechte und Pflichten im Zusammenhang mit der Nutzung des Bodens, der Gewässer und der Wälder, das Funktionieren der Märkte, die Preise und der Zugang zu Informationen, Kapital und Produktionsmitteln stehen. Voraussetzungen hierfür wären eine entsprechende Ausbil-

dung und die Stärkung der personellen und institutionellen Kapazitäten zur Übernahme einer größeren Verantwortung im Rahmen der Bemühungen um eine nachhaltige Entwicklung.« (Handlungsgrundlage für die Gewährleistung der Beteiligung der Bevölkerung und Förderung der Entwicklung der menschlichen Ressourcen im Sinne einer nachhaltigen Entwicklung, Agenda 21, Kap. 14B mit entsprechend ausformulierten Zielen, Maßnahmen und Instrumenten zur Umsetzung)

Global Environmental Outlook
»So haben in der Kolonialzeit politische Systeme die Landnutzungsmuster in vielen Regionen verändert. Der Kolonisierungsprozeß hat natürliche Ressourcen für den Export ausgebeutet, große Monokulturen angelegt und ein großenteils ungenutztes Gebiet bewirtschaftet. Der Übergang von Kolonien zu neuen Staaten übertrug die Kontrolle des Landbesitzes den nationalen Autoritäten. Die neu etablierten Regierungen achteten oft mehr auf schnelle ökonomische Entwicklung als auf fairen und gerechten Zugang zu natürlichen Ressourcen für die Armen. Die Situation erinnerte an die frühe europäische Entwicklung, während der Großgrundbesitzer und Bürokratie die grundlegenden Rechte auf Land für Arme verweigerte, was zu katastrophalen Konsequenzen im 18. und 19. Jahrhundert in Westeuropa und im 20. Jahrhundert in Osteuropa führte. Ein weiterer beunruhigender Trend entsteht auf Grund der durch die Globalisierung hervorgerufenen Veränderungen wirtschaftlicher Macht und Entscheidungskompetenz. Auf nationaler Ebene waren die Regierungen die primären Mechanismen für die Verteidigung der Umweltgemeingüter und der sozialen Frage sowie für die Erhebung von Ressourcen über Besteuerung, die für diese Zwecke umverteilt wurden. Mit der Globalisierung und dem Wechsel vieler Aktivitäten auf die internationale Ebene verlieren die nationalen Regierungen an Einfluß. Multinationale Konzerne und institutionelle Investoren sind international zunehmend mächtig geworden. Obwohl ihre erste Priorität der Profit ist, nennen viele führende internationale Unternehmen und Banken ökologische und soziale Werte neben den wirtschaftlichen Werten als Prioritäten ihrer Unternehmen. Daher kommen die Nachhaltigkeitsinitiativen. Auch NROs haben an Einfluss gewonnen.« (UNEP: Global Environmental Outlook, Nairobi 2000, www.grida.no/GEO 2000)

Neue regionale und internationale Beziehungen und Bündnisse
Es entstehen neue regionale und internationale Beziehungen und Ansätze auf der Suche nach Regelungsmechanismen.

Neben den oben genannten internationalen UNO-Dokumenten schrieb die ILO indigene Rechte in den Konventionen 107 und später 169 fest (1957 und 1989). Dieses hat sich auch auf die Entwicklung nationaler Verfassungen und

Gesetzgebungen ausgewirkt. Indigene Rechte wurden – gleichsam im Gegenzug zu den Auswirkungen der Globalisierung – in den Verfassungen Panamas (1972), Guatemalas (1985), Nicaraguas (1987), Brasiliens (1988), Kolumbiens (1991), Paraguays (1992), Mexicos (1996 Reform von 1917), Perus (1993), Boliviens (1994), Ecuadors (1998) und Venezuelas (1999) auf unterschiedliche Weise seit den 70er Jahren verankert. Die indigenen Rechte wurden von der Verfassunggebenden Versammlung Venezuelas 1999 auf der Grundlage eines Kongresses der venezolanischen Indianer und auf der Basis von vielen Befragungen der Gemeinschaften in die neue venezolanische Verfassung eingearbeitet:

Zentrale Fragen, die in diesem Zusammenhang diskutiert wurden, sind unter anderem:

- der Erhalt der Raumbindung durch das Recht auf indigene Territorien;
- die Garantie der Beteiligung indigener Völker im Rahmen staatlicher Strukturen, nach Jahrhunderten des Ausschlusses von realer Beteiligung;
- die Schaffung einer indigenen politisch-territorialen Einteilung als Garantie für die Ausübung ihrer Rechte in ihren Territorien gemäß der Vorbilder anderer lateinamerikanischer Verfassungen (Kolumbien: *Entidades Territoriales Indígenas*; Ecuador: *Circunscripciones Indígenas*, Bolivien: *Entidades Territoriales de Base*)

Das Wesentliche an den Schriften internationaler Organisationen und ihrer teilweisen Umsetzung in Verfassungen und Gesetzen einzelner Länder ist, daß die häufige Nicht-Einhaltung von ökologischen und sozialen Zielen auf Länderebene nun international eingefordert werden kann und wird.

Der Bedeutungsverlust staatlicher Politik führt zur intensiven Suche nach neuen Regelungsmechanismen, die sich in einzelnen Ländern zunehmend an dem von der Agenda 21 vorgeschlagenen Prozeß der Nachhaltigkeit auf nationaler, gebietskörperschaftlicher und kommunaler Ebene ausrichten.

International können daher jene Akteure, die die Nachhaltigkeitsbestrebungen in einzelnen Regionen grenzübergreifend verfolgen, regionalen Zusammenschlüssen zuarbeiten, bzw. sie fördern. Die Voraussetzungen hierfür müssen auch wissenschaftlich erarbeitet werden.

Welche Nachhaltigkeit steht damit zur Debatte?

Weiterhin ist in der Regel bei der kleinbäuerlichen und indigenen Bevölkerung kein Planungsbegriff im Sinne der Nachhaltigkeit vorhanden sondern vielmehr eine Kosmovision, in der der Ursprung und Zukunftsvorstellungen begründet liegen, die jedoch im Sinne des Verständnisses der nationalen Gesellschaften die entscheidenden Parameter für einen »Nachhaltigkeitsbegriff« beinhaltet. Daher wird es für die gemeinsamen Planungsprozesse notwendig sein, daß die Organisationen die Vorstellungswelt »der anderen« verstehen lernen bevor sie mit ihnen konfrontiert sind und umgekehrt.

Was bedeutet das für die Zukunft der Regionen?

Die regionalen Nutzungskonflikte gefährden die Zukunft der Regionen, es sei denn eine gegenseitige Verständigung über die wirtschaftlichen, sozialen und kulturellen Rechte der Minderheiten und kleinbäuerlichen Nutzer sowie die Respektierung ihrer Kultur erlaubt es, gemeinsam über die regionale Planung zu beraten. Hierbei müssen der Erhalt des Naturbezugs in Raum und Zeit, die kulturelle und biologische Diversität und damit die Stabilität der Ökosysteme der Region beachtet werden.

Hiervon wird abhängen, ob die Regionen sich selbst ernähren können und ob selbstbestimmtes Leben und Arbeitsentwürfe Bestand haben können.

Die gesellschaftlichen Handlungsperspektiven der Globalisierung von unten

Da bisher wenig über die Möglichkeit koordinierter Handlungsperspektiven zur Verhinderung der sozioökologischen Erosion von immer mehr Regionen gearbeitet wurde, möchte ich abschließend einige Punkte für eine entsprechende partizipative Forschungsstrategie benennen. Ich möchte danach fragen, wie heute gesellschaftliche Handlungsstrategien zur Wahrung der wirtschaftlichen, sozialen und kulturellen Rechte der Völker und kleinen ländlichen Produzenten und ihrer Bewirtschaftungsweisen aussehen? Und weitergehend wäre unter Beteiligung der kleinbäuerlichen und indigenen Organisationen zu erforschen, welches die Rolle der Kleinbauern in einem strategischen gesellschaftlichen Bündnis für Nachhaltigkeit sein wird:

- über den Minderheitenschutz – bzw. bei den Menschenrechten kleinbäuerlicher Produzenten – über das Recht auf Ernährung und Entwicklung;
- über den Naturschutz nicht so sehr durch Flächenstilllegung sondern vorrangig selbstbestimmt in regionalen Bündnissen über die Stärkung schützender Nutzung mit angepaßten Formen der Technologieentwickung, Arbeitsteilung und Eigentumsverhältnissen;
- über die Herstellung eines nachhaltigen Produktzyklus im Bündnis mit aufgeklärten informierten Konsumenten, die nach den sozial und ökologisch nachhaltigen Produkten Ausschau halten. Hierfür wird eine wissenschaftliche Vorarbeit zu Produktlinien notwendig sein, um die Konsumenten über alle Etappen des Produktes, ihre jeweiligen ökologischen,

wirtschaftlichen und sozialen Charakteristika umfassend zu informieren;

- über die Herstellung von globalen Atmosphärenbündnissen (z.B. Klimabündnis), Bündnissen für die rationale Nutzung des Wassers, der Böden und der Energieformen, die eine Handlungsperspektive aus gemeinsamem langfristigen Lebensinteresse entwickeln;
- über die Herstellung von Bündnissen verschiedenster Art zum Erhalt biokultureller Diversität mit indigenen Organisationen, regionalen Zusammenschlüssen für nachhaltige Produktion etc. im Sinne einer Globalisierung von unten und der Herstellung einer weltumspannenden Zivilgesellschaft;
- über eine konsequente, konstruktive nach vorn weisende, nachhaltige Produktionsweise, eine diese begünstigende Technologiekritik und die zunehmende Erprobung alternativer Technologien, die soziale und ökologische Nachhaltigkeit berücksichtigen.

All dies kann im Sinne einer Globalisierung von unten und der Herstellung einer weltumspannenden Zivilgesellschaft auf den Weg gebracht werden. Sie wird die Kooperation der größtmöglichen Zahl von Organisationen und Personen benötigen, die mit diesen Lebenszielen einer globalen zivilen Gesellschaft übereinstimmen.

Literatur

Agenda 21 (1992): www.oneworldweb.de/agenda21

Brose, M. (1988): Vielfalt als Grundkonzept standortgerechten Landbaus in Zentralbrasilien. *Entwicklungsperspektiven* Nr. 32, GhK, FB 10, Kassel

Brundtland Kommission (1987): *Unsere Gemeinsame Zukunft*. Hg. V. Hauff, Greven

COICA, Koordination der Indianischen Organisationen des Amazonasbekkens (1989): Die COICA für die Zukunft Amazoniens. *Entwicklungsperspektiven* Nr. 38, GhK, FB10, Kassel 1989

Dandler, J./Hernandez P., J.R./Swepston, L. (1994): Rechte indigener Völker. Zur Konvention 169 der OIT. *Entwicklungsperspektiven* Nr. 50, GhK, FB 10, Kassel

Global Environmental Outlook (1999): *GEO 2000*, UNEP

Bartra, R. (1977): Und wenn die Bauern verschwinden. In: *Lateinamerika Jahrbuch 1, Überlegungen zur politischen Konjunktur in Mexico*, Berlin

Forum Carajas (1999): *Agricultura familiar e grandes projetos no Maranhão na década de 90, Resultados e perspectivas*. São Luis/Maranhão

GhK/ELNI, Hg. (o.J.): Wirtschaftliche, soziale und kulturelle Rechte indigener Völker, Prävention gegenüber sozialen und ökologischen Schäden der Ressourcenausbeutung. *Entwicklungsperspektiven* Nr. 59/60, GhK, FB 10, Kassel

Houtart, F./Polet, F., Coord., (1999): *L'Autre Davos, Mondialisation des résistances et des luttes*. Paris

Indigene Perspektiven – Eine Debatte der Organisationen indigener Völker des Amazonasbeckens (1996): *Entwicklungsperspektiven* Nr. 58, GhK, FB 10, Kassel

Kerr, W. E./Clement, Ch. (1988): Methoden der Pflanzenzüchtung bei den Indianern Amazoniens. In: *Projektgruppe Ökologie und Entwicklung: Amazonien - eine indianische Kluturlandschaft*, Kassel

Kerr, W. E./Posey, D. (1984): Informacões adicionais sobre a agricultura dos Kayapó. In: *Interciencia* No.9 (6), Caracas

Lohmann, L./Carrere, R. (1996): *Pulping the South*. London

Mariategui, J. C. (1995): *Siete ensayos de interpretación de la realidad peruana*. Ayacucho

Müller-Plantenberg, C. (1983): Strategien gegen die Armut. *Entwicklungsperspektiven*, Universität Gh Kassel

Müller-Plantenberg, C. (1989): Die andere Wirtschaftsweise. In: *Lateinamerika, Analysen und Berichte*, Münster, Hamburg

Müller-Plantenberg, C. (1995): Hidroelectricas en Territorios Indígenas. In: ONIC/ CECOIN/GhK, Eds.: *Tierra profanada*, Bogotá

ONIC/ CECOIN/GhK, eds.: *Tierra profanada. Grandes Proyectos en Territorios indígenas de Colombia*. Bogotá

Peters, S./Hildebrandt, M. (o. J.): Zerstörung ohne Entdeckung. Die Tradition der Nichtwahrnehmung angepaßter Nutzungsformen in Amazonien. *Entwicklungsperspektiven* Nr. 34, GhK, FB 10, Kassel.

Posey, D. (1988): Kayapo Natural Ressource management. In: Denslow, J./Padoch, Ch. (eds.): *People of the Tropical Rain Forest*, Washington.

Reichel-Dolmatoff, G. (1976): Cosmology as ecological analisis. In: *Man* II

Ribeiro, B./Kenhiri, T. (1986): Chuvas e constellações. In: *Ciencia Hoje*, Rio de Janeiro

Ribeiro, B./ Kenhiri, T. (1989): Die Desâna. Naturverbundenes Leben und Wirtschaften im tropischen Regenwald. *Entwicklungsperspektiven* Nr. 37, GhK, FB 10, Kassel

Roldán Ortega, R. (1994): *Consolidación de Tierras/Territorios Indígenas en* la Cuenca Amazónica, Diagnóstico y Plan de Atención a las Poblaciones Amazónicas de los Países Miembros. Tratado de Cooperación Amazónica, Ministerio de Relaciones Exteriores, Lima

Seul, H. (1988): Regenwaldnutzung ohne Zerstörung, Kautschuk- und Paranußextraktion im brasilianischen Regenwald. Entwicklungsperspektiven Nr. 33, GhK, FB 10, Kassel

Santa Cruz, M./Valencia, P./Castaño, L. (1995): La madre está desnuda. In: ONIC/GhK, eds.: Tierra Profanada, Grandes Proyectos en Territorios indígenas de Colombia, Bogotá

Treece, D. (1985): Bound in Misery and Iron. London

Tschajanov, Alexander (1987): Die Lehre von der bäuerlichen Wirtschaft. Berlin

Varese, S. (1987): Die amazonensischen Ethnien und die Zukunft der Region. Entwicklungsperspektiven Nr. 30, GhK, FB 10, Kassel

Wagner Berno de Almeida, A. (1998): Soziale Bewegungen und Staat im brasilianischen Amazonasgebiet. Entwicklungsperspektiven Nr. 62, GhK, FB 10, Kassel

Anhang 1a: Legale Anerkennung von indigenen Territorien in Amazonien nach Ländern und Bevölkerung

Land	Leg.anerk. Gebiete (has)	%	Bedachte Bevölkerung	%	Wartende Bevölkerung	%
Bolivien	2.532.500	2.43	23.990	15.25	133.326	84.75
Brasilien	71.870	68.91	131.481	80.10	32.659	19.90
Kolumbien	20.690.610	19.84	56.263	77.26	16.559	22.74
Ecuador	3.459.916	3.32	79.500*	58.15	57.226	41.85
Guyana	532.015 [1]	0.51	41.339[2]	73.43	14.955	26.57
Perú	3.901.103	3.74	133.536	62.10	81.464	37.90
Surinam	0	0	0	0	12.679	100.00
Venezuela	1.305.843	1.25	1.25	18.91	81.588	81.09
Insgesamt	104.292.972	100.00	100.00	53.03	430.456	46.97

Quelle: Roldán Ortega, Roque (1994)

[*] Diese Zahl entsteht wenn die durchschnittliche Personenzahl pro Familie mit sechs angenommen wird, der Land zuerkannt wurde.

[1] Diese Zahlen stützen sich auf sehr ungenaue offizielle Informationen. Es ist anzunehmen, daß einige, die mit legalisiert angegeben wurden noch nicht vermessen wurden. Daher sind die angegebenen Zahlen der übertragenen Ländereien und der bedachten Bevölkerung sehr zu hinterfragen.

[2] Die Zahl der bedachten Indianer bei den Landvergaben entsteht, wenn man einen Durchschnitt von sechs Personen pro Familie annimmt.

Anhang 1b: Indigene Bevölkerung Amazoniens im Kontext der nationalen Bevölkerung und der indigenen Bevölkerung des Landes

Land	Nationale Bev.	Nationale Indig. Bev.	%	Indig. Bevölk. Amazoniens	% [1]	% [2]
Bolivien	6.420.792	3.792	59.06	157.316	2.45	4.15
Brasilien	157.000.000	261.286	0.16	164.140	0.10	62.82
Kolumbien	35.886.280	576.920	1.61	72.822	0.20	12.62
Ecuador	9.684.189	2.500.000	26.00	136.726	1.42	5.47
Guyana	737.945	56.294	7.63	56.294	7.63	100.00
Perú	22.128.466	6.810.860	30.78	215.000	0.97	3.16
Surinam	380.000	12.679	3.33	12.679	3.33	100.00
Venezuela	20.497.000	315.915	1.54	100.614	0.49	31.86
Insgesamt	252.699.100	14.326.080	5.67	915.591	0.36	6.39

Quelle: Roldán Ortega, Roque (1994)

[1] Prozentsatz der indigenen amazonensischen Bevölkerung in bezug zu der nationalen Bevölkerung der Länder.

[2] Prozentsatz der indigenen amazonensischen Bevölkerung in bezug zu der indigenen Bevölkerung des Landes.

Anhang 2a: Verschiedene Produktionsweisen, die sich überlagern - Konfligierende Nutzungsinteressen und ihre Folgen: Entwaldung, Umweltbelastung der Flüsse sowie des Grundwassers und Erosion

Charakteristika der Produktionsweisen	Indigene Produktionsweisen	Überlagernde kapitalistische Produktionsweise
Eigentum an Produktionsmitteln	Gemeinschaftlich, verbunden mit verschiedenen Nutzungsrechten, die kulturell definiert sind	Individuell, privat
Produktionsverhältnisse (Arbeitsverhältnisse)	Arbeitsteilung nach Geschlecht und Alter	Klassenstrukturen
Produziertes Surplus	Für Tausch und für den Markt	Gewinne auf dem Markt mit dem Ziel der Kapitalakkumulation
Entwicklung der Produktivkräfte	Aufrechterhaltung der Biodiversität, Stärkung der Wirtschaft der Natur*	Förderung der Produktion für den Markt und Akkumulation

*Anhang 2b: *Stärkung der Wirtschaft der Natur beruht auf:*

1.der kenntnisreichen Aufrechterhaltung der Vielfalt und dem damit verbundenen Interesse einer vielfältigen Nutzung vor Ort;

2.bewußtem Austausch von Arten über die Beziehung zwischen Völkern u. Gruppen;

3.der Züchtung von Arten durch die ansässigen Völker, die nach verschiedensten Methoden und Kriterien ausführlich beschrieben wurden und zur Vermehrung der Vielfalt beitragen (Kerr/Clement 1980, Kerr/Posey 1984, Brose 1988);

4.integrierten Strategien der Bodennutzung, etwa der natürlichen Düngung durch Hinzupflanzen von Leguminosen oder durch Zerreibung von Termitennestern, der Erhaltung der Bodenbedeckung, Temperatur- und Feuchtigkeitskontrollen (Posey 1988);

5.der Anreicherung des Waldes durch gezieltes Nachpflanzen wertvoller Arten;

6.biologischer Schädlingsbekämpfung;

7.guter Zeitplanung von Fruchtfolgen;

8.gezielter Auswahl der Böden für die *roça*;

9.Kenntnissen von der vielfältigen Nutzung ein- und derselben Pflanze;

10.der Aneignung und Tradierung von Wissen vor Ort anhand der direkten Erfahrungen im eigenen Ökosystem.

Anhang 2c: Unterschiedliche Werte im tropischen Regenwald

Indigene	*Großprojekte*
Aufrechterhaltung der Biodiversität – um verschiedene Bedürfnisse befriedigen zu können – um einen Austausch pflegen zu können – um Überschüsse verkaufen zu können	Maximierung der Marktproduktion und Suche nach monetärem Gewinn, daher Förderung von Monokulturen und Rinderweidewirtschaft
Aufrechterhaltung der Flora und Fauna auf der Basis der breiten traditionellen Kenntnisse	Fehlende breite Kenntnisse des Ökosystems und der Arten. Weitgehendes Fehlen von Kenntnissen der Bedingungen für die Aufrechterhaltung der Regeneration von Flora und Fauna
Optimale Nutzung saisonaler Rhythmen (wechselnder Wasserstände etc.)	Fehlende Kenntnisse der saisonalen Rhythmen und ihrer ökonomischen, ökologischen und sozialen Relevanz
Kenntnis auf der Basis der Erfahrung für den Schutz und die Nutzung des Ökosystems	Unabhängig vom Ökosystem und von der je spezifischen Mensch-Natur-Beziehung wird das Wissen für die Maximierung der Ressourcenausbeute genutzt

Andreas Novy
Primärgüterexporte aus dem brasilianischen Regenwald und alternative Wirtschafts- und Lebensweisen

Heilstoffe, Naturfarben, unbekannte Arten, Früchte, Nüsse, Kautschuk, all der Reichtum des Regenwalds wurde in den letzten Jahren erneut als Entwicklungspotential entdeckt. So wurden Stimmen laut, die darauf hinwiesen, daß ungeahnte Werte verloren gingen, würde der Regenwald rücksichtslos gerodet werden. Welten stießen aufeinander, als der brasilianische Staat seit 1970 verstärkt versuchte, den amazonischen Regenwald inwertzusetzen. Hier die indigene Subsistenzwirtschaft und die Extraktionswirtschaft der Kautschuksammler *(Seringueiros)*, dort die ModernisiererInnen, die mit Vieh- und Holzwirtschaft den Fortschritt bringen wollten. Für letztere ging es darum, »das Land ohne Menschen den Menschen ohne Land« zur Verfügung zu stellen, »wertloses« Land sollte genutzt werden, brachliegende Reichtümer vermarktet werden. Hierfür stellte der Wald ein Hindernis dar, weshalb er gerodet werden sollte (Altvater 1987: 19). Für Indigene und *Seringueiros* wiederum war der Wald wertvoll, weil es ihr Lebensraum war, für die anderen war nur das wichtig, was an Werten in die Zentralräume Brasiliens und die Welt exportiert werden konnte. Für die einen steht nicht die kurzfristige Verwertung einzelner Ressourcen im Vordergrund, sondern es geht um eine nachhaltige Wirtschaftsweise, die die ökologische Grundlage des Wirtschaftens aufrechterhält und den Lebensstil der traditionellen Regenwaldbevölkerung sichert. Die Rodung des Regenwalds sei demnach nicht nachhaltig, während die traditionellen Nutzungsformen dies schon seien. Traditionelle Wirtschaftsweisen basieren zum einen auf der indigenen Subsistenzwirtschaft und zum anderen auf der Extraktionswirtschaft. Die »Früchte« des Waldes – allen voran der Kautschuk – werden dem Regenwald entnommen, »geerntet«, ohne daß etwas gesät wird. Es handelt sich somit um eine nicht-land- und nicht-forstwirtschaftliche Form der Primärgüternutzung. Mit dem Widerstand der KautschuksammlerInnen *(Seringueiros)* vor allem im kleinen, im Nordwesten Brasiliens gelegenen Bundesstaat Acre wurde diese Wirtschaftsweise zu einem alternativen Paradigma der Regenwaldnutzung. In diesem Artikel soll der Frage nachgegangen werden, ob es sich hierbei um eine sinnvolle und erfolgversprechende Strategie handelt und wo die Grenzen einer Wirtschaftsweise liegen, bei der Primärgüterexporte bedeutsam sind. Dazu ist eine ausführliche historische Aufarbeitung notwendig, die die verschiedenen amazonischen Wirtschaftsweisen, ihre Grundlagen und Grenzen, darstellt. Die Untersuchung von Primärgüterexporten erscheint als rein ökonomisches

Thema. Die Frage nach dem Wert von Primärgütern eröffnet jedoch ebenso eine soziale und politische Problematik, geht es doch um die Chancen alternativer Wirtschafts- und Lebensweisen.

Geschichte der brasilianischen Produktzyklen

Die Indianervölker, die Brasilien vor 1500 besiedelten, waren zum einen JägerInnen und SammlerInnen, zum anderen aber auch schon teilweise landwirtschaftlich organisiert (Ribeiro 1995: 32ff.). Im Jahre 1500, als die EuropäerInnen Brasilien für sich entdeckten, lebten fünf Millionen Menschen in diesem Raum; dreihundert Jahre später waren es erneut fünf Millionen, nur waren bloß eine Million davon Indigene. Eine halbe Million waren assimilierte Indigene, 1,5 Millionen SklavInnen und zwei Millionen »Weiße« (Ribeiro 1995: 151). Mit der brutalen Vertreibung und Vernichtung der Einheimischen gewann eine andere wirtschaftliche Logik die Oberhand, zu der der gewaltsam sichergestellte Export von Primärgütern wesentlich beitrug. Von nun an ging es um die Extraktion von Reichtümern und deren Verschiffung nach Europa. Am einfachsten war dies bei Rohstoffen, wie Edelmetallen und dem Brasilholz. Doch schon bald begann der Zuckerexport zur Grundlage der portugiesischen Kolonie zu werden. An der Küste entstand eine von der Krone kontrollierte Exportwirtschaft zur Befriedigung der europäischen Nachfrage nach Zucker. Vor allem im 17. Jahrhundert wurde der brasilianische Nordosten mit seinen Zuckergütern zu einer Schlüsselregion der sich herausbildenden Weltwirtschaft. Er wurde aus Afrika mit SklavInnen beliefert, lieferte seinerseits Zucker nach Europa und erhielt verarbeitete Güter und Lebensmittel von dort. Die Gesellschaftsorganisation war streng hierarchisch, vor Ort herrschte der Zuckerbaron auf seinem Gut uneingeschränkt. Die Handelsbeziehungen wurden hingegen von europäischen Großhändlern und der portugiesischen Krone kontrolliert. Der gesamte Raum basierte auf dem extern kontrollierten Zuckerexport, sein Schicksal hing am Zuckerwelthandel. Als sich die Zuckerproduktion zu den Antillen verlagerte, schlitterte die gesamte Region in eine schwere Krise. Der Zuckerpreis betrug im 17. Jahrhundert 120 £, fiel bis 1720 auf 72 £, um weiter auf rund 30 £ am Beginn des 19. Jahrhunderts zu fallen. Mitte des Jahrhunderts belief sich der Preis auf 16 £ und am Anfang des 20.Jahrhunderts auf neun £ (Cano 1998: 105). Dem Nordosten Brasiliens war es nicht gelungen, den wirtschaftlichen Boom in einen andauernden Wirtschaftsaufschwung zu verwandeln. Die autoritäre Sozialstruktur einer Sklavenwirtschaft, in der sich 90 Prozent der Einnahmen beim Zuckerbaron konzentrierten, wandelte sich über die Jahrhunderte des wirtschaftlichen Niedergangs, ohne sich in ihrer Tiefenstruktur zu verändern. An die Stelle der Sklaverei wurde die ungleiche Bodenbesitzstruktur zur Grundlage sozioökonomischer und politischer Unterdrückung. Noch Ende des 20. Jahrhunderts bedrohen Hungersnöte und Dürre die Existenz von Millionen *Nordestinos*. Im 18. Jahrhundert wiederholte sich der Aufstieg einer Region und eines Produkts mit dem Goldboom in der Region Minas Gerais. Die zahlreichen vergoldeten Kirchen zeugen bis heute davon. Schließlich kam es im 19. Jahrhundert in São Paulo zum erneuten Aufstieg einer Region und eines neuen Produkts, des Kaffees. Bis dahin erfüllte São Paulo für die Kolonialherren einzig die politische Funktion der Kontrolle über das Hinterland und die Absicherung des Territoriums gegen Spanisch-Amerika. Die brasilianische Kaffeeproduktion stieg von jährlich 0,3 Mio. Säcken in den 1820er Jahren auf 2,6 Mio. in den 1860er Jahren und 7,2 Mio. in den 1890er Jahren (Silva 1986: 43). Anders als bei den beiden vorangegangenen Raum-Produkt-Komplexen gelang es diesmal, eine eigenständige regionale Entwicklung in Gang zu setzen, die auch über den Kaffeeboom hinaus anhielt. São Paulo wurde zum unbestrittenen wirtschaftlichen Zentrum Brasiliens. Als der Kaffeepreis in den Keller purzelte, war São Paulo schon lange keine Monokulturregion mehr (Altvater 1987: 204). Seine Sozialstruktur paßte São Paulo aber an die hierarchische Struktur der Zuckerwirtschaft an. Das Land und später die Industrie konzentrierten sich in wenigen Händen. Einkommen und Vermögen sind ähnlich ungleich verteilt wie im restlichen Land.

Vom Kautschukboom zur Kolonisierung – das Beispiel Acre

Das Amazonasbecken, immerhin rund 50 Prozent des brasilianischen Territoriums, hatte, ebenso wie die La Plata-Region im Süden, jahrhundertelang vorrangig strategische Bedeutung. Die Extraktion von Rohstoffen und Primärgüterexporte gewannen erst verhältnismäßig spät an Bedeutung. An einem Ort, im nordwestlichen Bundesstaat Acre, können die verschiedenen Facetten dieser Entwicklung, ihre Widersprüchlichkeit und ihre Auswirkungen auf die Unterdrückten besonders klar aufgezeigt werden. Berühmt geworden durch die Ermordung Chico Mendes (Comitê Chico Mendes 1998) stand der mit 152.589 km^2 und 483 593 EinwohnerInnen eher kleine Bundesstaat eine Zeit lang im Rampenlicht des internationalen Interesses.

Aquiri - das indigene Acre (1500-1850)

Da die indigenen Kulturen in Acre keine Schrift kannten, ist das Wissen über sie auch bescheiden. Viele der verfügbaren Informationen stammen von den Kolonisatoren und sind daher einseitig (Calixto et al. 1985: 6). Für das 16., 17. und 18. Jahrhundert wird die Zahl der Indigenen auf 60.000 geschätzt, welche sich in 50 Stämmen organisierten (Calixto et al. 1985: 16). Sie betrieben Brandrodungsfeldbau. Ein Stück Regenwald wurde vorgerodet und dann abgebrannt. Die Asche diente als Humus für den Anbau von einer Vielzahl von Früchten und Gemüsesorten. Nachdem der Boden erschöpft war, wurde ein neues Stück gerodet und das alte Feld konnte sich regenerieren. Neben der Landwirtschaft sicherten sie ihre Subsistenz über die Jagd, den Fischfang und das Sammeln von Früchten. Einige Gruppen hielten sich auch Haustiere. Da die portugiesische Kolonisierung eine Küstenzivilisation war, blieben die Völker *Aquiris*, wie die Indigenen Acre nannten, jahrhundertelang von den Kolonisatoren unbelästigt. Am Papier regelte schon 1494 der Vertrag von Tordesillas die Grenzziehung zwischen Spanisch- und Portugiesisch-Amerika. Großzügig teilte der Papst Amerika am Reißbrett in zwei Teile, wobei der 50. Meridian die Grenze bildete. Acre und ein Großteil des Amazonas fielen damit an Spanien (Becker, Egler 1992: 16ff.). Bald schon hatten sich Spanien und Portugal, kurzfristig sogar in einem Reich vereint, gegen die Territorialansprüche anderer Großmächte zu verteidigen. Gegen Ende des 16. Jahrhunderts war fast die gesamte tropische Region des Kontinents - das war zugleich das Gebiet für eine mögliche Zuckerproduktion - in den Händen der Spanier und Portugiesen. Die Holländer, Franzosen und Engländer akzeptierten dies nicht und griffen auf der ganzen Linie zwischen den Antillen und dem brasilianischen Nordosten an. Die Portugiesen waren für die Verteidigung der Linie südlich der Amazonasmündung verantwortlich, wo sie sich an der Amazonasmündung festsetzten und so eine Schlüsselposition für die Kontrolle des Amazonasbeckens erlangten (Becker, Egler 1992: 21f.). Doch war Portugal klar, daß die bloße militärische Verteidigung ohne eine effektive Besetzung des Gebietes langfristig ein aussichtsloses Unternehmen war (Furtado 1975: 65). Portugal bediente sich im Amazonas genauso wie im La-Plata-Becken der Jesuiten, um durch Besiedlung Landrechte zu ersitzen.

Die Besiedlung des brasilianischen Regenwaldes erfolgte über die Amazonasmündung und den Staat Maranhão. Die Siedler dieser Region hatten aber große Schwierigkeiten zu überleben. »Da man keine marktgerechte Ware produzieren konnte, war jede Familie gezwungen, sich selbst mit allem zu versorgen, was jedoch nur für diejenigen möglich war, die über eine gewisse Anzahl indianischer Sklaven verfügten. Die Jagd nach Indianern wurde somit zur Bedingung des Überlebens der Bevölkerung. Der Kampf der nördlichen Siedler um indianische Arbeitskräfte und die entschiedene Reaktion dagegen seitens der Jesuiten, die sehr viel rationalere Techniken der Eingliederung der Indianer in die koloniale Wirtschaft entwickelt hatten, bilden einen entscheidenden Faktor bei der wirtschaftlichen Durchdringung des Amazonasbeckens. Auf der Jagd nach Indianern lernten die Siedler den Urwald und seine Nutzungsmöglichkeiten besser kennen. In der ersten Hälfte des 18. Jahrhunderts wurde das Gebiet von Pará allmählich zu einem Exportzentrum für Produkte des Urwalds, wie Kakao, Vanille, Zimt, Nelken und aromatische Harze. Das Sammeln dieser Produkte erforderte allerdings eine intensive Nutzung der indianischen Arbeitskraft, die sich auf Grund der aufgesplitterten Sammeltätigkeit im Wald schwerlich wie gewöhnliche Sklavenarbeit organisieren ließ. Die Jesuiten fanden die angemessene Lösung dieses Problems. Indem sie die Indianer in ihren eigenen Gemeinschaften beließen, suchten sie deren freiwillige Mitarbeit zu erreichen. Angesichts des geringen Werts der Objekte, welche die Indianer im Tausch erhielten, wurde die extensive Nutzung des Urwalds rentabel, wobei die auf das riesige Gebiet verteilten kleinen indianischen Gemeinschaften miteinander verbunden wurden. Diese oberflächliche Durchdringung hatte den Vorteil, daß sie unbegrenzt fortgesetzt werden konnte, weil man auf kein Zwangssystem angewiesen war. Nachdem einmal das Interesse der Indianer geweckt war, vollzog sich die Durchdringung in subtiler Weise; mit dem Interesse für eine bestimmte Ware wurde eine Abhängigkeitssituation geschaffen, aus der sich die Indianer nicht lösen konnten. So erklärt sich, daß die Jesuiten mit derart beschränkten Mitteln tief in das Amazonasbecken vordringen konnten« (Furtado 1975: 66f.).

Kautschukboom (1850-1920)

Die Konflikte zwischen Jesuiten und den aus São Paulo kommenden *Bandeirantes*, paramilitärische Truppen, die Indigene jagten und Bodenschätze suchten, führten im 18. Jahrhundert zur Vertreibung der Jesuiten aus ganz Brasilien (Novy 1997: 260f.). Damit endete auch im Amazonas eine bestimmte Form der Kolonisierung und Zivilisierung und die Region verfiel in eine wirtschaftliche Lethargie. In geringen Mengen wurden Primärgüter aber weiterhin exportiert. »Von diesen Erzeugnissen war Kakao nach wie vor das wichtigste; die Art seiner Produktion verhinderte jedoch eine größere wirtschaftliche Bedeutung. In den 40er Jahren des 19. Jahrhunderts lag der mittlere jährliche Kakaoexport bei 2900 t, in den 50er Jahren erhöhte er sich auf 35000 t, und in den 60er Jahren fiel er wieder auf 3300 t.« (Furtado 1975: 109) Erst als Kautschuk zu einem Schlüsselrohstoff für wichtige Industriebranchen, wie die Fahrzeugindustrie, wurde, erwachte das strategische Interesse an dieser Region. Nur im Amazonas und vor allem im abgelegenen Acre war der Kautschukbaum heimisch. Es war ein Boom, der von der Nachfrage aus dem Zentrum der Weltwirtschaft für ein einziges Produkt, das sich zufälligerweise nur im tropischen Regenwald Brasiliens fand, für einige Jahrzehnte ausging (Weinstein 1993). »Der Kautschukexport wurde seit den 20er Jahren registriert; er erreichte in den 40er Jahren 460 Tonnen im jährlichen Schnitt, in den 50er Jahren 1900 Tonnen und in den 60er Jahren 3700 Tonnen. Zu dieser Zeit begann der Preisauftrieb. Der mittlere Exportpreis je Tonne stieg von 45 Pfund in den 40er Jahren auf 118 Pfund in den 50ern, 125

Pfund in den 60ern und 182 Pfund in den 70ern. Kautschuk entwickelte sich um die Jahrhundertwende zum Rohstoff mit der am stärksten expandierenden Nachfrage auf dem Weltmarkt.« (Furtado 1975: 109f.) Die Wirtschaftsweise beruhte auf zwei Formen der Herrschaft: via Kredit und via Handel. Da in der Region kein Geld vorhanden war und das nationale Zentrum im Südosten des Landes mit der Finanzierung der eigenen regionalen Aktivitäten - nämlich der Förderung der Kaffeewirtschaft - ausgelastet war, mußte dieser neue Produktionszweig extern finanziert werden (Coêlho 1982: 9). Bereitwillig vergab das Londoner Finanzkapital Kredite an die zumeist von PortugiesInnen abstammenden GroßhändlerInnen in den beiden großen Amazonasstädten Manaus und Belém. Diese streckten ihrerseits den *Seringalistas* (Kautschukbaronen) Waren vor, woher auch ihr Name - *Casas aviadores* - rührt.

Grafik: Die sozioökonomische Hierarchie in Acre während des Kautschukbooms

Londoner Finanzhäuser (britisches Finanzkapital)
Casa Aviadora (Großhandelshäuser)
Seringalistas (Kautschukbarone)
Seringueiros (KautschuksammlerInnen)

Quelle: Calixto et al. 1985: 62

Kautschuk mußte im Sammelverfahren gewonnen werden. Mit dem Stand des Wissens war im tropischen Regenwald aber eine Intensivierung der Produktion, z.B. durch Plantagenanbau unmöglich, da es umgehend zum Schädlingsbefall kam. Die Notlösung bestand daher in einer extensiven Akkumulation, d.h. in einer Ausweitung der Produktion durch mehr Produzenten, die alle mit der gleichen niedrigen Produktivität tätig waren. Da sich die Gummibäume ausschließlich auf das Amazonasgebiet konzentrierten, stieg die Kautschukproduktion nur langsam. Die brasilianischen Kautschukexporte erhöhten sich von einem Schnitt von 6000 Tonnen in den 1870er Jahren auf 11 000 Tonnen in den 1880er, 21 000 Tonnen in den 1890ern und 35 000 Tonnen im ersten Jahrzehnt des 20. Jahrhunderts. Aufgrund des ungleich größeren Anstiegs der Nachfrage erreichten die Preise 1909/1911 einen Schnitt von 512 Pfund je Tonne, womit sie sich gegenüber der ersten Hälfte des 19. Jahrhunderts in Pfund mehr als verzehnfacht hatten. Es verwundert nicht, daß die britischen Industriellen alles unternahmen, diesen Engpaß zu beheben und eine alternative Lösung zu finden. Sie organisierten den Schmuggel der Kautschuksamen aus dem Amazonas nach Asien, wo Anfang des Jahrhunderts die Plantagenproduktion begann. In der Tat fielen die Preise seit dem regelmäßigen Angebot aus Asien nach dem ersten Weltkrieg auf ein stabiles Niveau etwas unterhalb von einhundert Pfund je Tonne (Furtado 1975: 110).

Der Handel vor Ort kam weitgehend ohne Geld als physisches Zahlungsmittel aus, denn es wurde Ware gegen Ware getauscht. Die beiden mit der Produktion befaßten Akteure, der *Serginalista* und der *Seringueiro,* bildeten das untere Ende der Hierarchie. Sie produzierten den Reichtum der Region, profitierten davon aber kaum. Indem beide nämlich alle ihre Produkte unter dem Marktpreis verkaufen mußten und gleichzeitig gezwungen waren, Lebensmittel zu Preisen über dem Marktpreis von den Handelshäusern einzukaufen, war die Abhängigkeit der AkteurInnen vor Ort perpetuiert. Die großen Handelshäuser erzielten sowohl im Import als auch im Export große Gewinne. Die wichtigsten Häfen für den Kautschuk waren Liverpool, London, Antwerpen, Hamburg, Le Havre und New York. Die Handelshäuser hießen »Hamburg - Amerika-Line« , »Boat S.S.C.«, »Red Cross line«, »Lingure Brasiliana«, »Lyold Brasileiro« und »Amazon River Steam Navigation Co.Ltd.« (Coêlho 1982: 95). Da es den ProduzentInnen zu Zeiten des Booms verboten war, Nutzpflanzen anzubauen, um zumindest den Eigenbedarf an Grundnahrungsmitteln zu decken, mußten sie nicht nur ihr Werkzeug, sondern auch Nahrungsmittel, meist zu überhöhten Preisen, von den Läden der *Seringais* beziehen. Eine weitere Voraussetzung für dieses Abhängigkeitsverhältnis war die fehlende Bildung, denn es lag im Interesse der Kautschukbarone, die Kautschukzapfer Tag und Nacht mit dem Überleben zu beschäftigen und ihnen keine Zeit zu lassen, Lesen und Schreiben zu lernen (Coêlho 1982: 33).

Tabelle 1: Vergleich der brasilianischen mit der Weltproduktion an Kautschuk, 1900 bis 1922

Jahr	Exporte – Brasilien (Tonnen)	Export – Welt	Anteil Brasiliens an den Weltexporten
1900	26.750	44.808	59,70
1905	35.000	57.001	61,40
1910	40.800	95.611	42,70
1915	37.220	173.442	21,50
1922	21.775	409.676	5,32

Quelle: Rego 1992: 412

Die Produktionsausweitung war allein auf eine Zuwanderung von Arbeitskräften zurückzuführen, denn die Produktionsmethoden änderten sich nicht. Die Bevölkerung stieg in den Staaten Pará und Amazonas von 329 000 (1872) auf 695 000 (1900) (Furtado 1975: 110f.). Angezogen wurden sie zum einen durch die Hungersnöte im Nordosten, zum anderen wurden sie durch die geschickte Werbung für die Gummiwirtschaft geblendet, die sich auf das

Beispiel der wenigen glücklichen Personen, die mit etwas Geld zurückgekommen waren, stützte. Die fast ausschließlich männlichen Zuwanderer fingen verschuldet zu arbeiten an, da sie gezwungen wurden, ihre Reisekosten ganz oder teilweise zurückzuzahlen, sowie zusätzlich die Kosten für die Arbeitsgeräte und die Einrichtung aufzubringen. Bei seiner Ernährung hing ein Arbeiter in einem strikten Monopolsystem von demselben Unternehmer ab, bei dem er verschuldet war und der ihm seine Produkte abkaufte. Die großen Entfernungen und seine heikle finanzielle Situation brachten ihn in ein Leibeigenschaftsverhältnis. Die sklavenähnliche Sozialstruktur des Nordostens wurde in einen neuen Raum verfrachtet, um auch dort ihre destruktive Wirkung zu zeigen. Das Leben des *Seringueiros* beschränkte sich auf die langen Märsche durch den Urwald und auf die Einsamkeit in seiner primitiven Hütte; seine Isolierung war vielleicht größer als in jedem anderen Wirtschaftssystem. Darüber hinaus verkürzten die Gefahren des Urwalds und die ungesunden Umweltbedingungen seine arbeitsfähige Lebenszeit (Furtado 1975: 112f.). Die Sozialstruktur, die diese Extraktionswirtschaft zur Befriedigung einer Weltmarktnachfrage begründete, zeichnet sich durch Unstetigkeit aus; die Suche nach den im Wald weit verstreuten Kautschukbäumen und die an diese gebundene Wahl von Niederlassungen führte nicht zur Bildung eines Bodenmarktes, beanspruchte doch niemand Grund und Boden. Auch ein Arbeitsmarkt bildete sich nicht heraus, was zu einer vollkommenen Abhängigkeit der *Seringueiros* von ihrem Kautschukbaron führt. Der *Seringueiro* mußte nicht nur die Frachtkosten für die Verschiffung des Kautschuk tragen, er bezahlte auch die vollen Transportkosten für die aus anderen Regionen kommenden Lebensmittel. Zucker z.B. war in Acre drei Mal so teuer wie in Rio, im Seringal zahlte man noch einmal doppelt so viel wie in Acres Städten (Coêlho 1982: 87). Die Regeln des Marktes wandten sich immer gegen die *Seringueiros*.

Die Besiedlung des oberen Amazonas war eine Art wirtschaftlicher Kreuzzug, die fast ausschließlich durch Männer erfolgte. Zum Aufkaufs- und Verkaufsmonopol kam das Gewaltmonopol hinzu, das durch eine private Polizei ausgeübt wurde, welche für die Zahlung von Schulden und die Vertreibung eindringender Händler, die das Monopol untergraben hätten können, sorgte. Spanien und später Bolivien gelang es nie, das Gebiet, das ihnen der Vertrag von Tordesillas zugesprochen hatte, effektiv in Besitz zu nehmen und zu besiedeln. Die Brasilianer drangen von der Amazonasmündung immer weiter ins Landesinnere vor. Im 19. Jahrhundert begannen sie, basierend auf dem Recht der Ersitzung von Land Anspruch auf dieses mit Kautschukbäumen besonders gut ausgestattete Gebiet zu erheben. Im Vertrag von Ayacucho 1867 verzichtete Bolivien auf einen Teil seines Territoriums unter der Auflage, daß das heutige Acre bei Bolivien verbleibt. Bolivien wollte sein Territorium absichern, indem es die Nutzung des Gebiets an das US-amerikanische *Bolivian Syndicate* übertrug. Die brasilianischen Interessen, gestützt vom britischen Kapital, standen dem aber entgegen. So schritt die brasilianische Besiedlung aufgrund der starken Nachfrage nach Kautschuk fort. 1903 kam es zur bewaffneten Auseinandersetzung, bei der die Bolivianer unterlagen. Im Vertrag von Petropolis 1904 verzichtete Bolivien nun auch auf Acre. Das *Bolivian Syndicate* erhielt eine Entschädigung von zwei Millionen Pfund. Brasilien verpflichtete sich ferner, eine Eisenbahnlinie, die Linie *Madeira-Marmoré,* zu bauen, die Bolivien einen Zugang zum schiffbaren Teil des Rio Madeira, einem Nebenfluß des Amazonas, verschaffen sollte (Furtado 1975: 113). Doch erwies sich der Bau ökonomisch als ein Debakel, unzählige Menschen bezahlten bei diesem Versuch der Integration des Amazonas mit ihrem Leben. Zur Blütezeit des Kautschuk war Acre für den brasilianischen Staat von zentraler Bedeutung. Der Export von Kaffee brachte dem Bund zwischen 1906 und 1910 2,15 Mrd. Mil-Réis und der Kautschuk als zweitwichtigstes Exportprodukt 1,3 Mrd. Mil-Réis (Calixto 1985: 130). Kurzzeitig erzielte der Kautschukexport sogar 40 Prozent der Außenhandelserlöse Brasiliens (Ribeiro 1995: 325).

Analog zum Zuckergut gab es im *Seringal* somit eine totalitäre Sozialstruktur, in der die wirtschaftliche, politische und soziale Macht vor Ort in einer Hand konzentriert war. Der *Seringal* beruhte auf einem Antagonismus: auf der einen Seite stand der *Seringalista*, der nicht nur über die Produktionsmittel verfügte, sondern auch Repräsentant der Interessen der *Seringueiros* in der Stadt war, was bürokratische und Bankangelegenheiten, den Kauf und Verkauf von Waren und Konfliktregelungen betraf. Die Städte hatten die Aufgabe, die Verbindung der *Seringalista*s mit der Welt des Handels herzustellen. Auf der anderen Seite die *Seringueiros*, die in erster Linie danach strebten, ihre Schulden gegenüber dem *Seringalista* oder Zwischenhändler zu zahlen, um wegziehen zu können - immer auf der vergeblichen Suche nach einem besseren Leben. Sie betraten die Stadt, »die Straße bzw. den Asphalt« in ihrer Ausdrucksweise, nur selten und als scheue Gäste (Castela, Novy 1996: 81f.). Mit seiner Arbeit finanzierte der *Seringueiro* die Gewinne des Finanzkapitals. Die *Seringalista*s waren gegenüber den Großhandelshäusern und diese gegenüber den internationalen Finanzhäusern verschuldet. Diese Wirtschaftsweise zeigt die Tiefenstruktur der Macht in ihrer doppelten Dynamik: zum einen als eine Hierarchie von Räumen, welche durch Handelsbeziehungen und politische Verflechtungen eine räumlich ungleiche Entwicklung begründet. Die international organisierten Kapitalinteressen dominierten die Produktionsinteressen vor Ort. Zum anderen ist die Machtstruktur vor Ort autoritär und hierarchisch. Die Machtlosigkeit der *Seringueiros* erweckt den Eindruck, als wären die Kautschukbarone mächtig, im Weltmaßstab sind letztere aber bloß unbedeutende Mitspieler.

Nationale Integration (1920 bis 1980)

Als das internationale Interesse am Amazonaskautschuk aufgrund der neuen Plantagen in Ostasien nachließ, versickerten auch die internationalen Finanzquellen, um diese Produktionsweise aufrechtzuerhalten. Die sozioökonomische Hierarchie verflachte, die Macht verfestigte sich vor Ort als Antagonismus zwischen *Seringalista* und *Seringueiro*. Politisch und ökonomisch verlor die Region für Brasilien an Bedeutung. Acre erhielt nach der Annektierung durch Brasilien den Status eines Territoriums und wurde von der Zentralregierung direkt verwaltet. Dies erlaubte in den ersten Jahren nach der Annektierung den größtmöglichen Transfer aus der Region in die Zentrale. Der Staat war als Institution einzig als Steuereinhebungsstelle auf den Wasserwegen präsent. Nach 1912 bestand erst recht kein Interesse, Acre zu einem Bundesstaat aufzuwerten. Der Zweite Weltkrieg und die strategische Förderung der Kautschukgewinnung durch die USA führten kurz zu einem neuen Boom, der nach dem Krieg in den endgültigen Niedergang der Kautschukwirtschaft mündete. Das Elend griff rasch um sich. Ohne Mittel für die Rückkehr und in Unkenntnis darüber, was in der Weltwirtschaft in Bezug auf den Kautschuk vor sich ging, blieben die *Seringueiros* resigniert, wo sie waren. Da sie zum Überleben jagen und fischen mußten, fielen sie ungewollt auf die niedrigste Stufe der Subsistenzwirtschaft zurück, der isolierten Produktion für den Eigenbedarf. Von den 20er bis in die 40er Jahre stagnierte die Bevölkerungszahl, das regionale Volkseinkommen im Amazonasgebiet reduzierte sich zwischen 1910 und 1920 auf ein Viertel (Altvater 1987: 142).

Mit der Revolution von 1930 gewann der brasilianische Nationalstaat an Eigenständigkeit. In der Folge erlangte der Staat auch in peripheren Landesteilen schrittweise als politische Macht eine von der wirtschaftlichen Macht unabhängige Struktur. Es bildete sich eine nationalstaatliche Wirtschaftsregulierung heraus. 1947 gründete die brasilianische Regierung eine eigene Kautschukbank, welche später zur *Banco da Amazônia* (BASA) wurde (Rego 1992: 327). Damit wurde das alte System der Bevorschußung, des *aviamento*, auf neue Beine gestellt; der Nationalstaat ersetzte als Aufkäufer die privaten Händler. Durch die Stützung des Kautschukpreises konnte ein Mindestniveau an Kautschukproduktion aufrechterhalten werden, und die regionale Extraktionsökonomie konnte einen - wenn auch bescheidenen - Beitrag zur regionalen Wertschöpfung leisten. Die Höhe der Subventionierung war Gegenstand eines andauernden Machtkampfs zwischen den dominanten Gruppen Amazoniens und dem Industriekapital des Südostens. Letzteres war an niedrigen Gummipreisen interessiert und erwartete sich von einer Marktliberalisierung und einer Importöffnung Preissenkungen. Die Regulierung des Kautschuk schwankte in den folgenden 40 Jahren zwischen liberaleren und interventionistischeren Ansätzen (Rego 1992: 429ff.). Weiters wies die brasilianische Verfassung von 1947 dem Amazonasgebiet drei Prozent der Bundeseinnahmen für die »Regionalentwicklung« zu (Ribeiro 1995: 333) und schuf mit der SUDAM (*Superintendência de Desenvolvimento da Amazônia*) eine eigene regionale Behörde. Diese zusätzlichen Mittel verschafften den dominanten Gruppen einen Handlungsspielraum im Umgang mit den Unterdrückten und im Versuch, ihren Lebensstandard an den der Oberschicht des restlichen Landes ausrichten zu können.

Die Militärdiktatur nach 1964 stellte einen Wendepunkt in der regionalen Entwicklung dar, denn es ging ihr darum, »ein territoriales Potential in Macht zu transformieren« (Altvater 1987: 144). Das vermutete land-, vieh- und forstwirtschaftliche Potential und die großen Bergbauvorkommen machten den Amazonas ökonomisch zu einer Hoffnungsregion. In den industriellen Zentren des Landes stieß die Ausweitung und Intensivierung der Produktion aufgrund der rigiden Sozialstruktur an Grenzen. Die Inwertsetzung des Amazonas eröffnete den dominanten Gruppen unter dem Schlagwort der »nationalen Integration« (vgl. Becker, Egler 1992: 13) die Möglichkeit einer extensiven Akkumulationsstrategie im eigenen Land. Die ungenutzten Räume konnten kolonisiert und gleichzeitig geopolitisch abgesichert werden. Basierte der Kautschukboom auf der Abpressung von Mehrarbeit über die Mechanismen des ungleichen Tausches und des Kredits, so bildeten sich nun weitergehende kapitalistische Strukturen heraus. In dieser Zeit setzte auch in Acre der Ansturm auf Land ein. Die *Seringalistas* verkauften ihre *Seringais* billigst an Firmen und Viehzüchter, unabhängig davon, ob darin *Seringueiros* lebten oder nicht. Die Käufer dieser großen Besitzungen stammten fast alle aus dem Süden und Südosten Brasiliens, sie waren »Fremde« und wurden kurz *Paulistas* genannt. Für die KäuferInnen stellte Land angesichts der hohen Inflation eine sichere Anlage dar, deren Wert potentiell steigend war. Weiters ermöglichte Landbesitz, auf die zahlreichen äußerst günstigen Förderungen des Staates zurückgreifen zu können. Dazu zählten Steuerbefreiungen, Abschreibemöglichkeiten und Investitionszuschüsse zu unter der Inflationsrate gelegenen Zinssätzen. Bis zu 75 Prozent von Privatinvestitionen wurden staatlich finanziert (Rego 1992: 328ff, Machada 1995). Die Abhängigkeit von den *Seringalistas* tauschten die Kautschukzapfer nun gegen die Gefahr ein, durch die Rodungen vertrieben zu werden. Im Zuge der Kolonisierungsprojekte wurde die Erschließung für die Viehwirtschaft und damit den Großgrundbesitz propagiert (Hecht 1993). Mit der kapitalistischen Viehwirtschaft entstand somit neben den Großgrundbesitzern auch eine kleine Schicht von Lohnabhängigen. In den flächenmäßig kleinen, aber von der Besiedlung gesehen bedeutsamen Kolonisierungsprojekten wurden *colonos*, Kleinbauern, angesiedelt.

Krise der Integrationsstrategie (ab 1980)

Die neuen Unternehmer, die aus dem Süden kommenden *Paulistas*, und einige *Seringalistas* waren die Nutznießer dieser Modernisierungsstrategie. Es kam zur Urbanisierung des Amazonas und der Schaffung eines Arbeitsmarktes (Altvater 1987: 188). Allein in der Landeshauptstadt Rio Branco lebten 1996 mit 228.857 Menschen fast die Hälfte der AcreanerInnen. Der Urbanisierungsgrad erhöhte sich in Acre von 21,1 Prozent (1960) auf 65,2 Prozent (1991) (www.ibge.gv.br).

Tabelle 2: Agro-Viehwirtschaftlicher Zensus, ausgewählte Ergebnisse, 1970-1995/96, Acre

	1970	1975	1980	1985	1995/96
Dauerbewirtschaftung (ha)	4.065	3.512	22.756	17.054	16.520
Dauer-Viehwirtschaft (ha)	22.256	70.113	197.996	257.681	552.193
Primärwald (ha)	3.913.859	4.047.566	5.109.207	4.597.272	2.327.114
aufgeforsteter Wald (ha)	1313	2	257	2.443	11.298
Beschäftigte	83.350	53.798	80.303	86.876	55.243
Rinder (Stück)	72.166	120.143	292.190	334.336	847.208
Traktoren (Stück)	22	45	248	263	433

Quelle: www.ibge.gov.br

Der Agro-Viehwirtschaftliche Zensus gibt Aufschluß über die grundlegenden Veränderungen, die in der Wirtschaftsweise Acres seit 1970 zu beobachten sind. Die landwirtschaftlich dauerbewirtschafteten Flächen haben sich zwischen 1970 und 1980 von 4.000 auf fast 23.000 Hektar erhöht, sanken danach aber erneut. Dies kann als Indiz für das Scheitern einer agrarischen Modernisierungsstrategie gedeutet werden. Zur gleichen Zeit jedoch explodierten die Flächen, die viehwirtschaftlich dauerbewirtschaftet wurden von 22.000 auf über eine halbe Million Hektar. Einhergehend damit verlor Acre fast die Hälfte seines Primärwalds zwischen 1985 und 1995/96, nachdem er davor in der vorliegenden Statistik aber noch angestiegen war. In den Beschäftigungszahlen ersieht man, daß die Dynamik der Landwirtschaft für die Beschäftigtenentwicklung bedeutsamer ist als die arbeitskraftsparende Viehwirtschaft. Wiewohl die Viehwirtschaft nach 1980 expandierte, sank die Zahl der Beschäftigten. Die Stagnation der Landwirtschaft förderte den Rückgang in der Beschäftigung; gleichzeitig intensivierte und mechanisierte sich der Anbau, wie an dem Anstieg der eingesetzten Traktoren ersichtlich wird. Der Niedergang des *Seringal* schuf daher nur sehr ansatzweise eine neue, auf der Lohn-arbeit basierende Produktionsweise. Jedoch diversifizierten die Kolonisie-rungsprojekte die Sozialstruktur und schufen Ansätze eines Kleinbauernstan-des. Die Landverteilung wurde aber durch die vor allem Großinvestoren för-dernde Kolonisierungspolitik noch ungleicher (Rego 1992: 379).

Die folgenden Tabellen beschreiben die Entwicklung der Extraktionswirt-schaft, wobei ich mich auf Zahlen für ganz Brasilien stütze, wie sie von der FAO (*Food and Agricultural Organisation* der Vereinten Nationen) publi-ziert wurden. Für Kautschuk und Brasilnüsse gilt jedoch, daß Acre die Regi-on ist, wo ein wichtiger Teil der Produktion dieser beiden Produkte erfolgt. Die Tabelle 3 zeigt die Entwicklung der Produktionsmengen für ausgewählte Primärgüter. Zuckerrohr und Orangen sind in Plantagen produzierte Pflanzen, Kautschuk und Brasilnuß sind Extraktionsprodukte. Mango findet sich im Regenwald, wiewohl es auch intensiver angebaut werden kann. Die Zahlen zeigen klare Unterschiede, sowohl was die absoluten Mengen als auch das Wachstum betrifft. Die Extraktionsprodukte stagnieren und ihre Produkti-onsmengen schwanken stark (vgl. Homma 1992), während vor allem das im Rahmen des Biospritprogramms staatlich geförderte Zuckerrohr stark expan-dierte. Betrachten wir den Aspekt der Preisentwicklung ergibt sich bei Bra-silnüssen ein relativ erfreuliches Bild, denn vor allem die schon verarbeiteten Nüsse ohne Schalen konnten den Preis/kg von 0,94 (1961) auf 3,51 US$ (1997) erhöhen. Beim Kautschuk ist ersichtlich, daß der Preis bis in die 80er Jahre politisch abgesichert wurde und relativ konstant blieb. Mit der Liberali-sierung der Preise in den 90er Jahren sackten diese in den Keller.

Tabelle 3: Primärgüterproduktion, ausgewählte Produkte, ausgewählte Jahre,
in tausend Tonnen, gerundet, Brasilien

	1961	1965	1970	1975	1980	1985	1990	1995	1998
Zuk-kerrohr	59.377	75.853	79.752	91.524	148.651	247.199	262.605	303.557	338.480
Oran-gen	1.762	2.286	3.099	6.313	10.892	14.214	17.506	19.613	20.723
Mango	653	707	752	750	619	527	545	638	600
Brasil-nuß	52	40	104	52	40	45	51	40	25
Kau-tschuk	23	29	25	19	28	40	24	44	54

Quelle: www.fao.org

Tabelle 4: Brasilnüsse mit Schale, Exportmenge (in t) und -wert (in 1000US$), Preis/kg (in US$), ausgewählte Jahre, Brasilien

	1961	1965	1970	1975	1980	1985	1990	1995	1997
Export- menge	30044	14740	25122	25080	15398	17857	16015	11319	11821
Export- wert	9778	5693	7332	13164	13496	13979	14895	12899	16114
Preis/kg	0,33	0,39	0,29	0,52	0,88	0,78	0,93	1,4	1,36

Quelle: www.fao.org

Tabelle 5: Brasilnüsse ohne Schale, Exportmenge (in t) und -wert (in 1000US$), Preis/kg (in US$), ausgewählte Jahre, Brasilien

	1961	1965	1970	1975	1980	1985	1990	1995	1997
Exportmenge	6208	5171	7145	9150	7036	7058	7721	4286	2840
Exportwert	5843	5914	6307	11572	13324	11176	17411	12093	9961
Preis/kg	0,94	1,14	0,88	1,27	1,89	1,58	2,26	2,82	3,51

Quelle: www.fao.org

Tabelle 6: trockener Naturkautschuk, Exportmenge (in t) und -wert (in 1000US$), Preis/kg (in US$), ausgewählte Jahre, Brasilien

	1966	1972	1978	1980	1989	1996
Exportmenge	100	33	318	11	45	4
Exportwert	50	12	721	25	65	1
Preis/kg	0,5	0,36	0,44	0,44	0,69	0,25

Quelle: www.fao.org

Nach zwei Jahrzehnten Diktatur wurden 1982 erneut Gouverneure und Landtag gewählt. Es siegten die Vertreter einer land- und viehwirtschaftlichen Modernisierungspolitik. Dem politischen Establishment gelang es bis 1998, die Politik der Kolonisierung, basierend auf einer autoritären Sozialstruktur, auch im demokratischen Regime fortzusetzen. Die neuen Grundbesitzer und die Nachfolger der Kautschukbarone betrieben eine Entwicklungsstrategie, die einzig darin bestand, in jeweils wechselndem ideologischen Gewand und mit immer neuen Persönlichkeiten an der Spitze den Status quo zu verteidigen. Doch war die Rechte keineswegs ein einheitlicher Block. Innerhalb dieser lokalen herrschenden Klasse gab es massive Konflikte, deren Lösung oftmals mit Gewalt erfolgte. 1991 flog ein großer Korruptionsskandal auf, in den eines der größten Bauunternehmen Brasiliens involviert war. Im Laufe der Ermittlungen wurde der Gouverneur Edmundo Almeida ermordet und der Landtag, in dem inkriminierende Akten lagen, fiel einem Feuer zum Opfer. Sein Nachfolger Romildo, ebenfalls unter Korruptionsverdacht und beinahe seines Amtes enthoben, überlebte zwar einen Überfall, sein Sohn jedoch wurde ermordet. Orleir Cameli, Gouverneur von 1995-1998, drohte nach nicht einmal einem Jahr Amtszeit schon die Amtsenthebung (Castela, Novy 1995: 83). Weiters konnte die *Folha de São Paulo* mittels Tonbandaufzeichnungen beweisen, daß zwei (von acht) Abgeordneten Acres jeweils 200.000 Dollar und andere Zuwendungen erhielten, um für die Verfassungsänderung zu stimmen, die die Wiederwahl des Präsidenten der Republik erlaubt. Bei drei anderen gab es starke Indizien, aber keine Beweise, da eine weiterführende Untersuchung unterbunden wurde. Da Acre keine eigene Wirtschaftskraft und kaum ein eigenes Steueraufkommen hat, sind seine AkteurInnen in hohem Maße von legalen und illegalen Zuwendungen von Externen abhängig. Die laufenden Einnahmen, insbesondere Steuereinnahmen, sind sehr gering. 1991 erhielt Acre 85,7 Prozent seiner Staatseinnahmen aus Transfers von der Bundesregierung (Estado do Acre 1994: 101). Der politische Tausch bildet die Grundlage dieses Politikstils. Der erst kürzlich gewählte Kongreßabgeordnete und Polizeioffizier Hildebrando z.B. ist des Stimmenkaufs – er habe Drogen gegen Stimmen getauscht, so die Anklage – angeklagt. Darüber hinaus soll er Todesschwadronen und Drogenkartelle organisiert haben und ist des vierfachen Mordes angeklagt. Die Inhaftierung von insgesamt 55 Bandenmitgliedern wurde veranlaßt (www.mdnet. com.br/ gazeta vom 17.1.1999). Die Zeitschrift *Veja* vom 22.9.1999 spricht von Acre als Narko-Staat.

Die Strategien zur Integration Amazoniens in Brasiliens Wirtschaft, Politik und Gesellschaft hatten widersprüchliche Konsequenzen. An die Stelle einer vom internationalen Kapital kontrollierten Enklavenökonomie, wie dies die Kautschukökonomie war, trat eine vom Nationalstaat finanzierte Inwertsetzungsstrategie mit viel weitreichenderen Konsequenzen für die Region. Der Staatsinterventionismus schützte die Extraktionswirtschaft vor dem ungleichen Wettbewerb internationaler Anbieter. Er verhinderte die vollkommene Zerstörung der Kautschukwirtschaft durch den Freihandel. Gleichzeitig subventionierte der Staat aber die Gruppen, die für die Zerstörung des Regenwaldes verantwortlich waren, nämlich die neuen Großgrundbesitzer. In diesem konfliktiven Feld sind die Versuche neuer Akteure zu verorten, eine andere Lebens- und Wirtschaftsweise zu erhalten.

Verteidigung der traditionellen Gemeinschaft

Die Geschichte Acres zeigte, daß Primärgüterexporte ursprünglich der Weg waren, wie Unterentwicklung produziert wurde. Erst in einer späteren Phase wurden die RegenwaldbewohnerInnen durch vieh- und landwirtschaftliche Projekte in ihrer Existenz bedroht. Gegen diese nicht-extraktiven Bewirtschaftungsformen richtete sich in den 80er Jahren der lokale Widerstand. In Acre versuchten die neuen Herren in den 80er Jahren, ihre in den 70er Jahren unter juristisch äußerst fragwürdigen Bedingungen erworbenen Landrechte einzufordern. Die *Seringueiros* lebten ja weiterhin auf dem Land, das bankrotte *Seringalistas* an die *Paulistas* verkauft hatten. Aber auch der Widerstand gegen die neuen Herren verstand sich als ein konservativ-bewahrender, ging es doch um die Verteidigung der durch Ersitzung erworbenen Rechte am Regenwald. Die eigene, historisch gewachsene Gemeinschaft, ihre Lebens- und Wirtschaftsweise sollte vor der von außen in die Region wirkenden Macht der neuen Großgrundbesitzer verteidigt werden.

Tabelle 7: Abholzung im Bundesstaat Acre, verschiedene Jahre

	km^2	% des Bundes-staates
1975	1.165,5	0,8
1978	2.464,5	1,6
1980	4.626,8	3,0
1988	19.500	12,8

Quelle: Fearnside. In: Costa Filho 1995: 13

Mit Polizeigewalt wurde die Organisierung der *Seringueiros* behindert und es gelang in den 80er Jahren, die Rodungen rasant zu beschleunigen. Die *Seringueiros* wiederum griffen zu gewaltfreien Formen des Widerstands, sogenannte *Empates*, mit denen vor allem die Frauen die Holzarbeiter am Schlägern des Waldes hinderten, indem sie sich vor die Bäume stellten. Gerade als die Gewaltbereitschaft der Großgrundbesitzer besonders groß war, überließen die Männer den Frauen die vorderen Plätze (Campbell 1997). Kurzfristig war Dercy Telles sogar Präsidentin der Landarbeitergewerkschaft von Xapuri. Die *Empates* wurden zum Symbol des Widerstands, der in den 80er Jahren von der progressiven Zivilgesellschaft Acres, vor allem durch die katholische Kirche, die Gewerkschaften und alternative Medien, unterstützt wurde. Die Organisationen der RegenwaldbewohnerInnen gewannen im ganzen Bundesstaat an Bedeutung. Neben die traditionell in Acre aktiven Gruppen traten in der zweiten Hälfte der 80er Jahre internationale Umweltschutzgruppen, die die *Seringueiros* in ihrem Kampf gegen Abholzungen unterstützten. Am 22. Dezember 1988 wurde Chico Mendes, die Symbolfigur des Widerstands gegen die Rodung des brasilianischen Regenwaldes, von Großgrundbesitzern ermordet. Dies war der Höhepunkt der Gewalt gegen die Regenwaldbevölkerung Brasiliens. Anders als normalerweise war im Falle der Ermordung Chico Mendes die weltweite Empörung sehr groß, was sich für Acre als ein Glücksfall erwies. Den Anliegen der Regenwaldbevölkerung wurden von nun an im In- und Ausland Gehör geschenkt. Die Herrschaftsausübung, welche sich auf Zwang und Gewalt stützte, verlor an Bedeutung. Die gewaltsame Vertreibung der RegenwaldbewohnerInnen kam zu einem Ende, die Rodungen gingen zurück. Der ökosoziale Widerstand feierte einen Etappensieg, indem den RegenwaldbewohnerInnen ein eigenes Territorium zugestanden wurde, in dem eine nachhaltige Entwicklung realisiert werden sollte (Allegretti 1989). In einem offiziell demarkierten alternativen Macht-Raum, sogenannten Extraktionsreservaten, wurde die Abholzung des Regenwaldes untersagt und strenge Nutzungsvorschriften für die landwirtschaftliche Nutzung und die Jagd festgelegt. Der traditionellen Lebens- und Wirtschaftsweise wurde ein Raum gegeben.

Auch parteipolitisch konnten große Erfolge erzielt werden. Unaufhaltsam gewann die Partei Chico Mendes, die Arbeiterpartei PT *(Partido dos Trabalhadores), an Einfluß. 1992 bis 1996 regierte sie in der Landeshauptstadt Rio Branco, seit 1997 stellt sie in Chico Mendes Heimat Xapuri den Bürgermeister. 1998 gewann der ehemalige Bürgermeister von Rio Branco, Jorge Viana, die Gouverneurswahlen schon im ersten Wahlgang mit 57,7 Prozent der Stimmen. Zwei der drei SenatorInnen aus Acre werden heute von der PT gestellt. Als Regierung des Regenwalds (*Governo da Floresta*) repräsentiert die PT-Regierung die gesamte Regenwaldbewegung und versucht, ein nachhaltiges Entwicklungsprogramm zu verwirklichen. Dabei baut Jorge Viana, der aus einer bekannten konservativen Politikerfamilie stammt, auf ein breites Bündnis mit dem Establishment: alle AcreanerInnen sind aufgerufen, sich an der regionalen Entwicklungsanstrengung zu beteiligen und eine »neue Zivilisation« zu schaffen. Auch die PT von Acre will sich mit ihren früheren Feinden versöhnen und verzichtet darauf, die grundlegenden Machtstrukturen direkt zu ändern. Vielmehr hoffen die neuen Machthaber auf die gesellschaftsverändernde Kraft einer echten Modernisierung, indem der Staat nicht länger als Eigentum der Mächtigen angesehen wird, sondern im Dienst der Bevölkerung zu stehen habe. Modernisierung heiße demnach auch bessere Bildung, bessere Gesundheitsdienste und eine politische Kultur, die auch die Mächtigen den Regeln des Gesetzes unterwirft. Wer den Traum von Chico Mendes von einer sozialistischen Revolution und einem breiten Bündnis der Unterdrückten im Ohr hat (Comitê Chico Mendes 1998), der mag enttäuscht sein von dem, was seine NachfolgerInnen zustandegebracht haben (Carvalho 1998). Der pragmatische Kurs, den die PT und die Regenwaldorganisationen heute verfolgen, die Zusammenarbeit mit einer äußerst konservativen Bundesregierung und mit den internationalen Geldgebern, all dies widerspricht der Radikalität Chico Mendes, und steht doch gleichzeitig in der Tradition dieses großen Strategen der Macht, der eines der erfolgreichsten weltweiten Bündnisse aus sozialen und Umweltbewegungen schmiedete. Die PT in Acre übt seit 1999 die formale Macht in einem Bundesstaat aus, in dem die tatsächliche Macht zunehmend in die Hand der Mafia übergegangen war. Die politische Willkür und die ökonomische Stagnation erreichte in den letzten Jahren ein Ausmaß, daß die PT der Gesellschaft ein Minimalprogramm anbot. Statt einer sozialistischen stelle schon eine bürgerliche Revolution einen Fortschritt dar: an Stelle von Forderungen nach »Freiheit, Gleichheit und Solidarität« trat die Durchsetzung von »Ordnung und Fortschritt« als das von den Eliten in die Fahne eingeschriebene Leitmotiv Brasiliens. Die PT-Führung versucht also, durch wirtschaftlichen Fortschritt Sozialstrukturen aufzubrechen. Damit unterscheidet sie sich in der Zielsetzung nicht länger von den früheren Machthabern. Die PT beansprucht einzig, »besser«, »professioneller« und »effizienter« zu sein als die anderen. Anders als die Konservativen ist der PT nämlich Modernisierung ein echtes Anliegen und sie läßt Worten Taten folgen. Die Justiz ist seit 1999 einer Vielzahl von politischen Verbrechen auf der Spur; die Korruption ist stark zurückgegangen und auch Abgeordnete werden gerichtlich belangt. Mit Julio Barboso von der PT regiert heute auch in Xapuri ein *Seringueiro* und enger Gefolgsmann Chico Mendes. Aber die autoritäre Machtstruktur, die Hierarchie in Politik und Wirtschaft, wurde durch den Aufstieg eines einzelnen nicht verändert. Die soziale Bewegung der *Seringueiros*, die kollektive Organisierung in Landarbeitergewerkschaft und Genossenschaft, steht auch durch das Handeln der lokalen PT vor dem Ruin. Als kollektive Akteure sind die *Seringueiros* abgetreten; die NGOs und progressive Staatsangestellte sind ihre neuen Chefs (Castela, Novy 1996: 88ff.). Was die über Jahrhunderte gewachsene Machtstruktur betrifft, so haben sich einzig die Inhaber von Positionen geändert. Damit ergibt sich insgesamt ein widersprüchliches Bild. Beim Kampf um einen eigenen Macht-Raum und die kollektive Ermächtigung stehen einzelne Fortschritte einer Reihe von bedenklichen Entwicklungen gegenüber. Der Übergang vom Widerstand der 80er Jahre zum Gestalten und Regieren in den 90er Jahren brachte Verbesserungen in den Lebensbedingungen; die langfristigen Zielsetzungen wurden aber aus den Augen verloren.

Die alternative Förderung von Primärgüterexporten

Den VordenkerInnen des gemeinschaftlichen Widerstands der *Seringueiros* war bald klar, daß in den gegebenen Strukturen, seien es die Weltwirtschaft oder das nationale politische System, der gewonnene Macht-Raum nur abgesichert werden kann, wenn die von außen auf die Gemeinschaft der *Seringueiros* wirkenden Kräfte unter Kontrolle gehalten werden können. Im wesentlichen bedeutete das, wirtschaftliche Strukturen zu schaffen, die in den Reservaten die ökonomische Entwicklung nachhaltig sicherstellen können. Neben der Produktion für den Eigenbedarf und lokalen Markt bot sich der Primärgüterexport als Bereich an, der Geld in die Region bringen könnte. Am Beispiel des »Extraktionsreservats Chico Mendes« und der »Agroextraktiven Genossenschaft von Xapuri« (CAEX) werden nun die Perspektiven einer alternativen Organisation von Produktion und Vermarktung von Primärgütern diskutiert (vgl. Novy 1997), da in Acre noch immer fast 100.000 Menschen von der Extraktionswirtschaft leben (Gabinete da Senadora Marina 1996).

Das in Xapuri und angrenzenden Kommunen liegende »Extraktionsreservat Chico Mendes«, das fast eine Million Hektar groß ist, wurde 1990 geschaffen. Es nimmt eine Vorreiterrolle in einem Modell nachhaltiger Regenwaldnutzung ein. Auf 1144 Anwesen (*colocação*) stehen 1833 Familien bzw. 12.017 BewohnerInnen rund 672 Hektar pro Anwesen zur Verfügung. Eine Kautschukstraße mit 100 bis 150 Bäumen benötigt rund 100 Hektar. Pro Familie beträgt das jährliche Produktionspotential 714 kg Kautschuk und 1243 kg Brasilnüsse. 1992 stammten 44,7 Prozent des Familieneinkommens aus dem Verkauf von Kautschuk und 24,6 Prozent aus dem Nußverkauf. Die Extraktionsprodukte bilden somit die Grundlage der Hauswirtschaften, die darüber hinaus auch für den Eigenbedarf anbauen, und zwar vor allem Bohnen, Reis und Maniok. Weiters gibt es pro *Colocação* 192 Fruchtbäume. Aus der mit Brandrodungsfeldbau betriebenen Landwirtschaft werden 21 Prozent der Familieneinnahmen erzielt. Das Jahreseinkommen pro Kopf beträgt 490 US$. Während die Frauen nur 20 Prozent der Arbeit im Extraktivismus leisten, beträgt der Anteil in der Landwirtschaft 38 Prozent (vgl. Comitê Chico Mendes 1998/Resex/conserv~1.rtf und relató~1.rtf). Der Kautschuk wird in der Trockenzeit (April bis November) gesammelt, die Brasilnüsse in der Regenzeit (Dezember bis März) (Mori 1992: 241). Die Nüsse werden während der restlichen Monate verarbeitet und verkauft, was eine Zwischenfinanzierung erfordert. In den 90er Jahren wendete Brasiliens Regierung eine Hochzinspolitik an, die viele Kleinbetriebe in den Konkurs trieb. Die äußerst teuren Bankkredite machten in den 90er Jahren eine kommerzielle Finanzierung unmöglich und erforderten eine Subventionierung, welche im Falle der CAEX durch die österreichische Bundesregierung erfolgte. Die Nußverarbeitung erfolgte in zwei Formen: im Rahmen von Kleinfabriken, die mit Unterstützung der Ford Foundation aufgebaut wurden, wurde dezentral im Regenwald produziert. Die zentrale Produktion erfolgte in der genossenschaftseigenen Nußverarbeitungsfabrik »Chico Mendes«. In beiden Fällen wird die Arbeit von Frauen ausgeführt. 1995 wurde eine computerunterstützte Produktionskontrolle in der Zentralfabrik eingeführt, die die Produktivität erhöhte, den Ausschuß verringerte und damit die Kosten senkte.

Das österreichische Projekt hatte einen Schwerpunkt in der Nußproduktion und schenkte der Vermarktungsproblematik besonderes Augenmerk. Unter der Leitung von Carlos Carvalho wurde die Erarbeitung eines Marketingkonzepts finanziert, eine eigene Marke (*Empate*) kreiert, neue Verpackungen und Werbematerial entworfen und der brasilianische Markt bearbeitet (www.amazon link.org). Das Marketingkonzept basierte darauf, das ökologische Problem der Regenwaldabholzung mit der Vermittlung von grundlegenden Informationen über das Leben der Menschen im Regenwald zu koppeln. Die Anfang der 90er Jahre dominierende Belieferung des internationalen Marktes, die wegen der hohen Transportkosten ökologisch umstritten war, verlor daher an Bedeutung. Die Nachfrage teilte sich in die Marktsegmente Solidaritätsmarkt, Großabnehmer wie Supermärkte und die Belieferung von Schulen und öffentlichen Einrichtungen. Strategisch ging es darum, die Vermarktungsnetze zur Grundlage eines alternativen, teilweise lokalen, teilweise nationalen und internationalen kulturellen Milieus zu machen. Deshalb spielte die Herstellung von 250g-Säckchen vor Ort, mit denen eine Vielzahl von KundInnen mit einem Produkt der CAEX beliefert werden, eine Schlüsselrolle. Die Genossenschaftsleitung erkannte dies aber nie als vorrangiges Ziel an und setzte auf den unpersönlicheren Großhandel. Ein Teil der Führung verfolgte mit der Genossenschaft bloß klientelistische Strategien. Mit überhöhten Ankaufspreisen wollten sie sich die Sympathie der Nußsammlerinnen sichern. Tatsächlich gewann der Präsident der Genossenschaft, nachdem er eine Ernte lang einen um 50 Prozent überhöhten Ankaufspreis gezahlt hatte, 1996 die Bürgermeisterwahlen in Xapuri. Der andere Teil der Genossenschaftsführung war produktions-, kurzfrist- und risikominimierend orientiert. Unter diesem Gesichtspunkt stellte die Produktion von 20kg-Säcken, die an bekannte Großabnehmer verkauft wurden, die beste Variante dar. Der Geschäftsführer stellte aufgrund von Liquiditätsengpässen selbst so geringe Beträge wie die für den Ankauf der 250g-Säcken und einer Vakuumverpackungsmaschine nicht zur Verfügung. Der Deckungsbeitrag aus den 20kg-Säcken war wiederum so gering, daß die Infrastruktur der Genossenschaft auf diese Weise nicht aufrechterhaltbar war. Da in dieser kritischen Situation die alten Unterstützer der CAEX – Ford Foundation, Novib, Cultural Survival usw. - zum Großteil abgesprungen waren, fehlte es an Geld, aus diesem Teufelskreis der Kurzfristorientierung auszubrechen. Der vom Marketingkonzept geplante Durchbruch bei der Vermarktung der Nüsse gelang daher nicht.

Was den Kautschuk betrifft, so war dessen Regulierung immer ein Kompromiß widerstreitender Interessen. Unter der Militärdiktatur wurden Konfliktpotentiale mit der Extraktionswirtschaft minimiert und der Staat subventionierte und schützte den Kautschuk. Mit der Demokratisierung erfolgte ein Schwenk in Richtung Liberalisierung, was den Interessen der Industrie und der Städte entgegenkam. Die Militärs reagierten auf die zunehmenden sozialen Spannungen auf dem Land mit Zugeständnissen, die demokratischen Regierungen erklärten sich als unzuständig. 1986 wurde die Politik zur Unterstützung der Extraktionswirtschaft eingestellt (Rego 1992: 458). Es dauerte zehn Jahre bis sich erneut ein Wille zur Förderung der Extraktionswirtschaft formieren konnte. Zum einen half hierbei die große UN-Konferenz über Umwelt und Entwicklung in Rio de Janeiro 1992 und die internationalen Mittel, die für die Förderung nachhaltiger Entwicklungsstrategien in Aussicht gestellt wurden. Zum anderen wurde gerade in Acre der alternative Machtblock zunehmend stärker. Die Senatorin der PT, Marina Silva, wurde zu einer anerkannten Verfechterin der Interessen der *Seringueiros*. Heute ist das allgemeine Umfeld für die Kautschukwirtschaft aufgrund des Interesses am Regenwald besser. Marina Silva verfolgte die gleiche Strategie, wie früher die konservativen Senatoren. Sie versuchte, für ihre Anliegen staatliche Förderungsmittel flüssig zu machen. Tatsächlich wurde erstmals eine

Kreditlinie für Extraktionsprodukte geschaffen. Gleichzeitig ist aber in Brasilien an sich ein liberales marktwirtschaftliches Denken vorherrschend, das extensive Produktionsweisen unter einen radikalen Anpassungsdruck stellt. Jahrelang drückte der überhöhte Wechselkurs die Exportpreise für in Dollar gehandelte Produkte.

Schließlich wurde neben der Absatzseite im Rahmen des österreichischen Projekts auch die Produktionsseite verbessert, indem Nußlager neu gebaut bzw. modernisiert wurden. So konnte der Lagerverlust bei den Nüssen reduziert und die Qualität erhöht werden. Mittelfristig gehen im Extraktionsreservat viele Bemühungen in Richtung der Anlage agroforstwirtschaftlicher Systeme, in denen im Regenwald unter wissenschaftlicher Anleitung eine ökologisch verträgliche Produktionsintensivierung vorgenommen wird. 58 Inseln hoher Produktivität (IAPs) wurden seit 1994 im Reservat gepflanzt. IAPs, d.h. die Anlage kleiner Kautschukplantagen im Regenwald, verhindern den in tropischen Plantagen an sich zu beobachtenden Pilzbefall an Kautschukbäumen. So kann ohne Reduzierung der Artenvielfalt eine Intensivierung des Anbaus vorgenommen werden, es handelt sich um eine Art »Neoextraktivismus«. Die extensive Produktionsweise, die für die hohen Produktionskosten verantwortlich ist, kann so mit wissenschaftlichen Methoden verändert werden. Die Aktivitäten der österreichischen Bundesregierung, die an die Arbeit vieler NGOs anschloß, wurde im Rahmen des »Pilotplans zur Bewahrung des Regenwaldes« fortgeführt. Dabei organisierten die Industrieländer, die G-7, ein Förderprogramm für den Amazonas, wobei Extraktionsreservate – die »Landreform der *Seringueiros*« - ein besonders erfolgversprechendes Fördersegment darstellten. Mit der Gründung einer eigenen Vereinigung im Reservat (AMOREX) im Rahmen des »Pilotplans« wurden die BewohnerInnen auch für die Verteilung von internationalen Finanzmitteln und für Teile der staatlichen Investitionen zuständig.

Alternative Wirtschafts- und Lebensweisen – eine Hausaufgabe

Es ist nicht leicht, eine abschließende Bewertung der Entwicklungsbemühungen in Acre vorzunehmen und das Entwicklungspotential von Primärgüterexporten auszuloten. Es ist aber möglich, den einen oder anderen Mythos zu zerstören, der gutgemeinte Bemühungen oftmals auf falsche Wege lenkt.

Die Lösung liegt im »fairen Markt«?
Im Norden werden in den gerechten Handel von Primärgütern oftmals große Hoffnungen gesetzt: »Im gerechten Handel liegt ein unerschöpfliches Potential für die Länder der Dritten Welt, das der Entwicklungszusammenarbeit eine völlig neue Dimension geben könnte.« (Adam 1999: 1) Heute werden der-

artigen Positionen weit über die Solidaritätsszene hinaus auch von internationalen Finanzgebern massiv unterstützt. Hatten Weltbank und Interamerikanische Entwicklungsbank IDB in den 80er Jahren noch Straßenprojekte und andere »harte« Entwicklungsmaßnahmen finanziert, die für die RegenwaldbewohnerInnen und die Umwelt katastrophal waren, so paßten sich ihre Projekte in den 90er Jahren den Vorgaben nachhaltiger Entwicklung an. Es sollte gezeigt werden, daß eine nachhaltige Regenwaldnutzung und eine Verbesserung der Lebensbedingungen der BewohnerInnen möglich ist, ohne den Wald roden zu müssen. Die Inwertsetzung des Regenwaldes erfolgte unter den Vorgaben nachhaltiger Entwicklungsstrategen. Dies bedeutete in einem ersten Schritt die Förderung des Extraktivismus und die Errichtung streng kontrollierter agroforstwirtschaftlicher Systeme mit geringem Einfluß auf das Biotop. Doch bald schon wurde unter dem Schlagwort »vielfältige Nutzung« auch die Schlägerung von Bäumen diskutiert. Wiewohl dieses Thema stark emotional besetzt ist, weil die Verhinderung der Schlägerung ja den Stopp eines ganzen Entwicklungsmodells ermöglichte, konnten auch die NGOs immer weniger der Versuchung widerstehen, dieses lukrative Marktsegment »Tropenhölzer« nicht zu nutzen. Es zeigt sich daran, daß eine marktwirtschaftliche Philosophie in der Praxis kaum imstande ist, Tabus gegen die Vermarktung aufrechtzuerhalten: Der möglichen Vermarktung, dem Kalkül des Rechenstifts, ist nichts heilig. Aber auch mit derartigen Tabubrüchen verändert sich das Emanzipationspotential der Extraktionswirtschaft nur unwesentlich. Die wesentlichen betriebswirtschaftlichen Probleme, beginnend mit einem geringen Bildungsniveau, blieben bestehen. Ohne Rechnen und Schreiben kann auch keine Unternehmerkultur entstehen. Weiters müssen kleine an der Peripherie gelegene Betriebe mit übermächtigen Gegnern konkurrieren, sie kontrollieren große Teile der Vermarktungskette nicht und können die Produktion kaum intensivieren. Als mögliche Auswege bieten sich hier alternative Vermarktungswege an. Dies kann die lokale und nationale Vermarktung ebenso umfassen wie »solidarische« Vermarktungswege des Alternativhandels. Wenn dies dazu genützt werden kann, strukturelle Zusammenhänge aufzuzeigen, erscheint dies tatsächlich sinnvoll.

Bezogen auf die Intensivierung der Produktion scheinen die Inseln hoher Produktivität (IAPs) positive Ergebnisse zu zeitigen, wie überhaupt agroforstwirtschaftliche Systeme wichtige Verbesserungen bringen können. Primärgüterexporte stellen sicherlich nicht die ökologische Alternative dar, als die sie vor mehr als zehn Jahren manchmal dargestellt wurden. Die historische Untersuchung von Wirtschaft und Politik zeigte, daß Phasen liberaler Entwicklung für die BewohnerInnen des Amazonas niemals gute Zeiten waren. Unter Präsident Kubitschek und dessen Automobilpolitik in den 50er Jahren und im Gefolge von Demokratisierung und Weltmarktöffnung in den 80er und 90er Jahren schlitterte der Extraktivismus in schwere Krisen. Primärgüterexporte als Teil liberaler Politiken können daher nicht als Lösung von Umwelt- und Sozialproblemen angesehen werden. Das vollkommene Mißverständnis darüber, welche Rolle Staat und Kapital im Wirtschaftsprozeß spielt, macht auch gutgemeinte Vorschläge für eine faire Marktwirtschaft problematisch. So wie Brasiliens Flugzeug- und Computerindustrie kaum ohne staatliche Rüstungsförderung entstanden wäre, so wenig gäbe es ohne Staat die Viehwirtschaft im Amazonas oder nachhaltige Entwicklungsstrategien. Darüber hinaus ist die grundsätzliche Asymmetrie zwischen Wirtschaftsräumen und Wirtschaftssubjekten so groß, daß dem Markt als einem Ort der Interaktion von Gleichen Hohn gesprochen wird. Strategien, die auf Markt-Fairneß setzen, lenken das Augenmerk von der Politik, dem Staat und seinem Verteilungspotential ab. Der Staat war aber für die Entwicklungsfinanzierung immer von entscheidender Bedeutung. Daher war der ökoliberale Diskurs, wonach mit einer »gerechten« Bepreisung die Probleme der Primärgüterexporteure zu lösen seien, äußerst irreführend. Es war diese Hoffnung auf eine vermeintliche Marktgerechtigkeit, die dazu führte, daß sich die *Seringueiros* und die Regenwaldorganisationen dem Primat des Marktes unterordneten. Damit klammerten sie die Analyse und die Kritik der bestehenden Wirtschafts- und Gesellschaftsordnung aus, die den Wert oder die Wertlosigkeit von Produkten festlegt. Es ist aber genau die Frage nach der Bewertung von Produkten und damit nach der Entlohnung ihrer ProduzentInnen, die niemals »natürlich« durch den Markt, sondern immer vermittelt durch gesellschaftliche Verhältnisse erfolgt (vgl. Harvey 1996: 229).

Den Regenwaldorganisationen gelang es in einer erfolgreichen politischen Auseinandersetzung für alternative Wirtschafts- und Lebensformen einen geschützten Raum im Rahmen von Extraktionsreservaten zu schaffen. Die Demarkierung von Reservaten bedeutet aber nicht, damit jegliche negativen Einflüsse ausschalten zu können, Außenkontakte zwangsläufig zu verringern. Die Extraktionswirtschaft der *Seringueiros* war immer auf den Markt ausgerichtet, Subsistenzstrategien wurden anfangs unterbunden, waren niemals mit hohem Sozialprestige versehen. Daher ist diese Arbeit auch zu einem guten Teil Frauen zugewiesen. Die kulturelle Auseinandersetzung über die Hierarchisierung von Markt und Subsistenzproduktion ist aber nicht einfach zu führen, die Faszination des Marktes, der – scheinbar – Zugang zur globalen Warenwelt eröffnet, ist groß. Die einzelnen Gebrauchswerte werden hierbei zu Waren, die scheinbar ein Eigenleben gewinnen (Marx 1983: 85ff.). Zu Recht hat Marx demgegenüber immer darauf bestanden, den Wirtschaftsprozeß als eine Abfolge von Produktion, Vermarktung und Konsum zu sehen (Perrons 1999): Unter welchen Umständen arbeiten und leben Menschen, die Waren produzieren, wie leben die, die sie schließlich konsumieren? Dies sind die Fragen, die Grundlage für die Suche nach neuen gerechten Wirtschafts- und Lebensformen sein müßten. Darüber müßten alternative Vermarktungsstrategien informieren. Dies schließt die Frage nach der Fairneß nicht aus, stellt diese aber in einen weit über Marktgerechtigkeit hinausgehenden Rahmen.

Das Paradies ist anderswo?

Ein zweiter mächtiger Mythos besteht in der Verklärung traditioneller Wirtschafts- und Lebensweisen. Die historische Darstellung zeigte, wie brutal und ungerecht die Extraktionswirtschaft gewesen ist. Trotzdem erschien sie denen, die darunter leiden mußten, letztlich im Vergleich zu der von außen aufoktroyierten »Entwicklung« als verteidigungswürdig. Doch damit ist nicht grundsätzlich und immer die Tradition gegenüber der Veränderung zu bevorzugen. Es stimmt, daß kapitalistische Entwicklung im Zerstören von Altem und dem Aufbau von Neuem besteht. Dies ist eine Folge des Strebens nach Profit, denn aus Geld muß »Mehr-Geld« werden. Deshalb muß auch die Natur in einem Prozeß der »kreativen Zerstörung« ständig umgewandelt werden (Raza 1999). Gleich bei einem meiner ersten Besuche im Extraktionsreservat wurde ich gefragt, ob Österreich nicht eine Satellitenschüssel fürs Fernsehen finanzieren könne. Bei allem Elend in der Stadt, fasziniert das Leben »am Asfalt« die *Seringueiros.* Urbanisierung und Individualisierung untergraben die überlieferten Formen von Gemeinschaftlichkeit. Immer seltener gibt es Feste, religiöse Feiern oder politische Treffen im Regenwald selber. Fernando Michelotti, Agronom aus São Paulo und Projektmitarbeiter im österreichischen Projekt, lebte einige Jahre im Sozialzentrum des Regenwalds. Dercy Telles, in den 80er Jahren Vorläuferin Chico Mendes als Gewerkschaftspräsidentin von Xapuri und später ebenfalls Projektmitarbeiterin, beschloß nach über zehn Jahren des Lebens in der Stadt, wieder in den Regenwald zurückzugehen. Es ist dies der Versuch von Einzelpersonen, konkrete Alternativen zu leben, nachdem sie Urbanität und Modernität kennengelernt hatten. Erst eine Reihe von individuellen und kollektiven Erfahrungen waren notwendig, um das Leben und Wirtschaften im Wald als identitätsbegründend zu begreifen. Als Einzelpersonen praktizierten sie, was früher eine ganze soziale Bewegung anstrebte: der Profitlogik eine kulturelle Logik entgegenzustellen, die sich an Gebrauchswerten orientiert und mit der Vielfalt der Natur menschliche Bedürfnisse befriedigt (Oliveira 1994: 95). Dies ist bei *Seringueiros,* die unvorbereitet und ohne kulturellen Rückhalt in die Stadt kommen, selten der Fall. Für diejenigen, die sich mit dem Widerstand der *Seringueiros* solidarisieren, stellt sich deshalb eine wichtige Frage: warum gönnen wir denjenigen, die naturverbundener leben als wir, das nicht, was unser Leben prägt: nämlich die kapitalistische Warenwelt. Die Faszination mit *Seringueiros* und indigenen Völkern spiegelt meiner Meinung nach zu einem nicht unwesentlichen Teil die Sehnsucht nach einem Paradies wider, das wir schon verloren haben. Wenn dies stimmt, dann müßte sich unser Engagement unseren eigenen Gesellschaften zuwenden und unsere Energien müßten vorrangig dort die Reste nicht-kapitalistischer Lebensweisen verteidigen. Umgekehrt ist nur zu verständlich, daß die *Seringueiros* statt einem Naturreservat die Verbesserung ihrer Lebensbedingungen und die Bewahrung bestimmter traditioneller Lebensformen fordern. Sie wollen eine von ihnen kontrollierte Modernisierung von unten, in der manchmal die bewahrenden und manchmal die verändernden Elemente bestimmend sind. Falls es die Motivation von SympathisantInnen aus dem Norden ist, an bestimmten Orten der Welt Reste unberührter, vormoderner Welten zu erhalten statt sie im eigenen Lebensumfeld zu schaffen, so erscheint mir dies problematisch. Entwicklungszusammenarbeit müßte vielmehr von radikal anderen Überlegungen ausgehen. Globale Zusammenarbeit müßte die sich ausbreitende kapitalistische Wirtschafts- und Lebensweise grundlegender und in erster Linie zu Hause in Frage stellen. Wenn die Naturverbundenheit, die Langsamkeit und Harmonie des Lebens im Regenwald als Alternative zu Technisierung, Beschleunigung und Konkurrenzkämpfen erstrebenswert ist, dann müssen die grundlegenderen Mechanismen der kapitalistischen Weltwirtschaft und unserer eigenen Wirtschaftsordnung hinterfragt werden. Carlos Carvalho erarbeitete mit der Marke *Empate* ein Marketingkonzept, das ein Produkt an eine Lebensweise koppelte. Da damit der Fetisch der Ware gelüftet wird, denn hinter jeder Brasilnuß wird ein Mensch-Natur-Umfeld sichtbar, scheint mir dies der sinnvollste Weg der Förderung von Primärgüterexporten. Eine alternative Vermarktung, die an Unterdrückung erinnert und das Ziel des Widerstands benennen kann, ist ein Beitrag zum Einkommen der *Seringueiros*, aber vor allem zur politischen Bildung. Damit sprechen derartige Bemühungen der Vermarktung der Regenwaldprodukte das Kernproblem von Umweltzerstörung und Ausbeutung an: die ungerechten Machtstrukturen, sei es die politische Herrschaft der Großgrundbesitzer oder die wirtschaftliche Macht derjenigen, die den Welthandel kontrollieren. Somit geht es um eine kulturelle und politische Auseinandersetzung. Hödl und Frimmel forderten schon 1992, Schönheit, Vielfalt und Eigenartigkeit sowie den Respekt vor der im Einklang mit der Natur lebenden (Ur-)Bevölkerung zur Grundlage der Erhaltung von Naturlebensräumen zu machen (Hödl, Frimmel 1992: 279). Kurz, es geht um die Nagelprobe, ob außer Gewinn noch andere zivilisatorische Ziele einen sozialen Wert darstellen.

Literatur

Adam, H. (1999): Vorwort. In: *IIZ*, Zum Thema 3/99 (Recht auf Fairneß im freien Markt!): 1

Allegretti, M. H. (1989): Reservas extrativistas: uma proposta de desenvolvimento da floresta amazônica. In: *Pará Desenvolvimento*. No. 24, jan/dez 1998: 3-29

Altvater, E. (1987): *Sachzwang Weltmarkt*. Hamburg: VSA

Becker, B./Egler, C. (1992): *Brazil: a new regional power in the world-economy. A Regional Geography*. Cambridge: Cambridge University Press

Calixto de Oliveira, W./Fernandes de Souza, J./Dourado de Souza, J. (1983): *ACRE uma historia em construcao*. Rio Branco: Secretaria de Educacão e Cultura do Acre

Campell, C. (1997): On the Front Lines But Struggling for Voice. Women in the Rubber Tappers' efence of the Amazon. In: Collaboration with the Women's Group of Xapuri, Acre, Brasil. The Ecologist, Vol. 27. No. 2: 46-54

Cano, W. (1998): *Desequilibrios regionais e concentração industrial no Brasil. 1930-1970. 1970-1995*. Campinas: Unicamp

Carvalho, C. (1998): Do »Paradigma Chico Mendes« à globalização da floresta tropical. In: *Políticas Ambientais*. No. 16: 8-11

Castela, R./ Novy, A. (1996): Der schwierige Zutritt der Armen zu Staat und Zivilgesellschaft im brasilianischen Bundesstaat Acre. In: Kolland, F et al, Hg.: *Staat und zivile Gesellschaft*. Historische Sozialkunde 8. Frankfurt/Wien: Brandes&Apsel/Südwind: 73-92

Coêlho, E. M. (1982): *Acre: O ciclo da borracha (1903 - 1945)*. Niterói: Instituto de Ciencias Humanas e Filosofia. Centro de Estudos Gerais. Universidade Federal Fluminense. Dissertação de Mestrado

Comitê Chico Mendes (1998): *Dez Anos sem Chico Mendes*. CD-Rom. Rio Branco: Amazonlink

Costa Filho, O. S. da (1995): *Reserva Extrativista: Desenvolvimento Sustentável e Qualidade de Vida. Tese de Mestrado apresentado ao CEDEPLAR da Universidade Federal de Minas Gerais – UFMG*. Belo Horizonte

Estado do Acre, Secretaria de Estado de Planejamento (1994*): Anuário Estatístico do Acre 1991*. Rio Branco: Seplan

Furtado, C. (1975): *Die wirtschaftliche Entwicklung Brasiliens*. München: Wilhelm Fink Verlag

Gabinete da Senadora Marina Silva (1996): *Os Seringueiros do Acre hoje. Breve relato*. mimeo

Harvey, D. (1996): *Justice, Nature and the Geography of Difference*. Oxford: Basil Blackwell

Hecht, S. (1993): Brazil: Landlessness, land speculation and pasture-led deforestation. In: Colcester, M.,ed.: *The struggle for land and the fate of the forests*. Malaysia et al.: Zed books: 164-178

Homma, A. K. O. (1992): A (Ir)Racionalidade do Extrativismo Vegetal como Paradigma de Desenvolvimento Agrícola para a Amazônia. In: Costa J.M.M. da, Org.: *Amazônia: Desenvolvimento ou Retrocesso*. Belém: CEJUP: 163-207

Hödl, W./ Frimmel, M. (1992): Aktuelle Entwaldungsursachen und Perspektiven standortgerechter Landnutzung in Amazonien. In: *Journal für Enwicklungspolitik* 3/92: 267-284

Martinello, P. (1985): *A »Batalha da Borracha« na 2. Guerra Mundial e suas consequencias para o vale amazonica*. Belém: Falangola

Marx, K. (1983): *Das Kapital*. Band 1. MEW23. Berlin: Dietz

Mori, S.A. (1992): The Brazil Nut Industry – Past, present and future. In: Plotkin, M./Famolare, L., eds.: *Sustainable Harvest and Marketing of Rain Forest Products*. Washington: Island Press: 241-251

Novy, A. (1997): Über die Nachhaltigkeit von Herrschaft: Eine selbstkritische Analyse eines Entwicklungsprojekts in Acre/Brasilien. In: Raza, W./Novy, A., Hg.: *Nachhaltig reich - nachhaltig arm?* Frankfurt a. M., Wien: 70-88

Novy, A. (1998): *Raum, Macht und Entwicklung in Brasilien. Habilitation*. Wien: Wirtschaftsuniversität

Oliveira, F. de (1994): A Reconquista da Amazônia. In: D'Incao/Silveira, M.A. /Maciel, I., Orgs.: *A Amazônia e a Crise da Modernização*. Belém, Museu Paraense Emílio Goeldi,1994: 85-97.

Perrons, D. (1999): Reintegrating Production and Comsumption, or Why Political Economy Still Matters. In: Munck, R./O'Hearn, eds.: *Critical Development Theory: Contributions to a new paradigm*. London: Zed-Books. 91-112

Raza, W. G. (1999): Politische Ökonomie und Natur im Kapitalismus. Überlegungen zur Synthese eines antagonistischen Verhältnisses. In: *Kurswechsel* 3/99: 41-49

Rego, J. F. do (1992): *Estado Capitalista e Políticas Públicas*. Dissertação de Mestrado. Campina Grande

Ribeiro, D. (1995): *O povo brasileiro. A formação e o sentido do Brasil*. São Paulo: Companhia das Letras

Silva, A. F. da (1982): *Ocupação recente das Terras do Acre* (Transferencia de capitais e disputa pela terra). Belo Horizonte: UFMG

Valverde, O. Org. (1989): *A organização do espáço na faixa da transamazonica. Vol. 2: Acre e regiões vizinhas*. Rio de Janeiro: Fundação Instituto Brasileiro de Geografia e Estatistica-IBGE

Weinstein, B. (1993): *A Borracha na Amazônia: Expansão e decadência (1850 – 1920)*: São Paulo: Hucitec-Edusp

Internetadressen

www.fao.org (FAO- Food and Agricultural Organisation of the UN)
www.ibge.gov.br (IBGE- Statistisches Zentralamt Brasiliens)
www.ibama.gov.br (Brasilianische Umweltbehörde)
www.uol.com.br/fsp (Folha de São Paulo)

www.amazonlink.org (Amazonlink)

www.gtz.de/pp-g7/index.html (Pilotprogramm zur Bewahrung des Regen-walds)

www.senado.gov.br/web/senador/marinasi/marinasi.htm?CFID=51274&CFT OKEN=6298

(Marina Silva – Senatorin von Acre)

www.iadb.org/ENGLISH/POLICIES/participate/sec3.htm

(Interamerikanische Entwicklungsbank – IDB)

Monika Ludescher
Ressourcenmanagement im Neoliberalismus: die aktuelle peruanische Gesetzgebung im Erdöl- und Erdgassektor – Auswirkungen auf Umwelt und Menschenrechte

Das neoliberale Wirtschaftsmodell, das in Peru später eingesetzt hat als in anderen Ländern, kann nur richtig beurteilt werden, wenn es im Rahmen des allgemeinen politischen Prozesses betrachtet wird. Die Entfaltung des wirtschaftlichen Neoliberalismus ist in Peru eng mit der Außerkraftsetzung der Rechtsstaatlichkeit und der Beschneidung der Bürgerrechte verbunden. Dies zeigt sich deutlich in der Gesetzgebung, die Demokratie und Menschenrechte beschränkt und gleichzeitig uneingeschränkte Freiheiten vor allem für ausländische Investoren zusichert und so die rechtlichen Rahmenbedingungen für das neoliberale Wirtschaftsmodell schafft.

Ein knappes Jahr nach Amtsantritt des Präsidenten Fujimori erläßt im Juni 1991 das Parlament ein Gesetz, in dem es fünf Monate lang seine Gesetzgebungsbefugnis in zwei besonders wichtigen Bereichen an die Regierung abtritt. Die beiden, im Ermächtigungsgesetz des Parlaments als »nationale Befriedung durch Ausrottung des subversiven Terrorismus« und als »Wachstum der privaten Investitionen« bezeichneten Bereiche sind nur in knappen Worten und allgemeinen Formulierungen umschrieben, was der Regierung den größtmöglichen Ermessensspielraum läßt. Aufgrund des Ermächtigungsgesetzes erläßt die Regierung bis November 1991 ein Paket von 117 Gesetzesdekreten.

Was die sogenannte »nationale Befriedung durch Ausrottung des subversiven Terrorismus« betrifft, werden die Befugnisse des Militärs zur »Aufrechterhaltung und Wiederherstellung der inneren Ordnung« während des Ausnahmezustands, die schon vorher sehr groß waren, noch weiter ausgebaut und es wird das jederzeitige Eingreifen des Militärs im ganzen Land, auch ohne vorherige Ausrufung des öffentlichen Notstands, gesetzlich verankert. In den Notstandsgebieten, die damals mehr als die Hälfte des Staatsgebietes umfaßten, sind alle staatlichen Behörden und Nichtregierungsorganisationen den jeweiligen »Politisch-Militärischen Kommandos« untergeordnet. Unabhängig von den Fristen des offiziell deklarierten Notstandes wird durch die ständigen »Politisch-Militärischen Kommandos« die Institutionalisierung des öffentlichen Notstandes und fortdauernde Außerkraftsetzung der Menschenrechte bewirkt und gewissermaßen die Ausnahme zur Regel gemacht. Mehrere Dekrete regeln die Organisation von »Selbstverteidigungskomitees« unter der Zivilbevölkerung, insbesondere in ländlichen Gebieten und indigenen Gemeinschaften, sowie deren Kontrolle durch das Militärkommando. Die Militärgerichtsbarkeit wird auf des »Terrorismus« beschuldigte Zivilpersonen ausgedehnt und die Todesstrafe wird wieder eingeführt. Hingegen kommen selbst schwere, von Angehörigen des Militärs und der Polizei begangene, Menschenrechtsverletzungen wie Folter und das Verschwindenlassen von Zivilpersonen nicht vor die ordentlichen Gerichte, sondern werden als militärinterne Angelegenheiten behandelt.

In der neoliberalen Wirtschaftspolitik wird in einem »Rahmengesetz für das Wachstum der privaten Investitionen« den Investoren vor allem rechtliche Sicherheit und Stabilität garantiert. Zugesichert wird die Unabänderlichkeit der Devisen- und Steuervorschriften, die freie Überweisung der Gewinne ins Ausland und die steuerfreie Einfuhr von Material und Geräten, die Unabänderlichkeit arbeits-, sozial- und umweltrechtlicher Bestimmungen. Die Lizenzverträge, die der Staat mit den Konzernen abschließt, werden zwar dem Privatrecht zugerechnet, gleichzeitig aber auch als sogenannte »Verträge mit Gesetzeswirkung« behandelt, was bedeutet, daß sie nur mit Zustimmung beider Vertragspartner, nicht jedoch durch staatliche Gesetze geändert werden können. Beispielsweise hätte die gesetzliche Einführung höherer Umweltstandards durch zukünftige Regierungen für bestehende Verträge keine Wirkung. Zusätzlich zu den allgemeinen Bestimmungen des »Rahmengesetzes für das Wachstum der privaten Investitionen«, das auf alle Sektoren Anwendung findet, hat die Regierung noch spezifische Gesetzesdekrete für die einzelnen Sektoren erlassen, insbesondere für den Agrarsektor, die Fischerei, den Bergbau und die Förderung von Erdöl und Erdgas. Die Sicherheit der Investitionen wird laut Gesetz durch das Verteidigungs- und das Innenministerium gewährleistet.

Nicht alle Regierungsdekrete vom November 1991 stießen im Parlament auf Zustimmung. Einige Parlamentarier kritisierten die Verfassungswidrigkeit gewisser Dekrete zur »nationalen Befriedung« und einen zu starken Eingriff in die Bürgerrechte; manche Parlamentarier vertraten die Meinung, daß die Regierung ihre Gesetzgebungsbefugnis, die sie laut Ermächtigungsgesetz des Parlaments erhalten hatte, überschritten habe. Die Debatte über die Verfassungsmäßigkeit der Regierungsdekrete endete am 5. April 1992 mit dem Putsch des Staatspräsidenten und des Militärs, der Auflösung des Parlaments und der Außerkraftsetzung der Verfassung. Verfügt wurde außerdem die völlige Umorganisierung der Justiz, des Verfassungsgerichtshofs, der Staatsanwaltschaft und des Rechnungshofs.

Auf Betreiben der Organisation Amerikanischer Staaten (OAS) kam es einige Monate später zur Einsetzung einer Verfassunggebenden Versammlung, was jedoch nicht über den erfolgten Verfassungsbruch hinwegtäuschen darf.

Die Verfassunggebende Versammlung übernahm auch die gesetzgeberischen Funktionen des aufgelösten Parlaments und wandelte verschiedene Regierungsdekrete vom November 1991 in Gesetze ähnlichen Inhalts um. Im August 1993 beschloß die Verfassunggebende Versammlung ein Gesetz für Erdöl und Erdgas, auf dem alle seither abgeschlossenen Lizenzverträge beruhen. Die neue Verfassung trat Ende 1993 nach einem Referendum in Kraft. Dort sind insbesondere die Erweiterung der Befugnisse des Präsidenten und des Militärs sowie die Rahmenbedingungen für das neoliberale Wirtschaftsmodell verankert. Die neue Verfassung erlaubt die früher verbotene Wiederwahl des Präsidenten; somit tritt Präsident Fujimori im April 2000 zum dritten Mal als Kandidat für das Präsidentenamt an.*

Zwischen 1991 und 1993 wurden in Peru die Weichen für ein neoliberales Wirtschaftsmodell gestellt, das sich sehr gut mit undemokratischen, ja diktatorischen staatlichen Strukturen verträgt und das statt der häufig gepriesenen Freiheit für die Bürger vielmehr Repression und die drastische Beschneidung der Bürgerrechte mit sich bringt.

Betroffen von den Repressionsgesetzen und den neoliberalen Wirtschaftsgesetzen ist vor allem die indigene Bevölkerung, die in Peru zwar die Bevölkerungsmehrheit bildet, aber keinen Anteil an der staatlichen Macht hat. Die Unterdrückung und Diskriminierung der indigenen Bevölkerung, die als koloniales Erbe weiterbestehen, wird durch das neoliberale Wirtschaftsmodell noch verstärkt. Der politisch-militärische Ausnahmezustand und die damit verbundenen Menschenrechtsverletzungen betreffen jene Regionen, in denen die indigene Bevölkerung lebt, seien dies ländliche Gebiete oder die Armenviertel rund um die Hauptstadt Lima. Die Großprojekte zur Ausbeutung der Bodenschätze durch transnationale Konzerne (insbesondere Gold, Erdöl und Erdgas), die das Rückgrat des peruanischen neoliberalen Wirtschaftsmodells bilden, finden großteils auf dem Land indigener Gemeinschaften statt, zerstören dort natürliche Ressourcen und Umwelt und somit die Lebensgrundlage der lokalen Bevölkerung.

Die Verfassung von 1993 hebt erstmals die seit 1920 verfassungsrechtlich verankerten Garantien der Unveräußerlichkeit, Unpfändbarkeit und Unersitzbarkeit des im Eigentum indigener Gemeinden stehenden Landes auf und fördert somit den Verlust indigenen Kommunallandes, wie er vor allem im 19. Jahrhundert stattgefunden hat. Angesichts dieses Angriffs auf die wirtschaftlichen, sozialen und kulturellen Rechte indigener Gemeinschaften, klingt der in der Verfassung versprochene staatliche Schutz des »ethnischen und kulturellen Pluralismus der Nation« und die deklarative Anerkennung der ethnischen und kulturellen Identität der Bürger wenig überzeugend. Auch die durch die Verfassung von 1993 gegründete Institution eines Ombudsmanns zum Schutz der Menschenrechte kann in Anbetracht der zahlreichen, die Menschenrechte beschränkenden Gesetze und Verfassungsbestimmungen sowie des Mangels wirksamer Rechtsmittel zur gerichtlichen Durchsetzung der Rechte wenig ausrichten.

Die Ratifizierung der ILO-Konvention 169 über die Rechte indigener Völker durch die peruanische Regierung im Jänner 1994 hat an der negativen rechtlichen Lage der indigenen Völker Perus nichts geändert, da die innerstaatlichen Gesetze nicht an die Standards der ILO-Konvention angepaßt wurden.

Auswirkungen des Neoliberalismus auf das Umweltrecht

Die neoliberalen Wirtschaftsgesetze haben vor allem in das sich langsam entwickelnde Umweltrecht eingegriffen und dieses praktisch im Keim erstickt. Seit Mitte der Achtzigerjahre war ein Gesetzbuch über Umwelt und natürliche Ressourcen in Ausarbeitung; es wurde 1990 fertiggestellt und vom Parlament beschlossen. Die darin enthaltenen Umweltauflagen entsprachen jedoch nicht den Bedürfnissen der neoliberalen Wirtschaftspolitik, weshalb das Gesetzbuch in seiner ursprünglichen Fassung nur ein knappes Jahr in Kraft blieb. 1991 wurden alle wesentlichen Bestimmungen von den Regierungsdekreten für das Wachstum der privaten Investitionen außer Kraft gesetzt oder abgeändert.

Die ursprüngliche Fassung des Gesetzbuchs sah die Gründung einer unabhängigen Umweltbehörde vor, die Sektoren übergreifend für alle Umweltfragen zuständig sein sollte. Beispielsweise sollte eine Verordnung der Behörde zur Abwendung von Umweltschäden sofort wirksam werden und durch den Einspruch des betroffenen Unternehmens nicht suspendiert werden können. Diese Bestimmung wurde aufgehoben. Alle Umweltfragen wurden dem jeweiligen Ministerium übertragen. Das Ministerium für Energie und Bergbau entscheidet nun über Umweltfragen bei Projekten des Goldabbaus, der Erdöl- oder Erdgasförderung, das Agrarministerium über Umweltfragen bei Agrarprojekten usw. Das gleiche Ministerium, das mit den Konzernen die Lizenzverträge abschließt, entscheidet auch über Umweltbeschwerden, die gegen diese Konzerne gerichtet sind, was insbesondere bei Großprojekten mächtiger transnationaler Konzerne sehr problematisch ist. Die Aufsplitterung des Umweltschutzes auf verschiedene Ministerien schafft auch Ungewißheit über die Zuständigkeiten. Beispielsweise spielt Wasser bei Erdöl- und Erdgasbohrungen im tropischen Regenwald eine besonders wichtige Rolle, weil die an die Oberfläche gelangenden giftigen Substanzen die unzähligen Wasserläufe verseuchen. Da es sich um Energieprojekte handelt, ist einerseits das Energieministerium zuständig, andererseits fallen Wasserangelegenheiten aber auch in die Zuständigkeit des Agrar-, beziehungsweise Fischereiministeriums; für die Flüsse des Amazonasgebietes ist außerdem noch die Marine zuständig.

Die strafrechtliche Verfolgung von Umweltdelikten wurde durch die neoliberalen Wirtschaftsgesetze praktisch unmöglich gemacht. Laut Erdölgesetz können die Gerichte erst dann Untersuchungen wegen mutmaßlicher Umweltvergehen einleiten, wenn eine Stellungnahme des Energieministeriums vorliegt, ob Umweltgesetze verletzt wurden oder nicht. Durch das Fehlen einer Stellungnahme des Energieministeriums kann ein Prozeß unbefristet hinausgezögert werden. Wenn das beschuldigte Unternehmen eine Umweltverträglichkeitsstudie erstellt hat und sich diese in Durchführung befindet, ist eine strafrechtliche Verfolgung ausgeschlossen. Sollte dennoch ein Prozeß stattfinden, der Richter aber keine Verletzung der Umweltgesetze feststellen, so ist der Kläger für den Schaden, der dadurch dem angeklagten Unternehmen entsteht, voll verantwortlich; eine Drohung, die wohl die meisten Umweltschutz- oder Menschenrechtsorganisationen vor gerichtlichen Schritten zurückschrecken läßt.

Das Gesetz für Erdöl und Erdgas hat besonders die Bestimmungen des Umweltgesetzbuchs zum Schutz von Nationalparks und anderen Naturschutzgebieten und zum Schutz indigener Gemeinschaften des Amazonasgebietes zur Gänze aufgehoben oder wesentlich eingeschränkt. Nach der ursprünglichen Fassung des Umweltgesetzbuchs war die Förderung von Erdöl und Erdgas oder der Abbau anderer nicht erneuerbarer natürlicher Ressourcen innerhalb von Naturschutzgebieten verboten; in seiner geänderten Form hingegen ist die Durchführung derartiger Projekte in Naturschutzgebieten erlaubt, wodurch der Sinn, ein Gebiet unter Naturschutz zu stellen, verloren geht. Nach der ursprünglichen Fassung des Umweltgesetzbuchs mußten alle Erdöl- und Erdgasprojekte in der Amazonasregion die Kosten der Schadenswiedergutmachung für den Fall einkalkulieren, daß Naturschutzgebiete oder indigenes Gemeinschaftsland geschädigt werden, selbst dann wenn die eigentliche Fördertätigkeit außerhalb dieser Gebiete stattfindet. Nach der geänderten Fassung haftet das Unternehmen nicht für Schäden, die in einem Naturschutzgebiet entstehen, wenn die Förderanlagen außerhalb liegen. Die Rechte indigener Gemeinschaften auf Schadenswiedergutmachung sind in der geänderten Fassung des Umweltgesetzbuchs überhaupt nicht erwähnt.

Auswirkungen des Neoliberalismus auf die Rechte der indigenen Völker

Die ILO-Konvention 169 über die Rechte indigener Völker sieht die Mitbestimmung dieser Völker bei allen politischen Entscheidungen und Programmen, die sie betreffen, vor. Die Regierungen sind verpflichtet, die indigenen Völker über gesetzgeberische oder administrative Maßnahmen, die sie betreffen, zu konsultieren (Artikel 6). Die Konsultierungspflicht bezieht sich vor allem auf den Abbau von Bodenschätzen auf indigenen Territorien. Die Regierungen dürfen keine Prospektion und keinen Abbau von Bodenschätzen auf den Territorien indigener Völker betreiben oder bewilligen, ohne die betroffenen Völker vorher konsultiert zu haben, ob und inwieweit deren Interessen verletzt würden (Artikel 15).

Obwohl die peruanische Regierung durch die Ratifizierung der ILO-Konvention eine internationale Verpflichtung eingegangen ist, erfüllt sie keine der Konventionsbestimmungen. Alle politischen Entscheidungen, die die indigene Bevölkerung betreffen, so etwa die Aufhebung der verfassungsrechtlichen Schutzbestimmungen für das Land indigener Gemeinden, sind ohne Beteiligung der Betroffenen gefallen. Die indigenen Völker sind in keiner politischen oder administrativen Instanz vertreten und es wurde kein Mechanismus geschaffen, um die in der ILO-Konvention geforderte Konsultierung vorzunehmen. Obwohl fast alle Bergbau-, Erdöl- oder Erdgasprojekte auf indigenem Territorium stattfinden, hatten die indigenen Völker am Entwurf der Gesetze, die diese Aktivität regeln, keinerlei Beteiligung und sind in diesen Gesetzen überhaupt nicht erwähnt. Insbesondere wird ihnen in den Gesetzen kein Anteil am Nutzen der Fördertätigkeit und kein Anspruch auf gerechte Entschädigung für die durch die Fördertätigkeit entstandenen Schäden zugesprochen, wie dies die ILO-Konvention fordert (Artikel 15). Die Verhandlungen über zukünftige Projekte finden ausschließlich zwischen den Bergbau- oder Erdölfirmen und Regierungsvertretern statt, während die betroffenen indigenen Gemeinschaften nicht einmal informiert, geschweige denn konsultiert werden. Die Lizenzverträge werden zwischen dem Regierungsvertreter und dem Konzern abgeschlossen und vom Staatspräsidenten durch ein Dekret bewilligt.

Die Vorgehensweise der derzeitigen peruanischen Regierung ist nicht ungewöhnlich, denn es hat auch keine der vorhergehenden Regierungen jemals die indigenen Völker über politische, gesetzgeberische oder sonstige Maßnahmen, die direkt ihre Interessen betreffen, konsultiert. Durch das neoliberale Wirtschaftsmodell ist jedoch der Druck auf das indigene Land und die dort befindlichen Ressourcen noch viel größer geworden und die rücksichtslose Ausbeutung dieser Ressourcen bedroht in immer stärkerem Maß die Existenz der indigenen Völker bis in die entlegendsten Regionen.

Laut Agrargesetz von 1995 sind die indigenen Gemeinden, auf deren Land Bodenschätze abgebaut oder Erdöl oder Erdgas gefördert werden sollen, gezwungen, den Bergbau- oder Erdölfirmen ihr Land zur Verfügung zu stellen; sie können diesen nicht unter Berufung auf ihr Eigentumsrecht den Zutritt zu ihrem Land verweigern. Die Bergbau- oder Erdölfirma hat das Recht, die dort vorhandenen Ressourcen wie Wasser, Holz und Baumaterialen, die sie für ihre Tätigkeit braucht, zu nutzen und außerdem Industrieanlagen, Straßen, Flugplätze, Pipelines, usw. zu errichten. Als einzige Auflage soll die Bergbau- oder Erdölfirma vorher versuchen, sich mit dem Grundeigentümer, d.h. der indigenen Gemeinde, zu einigen, wieviel für die Nutzungsrechte zu bezahlen ist. Kommt es innerhalb von 30 Tagen zu keiner Einigung, setzt das Energieministerium den Entschädigungsbetrag in einem Bescheid fest, gegen den es keine Berufungsmöglichkeit in einem Verwaltungsverfahren gibt. Das Unternehmen kann sofort seine Tätigkeit aufnehmen. Ist die Gemeinde nicht damit einverstanden, kann sie vor Gericht nur die Höhe des Entschädigungsbetrages anfechten, nicht jedoch vorbringen, daß sie auf ihrem Land kein Bergbau- oder Erdölprojekt zulassen will. Erdöl- oder Erdgasprojekte gelten als Projekte »nationaler Dringlichkeit«, so daß die Ölfirmen in einem einfachen Verfahren die Enteignung des indigenen Landes beantragen können. Zwei Sachverständige schätzen den Wert des Grundstücks und die Ölfirma kann nach Bewilligung der Schätzung durch das Energieministerium sofort das indigene Land in Besitz nehmen. Die indigene Gemeinde kann einer drohenden Enteignung nur zuvorkommen, indem sie ihr Land an die Ölfirma verkauft.

Der Grundeigentumstitel berechtigt die indigenen Gemeinden nur, eine bestimmte Geldsumme, sei es für die Nutzung sei es für den Verkauf ihres Landes, von den Ölfirmen zu erhalten. Haben die indigenen Gemeinden keinen Eigentumstitel für das von ihnen traditionellerweise bewohnte Land, wie dies bei vielen der Fall ist, steht ihnen nicht einmal dieses Recht zu. Dies widerspricht völlig der ILO-Konvention 169, die den wirksamen Schutz der Eigentums- und Besitzrechte der indigenen Völker an dem Land, auf dem sie traditionellerweise leben, vorschreibt (Artikel 14). Die Konzessionen der Ölfirmen sind hingegen mit allen erdenklichen rechtlichen Garantien ausgestattet: die Befugnisse des Konzessionsinhabers entsprechen denen eines Eigentümers; die Konzession ist unantastbar, sie kann durch spätere Gesetze nicht abgeändert werden; der Konzessionsinhaber ist berechtigt, jederzeit die Enteignung von Grundstücken zu erwirken.

In den meisten Fällen ist es allerdings nicht notwendig, Enteignungsverfahren anzustrengen, um die indigenen Bewohner von ihrem Land zu vertreiben. So hat im nördlichen Andenhochland von Cajamarca die Verwendung der hochgiftigen Zyanid-Lösung beim Goldabbau durch die Minengesellschaft »Minera Yanacocha« (im Eigentum der US-Firma Newpont zusammen mit europäischen Firmen) innerhalb kurzer Zeit das Land unbrauchbar gemacht und zur Vertreibung indigener Gemeinden geführt. Im nördlichen Amazonasgebiet von Peru fördert der Ölkonzern Occidental seit 1971 Erdöl, ebenso wie im benachbarten Ecuador. Diese Region ist ökologisch völlig zerstört und die indigene Bevölkerung, soweit sie noch dort lebt, zählt zur ärmsten Perus.

Zwischen 1993 und 1998 hat die peruanische Regierung 40 Lizenzverträge zur Prospektion und Förderung von Erdöl und Erdgas auf den Territorien indigener Völker im Amazonaswaldgebiet abgeschlossen. Die Lizenzverträge haben eine Dauer von 30 Jahren für Erdöl und von 40 Jahren für Erdgas. Das Amazonasgebiet (60 Prozent des Staatsgebietes) ist zu einem großen Teil zwischen Ölfirmen aufgeteilt. Jede einzelne Konzession umfaßt zwischen fünftausend und zwanzigtausend Quadratkilometer und beeinträchtigt die Territorien mehrerer indigener Völker. Die Größe der Konzessionen übertrifft bei weitem die des herkömmlichen Großgrundbesitzes.

Die Umweltverträglichkeitsstudien im Erdöl- und Erdgassektor

Das Gesetz für Erdöl und Erdgas enthält keine Bestimmungen über Umweltschutz und Rechte der betroffenen indigenen Bevölkerung. Eine diesbezügliche Bestimmung ist nur in einer Verordnung des Energieministeriums zu finden und besagt folgendes:

»Wenn ein Projekt indigene Gemeinden beeinträchtigen könnte, werden in die Umweltverträglichkeitsstudie die Maßnahmen aufgenommen, die notwendig sind, um die negativen sozialen, kulturellen, wirtschaftlichen und gesundheitlichen Einflüsse zu vermeiden, gering zu halten oder zu beseitigen.«

Das einzige konkrete Recht der indigenen Gemeinden ist also die Einbeziehung in die Umweltverträglichkeitsstudien. In den Lizenzverträgen mit den Ölfirmen findet sich eine ähnlich lautende Klausel. Die Verordnung des Energieministeriums verpflichtet die Ölfirmen, einen Plan für das Umweltmanagement in die Umweltverträglichkeitsstudie aufzunehmen und darin die Höchstgrenzen der Emissionswerte festzusetzen. Da es keine offiziellen Standards für die Reduzierung oder Beseitigung von Abfällen oder Schadstoffen für die Öl- oder Gasförderung gibt, bleibt es den einzelnen Firmen überlassen, Höchstgrenzen festzusetzen.

Die Umweltverträglichkeitsstudien werden von Consulting-Firmen durchgeführt, die die Ölfirmen auswählen und bezahlen, was deren Unabhängigkeit und Unparteilichkeit stark in Frage stellt. Die Erdölfirmen sind bemüht, die Kosten der Umweltverträglichkeitsstudien möglichst gering zu halten. So wird aus Gründen der Kostenersparnis die Feldarbeit auf ein Minimum reduziert, dazu kommt noch die Unkenntnis der Region durch die Techniker. Beispielsweise wurden bei der Umweltverträglichkeitsstudie, die der Shellkonzern für das Erdgasprojekt von Camisea in Auftrag gab, zwei Tage für das Inventar der Fauna auf einer halben Million Hektar aufgewendet. Sollten trotz dieser Beschränkungen unliebsame Empfehlungen einzelner Techniker vorkommen, werden sie im Text der Studie ausgelassen. Auch der Plan für das Umweltmanagement beschränkt sich auf allgemeine Formeln.

Laut Verordnung des Energieministeriums können Umweltverträglichkeitsstudien für jede Etappe erstellt werden, wenn das Projekt in Etappen durchgeführt wird. Es kann also eine Studie für die Prospektionsphase geben, eine weitere für die Anlaufphase der Förderung und eine weitere für die kommerzielle Ausbeutung. Es ist aber nicht unbedingt erforderlich, daß für jede Phase des Projekts eine Studie vorliegt. Jedenfalls gibt es keine Gesamtstudie, die erahnen ließe, welche Schäden der lokalen Bevölkerung und der Umwelt während der jahrzehntelangen Projektdauer drohen.

Grundlegende Fragen bleiben meist überhaupt in den Umweltverträglichkeitsstudien ungeklärt. So enthalten die Umweltverträglichkeitsstudien von Shell für das Camisea-Projekt keine Information über den Verlauf der Gas-Pipeline zur peruanischen Küste und auch nicht darüber, ob zusätzlich eine Pipeline durch den Urwald über Bolivien nach Brasilien gebaut werden soll. Es ist nicht klar, ob die Abfallstoffe und das giftige an die Oberfläche beförderte Wasser wieder in die Bohrlöcher zurückgepumpt oder in die Landschaft gekippt werden soll. Vertreter von Shell haben zwar immer wieder mündlich betont, daß im Camisea-Gebiet keine Straßen gebaut werden sollen, weil das zu einer unkontrollierbaren Migration führen würde und daß das Projekt nur aus der Luft mit Flugzug und Helikoptern versorgt werden soll; diese Aussage ist aber in den Umweltverträglichkeitsstudien nicht verankert.

Eine zusätzliche Verordnung des Energieministeriums besagt, daß die Umweltverträglichkeitsstudien vor ihrer Bewilligung durch das Energieministerium in einer öffentlichen Veranstaltung präsentiert werden müssen. Bei dieser Veranstaltung können die Anwesenden Fragen an die Beamten des Energieministeriums stellen. Die Information, die dem Publikum zur Verfügung steht, ist allerdings unvollständig, denn es ist nur eine Zusammenfassung der Umweltverträglichkeitsstudie, nicht die gesamte Studie erhältlich. Die gesamte Umweltverträglichkeitsstudie wird erst veröffentlicht, wenn sie vom Energieministerium bewilligt ist und niemand mehr Einwände gegen sie erheben kann. Während der Präsentation kann jeder Anwesende nur zwei kurze Fragen stellen, ohne diese zu vertiefen; die Antworten sind im allgemeinen ausweichend und niemand weiß, welchen Sinn die Bemerkungen des Publikums haben, da es keine Garantie gibt, daß Beiträge und Vorschläge des Publikums in die Umweltverträglichkeitsstudie aufgenommen werden. Die öffentliche Präsentation der Studie ist also eher eine Formalität als ein Mechanismus zur Beteiligung der Bürger. Ein weiteres Hindernis besteht darin, daß nur jene Personen teilnehmen können, die sich innerhalb einer Woche ab der Kundmachung in einer Zeitung dafür eingeschrieben haben. Dadurch sind die betroffenen indigenen Gemeinden von der Teilnahme an der Präsentation der Umweltverträglichkeitsstudien praktisch ausgeschlossen, zumal diese in der Hauptstadt Lima abgehalten wird, die Erdöl- oder Erdgasprojekte aber in extrem abgelegenen Gegenden durchgeführt werden, in denen es weder Zeitungen noch eine direkte Verkehrsverbindung mit der Hauptstadt gibt.

Das Camisea-Erdgasprojekt

Seit 1993 betreiben Erdölfirmen Prospektion fast im gesamten Amazonasgebiet von Peru. Neue rentable Erdölvorkommen wurden jedoch bisher nicht gefunden. Der weitaus bedeutendste Fund ist das Erdgasvorkommen von Camisea im Departement Cusco, das sich in den Quellgebieten des Amazonas, einer Region mit besonders hoher biologischer Vielfalt befindet. Sollte es zur kommerziellen Ausbeutung dieses Erdgaslagers, das zu den größten der Welt zählt, kommen, wäre dies die größte Investition in der Geschichte Perus. Der Shellkonzern hat von 1981 bis 1987 in der Region Prospektion betrieben und diese seit 1994 fortgesetzt. Im März 1996 unterzeichnete Peru mit Shell und dem Co-Investor Mobil den ersten und ein Jahr später den zweiten Lizenzvertrag. Beide Konzerne haben dafür peruanische Tochterfirmen gegründet. Shell führt das Projekt durch und ist durch diese Verträge berechtigt, in einem Gebiet von 20.000 Quadratkilometern zu operieren. Der zweite Lizenzvertrag erstreckt sich auch auf einen Teil des Manu-Nationalparks. Shell hat jedoch erklärt, freiwillig auf diesen Teil verzichten zu wollen. Dadurch spart sich der Konzern eventuelle Wiedergutmachungskosten für Schäden im Nationalpark. Das Gebiet, in dem Erdgas gefördert werden soll, ist allerdings ein ebenso sensibles Gebiet mit hoher biologischer Vielfalt, das mit dem Manu-Nationalpark eine Einheit bildet, weshalb es zur Zeit der Gründung des Nationalparks Vorschläge gab, dieses Gebiet miteinzubeziehen. Es ist vorhersehbar, daß auch der Nationalpark geschädigt wird, wenn die Gasförderung in seiner unmittelbaren Nachbarschaft stattfindet; nach der geänderten Fassung des Umweltgesetzbuches ist jedoch die Ölfirma nur für Schäden in einem Nationalpark verantwortlich, wenn ihre Förderanlagen innerhalb seiner Grenzen liegen.

Das Gebiet, in dem sich das Erdgaslager befindet, wurde 1990 zum staatlichen Reservat für die dort lebenden »nicht kontaktierten« indigenen Volksgruppen mit einer Ausdehnung von 4000 Quadratkilometern erklärt. Als »nicht kontaktiert« gelten jene indigenen Volksgruppen, deren Vorfahren vor allem während des Kautschukbooms in den ersten Jahrzehnten des 20. Jahrhunderts dem Genozid zum Opfer gefallen sind und die sich in die entlegensten Quellgebiete zurückgezogen haben, um dort ihren traditionellen Lebensstil weiterführen zu können. Shell hatte bereits während seiner Prospektionstätigkeit in den Achtzigerjahren »Kontakt« mit den zurückgezogen lebenden indigenen Gruppen. Mehrere Mitglieder dieser Gruppen wurden von Holzfällern, die zusammen mit dem Shell-Personal in das Gebiet vordrangen, gefesselt in eine Missionsstation am Hauptfluß verschleppt. Dort infizierten sie sich mit Tuberkulose, Grippe und Keuchhusten, für die sie keine Abwehrkräfte haben. Einige starben sofort, anderen gelang die Flucht und die Rückkehr zu ihren Verwandten, die sie nun ihrerseits ansteckten. Anthropologen schätzen, daß damals durch die sich ausbreitenden Epidemien zwischen 20 und 50 Prozent der Gesamtbevölkerung dieser indigenen Gruppen gestorben sind. Die 1996 und 1997 von Shell abgeschlossenen Lizenzverträge erfassen das gesamte Reservat. Der Großteil der bereits durchgeführten Probebohrungen und der für die kommerzielle Ausbeutung geplanten Bohrungen liegt innerhalb des Reservats. Nach den Aussagen von Shell kann das Reservatsgebiet keinesfalls ausgeklammert werden, da es ohne dieses kein Camisea-Projekt gebe.

Betroffen vom Camisea-Projekt ist jedoch nicht nur das Reservat für die »nicht kontaktierte« Bevölkerung, sondern es sind dies auch zahlreiche indigene Gemeinden sechs verschiedener Volksgruppen, von denen die meisten kommunale Eigentumstitel haben. Eine am Hauptfluß gelegene Gemeinde wurde von Shell ausgewählt, um dort das logistische Zentrum mit großem Flugplatz, Flußhafen, Lagerhallen, Aufbereitungsanlagen für die Rückstände der Erdgasförderung, Unterkünfte für das Personal von Shell und den Zulieferfirmen zu errichten. Shell zahlt dieser Gemeinde monatlich US $ 1480 für die Nutzung und hat dafür uneingeschränkten Zugang zu ihrem Kommunalland. Der ununterbrochene Flugverkehr schwerer Hubschrauber bedeutet eine unerträgliche Lärmbelastung für die Bewohner dieser abgelegenen Region. Schon nach der Prospektionsphase befinden sich Müllhalden und Lagerstätten giftiger Abfallstoffe der Bohrungen am Rand der Siedlung. Die Fische als hauptsächliche Nahrungsquelle sind verschwunden. Seit der Anwesenheit des Ölkonzerns in der Region breiten sich insbesondere Malaria und Geschlechtskrankheiten aus.

Shell rühmt sich, die höchsten internationalen Umweltstandards anzuwenden, besonders respektvoll gegenüber der lokalen Bevölkerung vorzugehen und mit dieser alle Details des Projekts abzusprechen. Tatsache ist jedoch, daß Shell so wie alle anderen Erdölfirmen mit der Regierung Lizenzverträge abgeschlossen hat, ohne vorher die lokale Bevölkerung zu fragen, ob sie damit einverstanden ist. Was die fehlende Konsultierung vor Vertragsabschluß betrifft, schiebt Shell jegliche Verantwortung auf die peruanische Regierung, die verpflichtet gewesen wäre, eine solche Befragung vorzunehmen. Shell gibt an, ein beispielhaftes »Konsultierungsprogramm« für die indigenen Gemeinden entwickelt zu haben und empfiehlt, dieses als Vorbild für eine gesetzliche Regelung der Konsultierung der indigenen Gemeinden vor dem Abschluß von Verträgen zu verwenden, um so den bedauerlichen Widerspruch zwischen internationaler Verpflichtung (ILO-Konvention 169) und den nationalen Gesetzen zu lösen. Shell appelliert an den Ombudsmann und an die Nichtregierungsorganisationen, die Verwirklichung der ILO-Konvention 169 von der Regierung zu verlangen. Wenn es auch stimmt, daß die primäre Verpflichtung zur Konsultierung die Regierung trifft, so klingen die Argumente von Shell doch zynisch angesichts der Tatsache, daß die neoliberale Gesetzgebung ganz den Interessen der transnationalen Konzerne entspricht und daß gerade im Zuge dieser Gesetzgebung vorher bestehende indigene Rechte abgebaut wurden.

Shell gibt sich auch den Anschein einer Entwicklungshilfeorganisation, die Aufgaben insbesondere in Gesundheit und Bildung übernimmt. Bei den sogenannten Konsultierungen versucht Shell von der eigentlichen Problematik des Erdgasprojekts und seiner Auswirkungen auf die Menschen und ihre Umwelt abzulenken und stattdessen mit den Vertretern der indigenen Gemeinden darüber zu diskutieren, welche Art von Entwicklungsprojekt (kleine Fischerei- oder Forstprojekte, Stipendien für Mittelschüler, eine Küche oder Nähstube für den Mütterklub usw.) oder welche »Geschenke« (Material für die Schule, Außenbordmotoren, Motorsägen, Nähmaschinen, Radios usw.) gewünscht sind. Die Errichtung einer Trinkwasseranlage wird als besondere Zuwendung angepriesen und nicht als Entschädigungsmaßnahme für die Verunreinigung des Wassers, die durch die Aktivitäten von Shell entsteht. Für die Verhandlungen mit den Gemeinden stellt Shell ebenso wie andere Ölkonzerne Anthropologen an, die meist vorher im Staatsdienst tätig waren und dort genügend Erfahrungen in den Methoden der Manipulation der indigenen Gemeinden sammeln konnten.

In der Werbekampagne, die Shell in den peruanischen Massenmedien führt, wird das Camisea-Projekt als »Vertrag des Jahrhunderts« und als ausschlaggebend für die Entwicklung des Landes dargestellt. Auch auf internationaler Ebene betreibt Shell Imagepflege, etwa durch die periodische Veranstaltung von Workshops in London und Washington und die Aussendung von Rundschreiben an interessierte Personen und Organisationen.

Während laut Werbekampagne die Entwicklung Perus von der Nutzung des Erdgaslagers von Camisea abhängt, sieht die Wirklichkeit ganz anders aus. Es sind nämlich auch nach Abschluß der Lizenzverträge mit Shell die Fragen des Transports und der Vermarktung des Erdgases nicht geklärt. Shell hat immer betont, daß das Gas der wirtschaftlichen Entwicklung Perus, vor allem der Hauptstadt Lima dienen und nicht exportiert werden soll. In Lima gibt es aber keine Infrastruktur für die Verteilung von Erdgas, ein Netz von Leitungen müßte erst gebaut werden und dafür gibt es bisher kein Projekt. Bezüglich der Aufbereitung und Verteilung des Erdgases kam es zu Unstimmigkeiten zwischen Shell und der peruanischen Regierung, so daß Shell Mitte 1998 erklärte, sich aus dem Camisea-Projekt zurückziehen zu wollen. Im Oktober 1999 wurde das Camisea-Projekt neu ausgeschrieben. Shell und weitere zehn Erdölfirmen bewarben sich ausschließlich für die Förderung des Erdgases. Getrennt ausgeschrieben wurde der Transport und die Verteilung des Erdgases, wofür sich ebenfalls elf Firmen beworben haben sollen. Das Ergebnis dieser Ausschreibungen ist noch abzuwarten.

Anmerkungen

* Fujimori wurde schließlich im Mai 2000 in einer mit schweren Mängeln behafteten Wahl knapp im Amt bestätigt (Anmerkung des Hg.).

Literatur

Gesetze

Código del Medio Ambiente actualizado, concordado y comentado (1992), Perú

Constitución Política del Perú (1993)

Decretos Legislativos (1991): Texto sumillado y concordado de los Decretos Legislativos dictados al amparo de la Ley 25327, Edición Oficial, Lima, Perú: Editora Perú S.A.-Diario »El Peruano«

Ley Orgánica que norma las actividades de hidrocarburos en el territorio nacional, Ley 26221 (20.08.93)

Ley de la inversión privada en el desarrollo de las actividades económicas en las tierras del territorio nacional y de las comunidades campesinas y nativas, Ley 26505 (18.07.95)

Reglamento para la Protección Ambiental en las Actividades de Hidrocarburos, aprobado por Decreto Supremo 046-93-EM (10.11.93)

Publikationen von Shell

Shell Prospecting and Development Peru (SPDP) (1996): *Campaña de Perforación Exploratoria de Camisea. Estudio de Impacto Ambiental.* Informe Final, ERM Perú S. A., Lima.

SPDP (1997): *Estudio de Impacto Ambiental de los Pozos Exploratorios Pagoreni/San Martín Este*, Informe Final, ERM Perú S. A.

Aguado, Y./Rosaura, A. (1997a): Los derechos de las comunidades nativas en las legislaciones nacional e internacional y su relación con la Ley de Hidrocarburos. Consultora Legal: *Informe para Shell Prospecting and Development (Peru) B.V.*, Documento No.: SPDP-97-020, Lima

Aguado, Y./Rosaura, A. (1997b): Suscripción de Acuerdos con los Grupos Indígenas de la Reserva Territorial del Estado a favor de los Grupos Etnicos Kugapakori y Nahua. Consultora Legal: *Informe Final para Shell Prospecting and Development Peru*, Documento No.: SPDP-97-021, Lima

Aguado, Y./Rosaura, A. (1997c): El derecho de participación y la consulta. Consultora Legal: *Informe Final para Shell Prospecting and Development (Perú)*, Documento No.: SPDP-97-022, Lima

Carlos Roberto Winckler
El Aprendizaje de la República:
Los movimientos sociales brasileños
en los años recientes

El propósito de este artículo – cuyos orígenes están en una conferencia presentada en Viena, en noviembre de 1999 – es de exponer una síntesis de como los movimientos sociales brasileños se desarollaron desde el golpe de estado (1964) hasta los años noventa, explorando, en particular, el movimiento sindical y el *Movimento dos Trabalhadores Rurais sem Terra*.

Movimientos sociales: una breve historia

Del año 64 a mediados del año 70 se construye la modernidad conservadora, o sea, el proceso de modernización burguesa con base en los grupos nacionales (urbanos y agrarios) y empresas multinacionales, proceso excluyente social y políticamente de la mayoría de la población. Desde mediados de la década del 70 hasta el 85/89, con la crísis del modelo (debido a la crísis de acumulación, a la deuda externa y a la alza de la taza de interés) el Estado pierde su capacidad de regulación, aunque autoritaria. En los años ochenta se ubica un complejo »imbroglio« con la desaceleración de la economía con creciente desigualdad social, aumento de expectativas y/o demandas sociales debido a la diferenciación socioeconómica y la creciente autonomización de la política brasileña, o sea, se revitaliza la sociedad civil políticamente organizada.

En esta coyuntura se articula la democratización – parcialmente controlada por sectores conservadores. La transición política se realiza en dos planos interligados: el proceso constituyente y la gestión de la crisis que combina fragilidad de Estado ante sectores privados, restricciones al financiamiento externo, una estructura industrial heterogénea, creciente, peso de capital financiero, una inmensa concentración de renta, crísis agraria y urbana.

En este escenario las políticas de ajuste serán responsables por superavits comerciales, que, por otro lado, resultan en el deterioro de la intervención estatal en las áreas sociales y de infraestructura, y en el fortalecimiento del capital financiero asociado a la inflación crónica. Este escenario se desarolla conjuntamente con la configuración de un cuadro internacional donde el Estado asume nuevas características debido a la internacionalización productiva y financiera. En este contexto se manifiesta el discurso y la práctica neoliberal.

Como alternativa el neoliberalismo ya era discutido por las élites burguesas locales desde los comienzos de los ochenta.

Una cuestión se impone. Cómo comprender los movimientos sociales en estos años?

En el período dictatorial todo el campo de representación política estaba bloqueado, la oposición era consentida y los sindicatos controlados, por la represión y por la manutención de controles del Ministerio del Trabajo sobre los sindicatos, una herencia autoritaria de los años treinta. El campo efectivo de actuación política se realiza en los anillos burocraticos del Estado (vease Cardoso 1972).

Esto ha generado una curiosa paradoja. La transformación capitalista y el bloqueo de la representación política han obligado a que las demandas sociales llegasen directamente al Estado. A su vez, la oposición, estaba restringida al campo de la lucha democrática, en limites institucionales muy determinados.

Sin embargo, a medida en que se encamina el proceso democrático y la institucionalización de la vida pública cambia el carácter de los movimientos. Según Gohn (1997) se puede dividir la coyuntura en tres períodos según la articulación Estado/movimientos:

- De 70 a comienzos de los años 80: fase conflictiva;
- Años 80: fase negocial-conflictiva, creciente articulación institucional;
- Años 90: institucionalización-negociable (predominante);

De los años 70 a comienzos de los años 80, los movimientos se alejában no solamente del Estado autoritario, sino también hacían críticas al corporativismo (como control del Estado, pero también como dependencia de ciertos movimientos del Estado), al clientelismo y al populismo. La palabra clave para estos movimientos es autonomía, la construcción de su base desde poblaciones que tenían carencias materiales y demandas que van por el agua potable, salud pública, habitación, en asuntos de mujeres, ecologistas, negros y las nuevas articulaciones sindicales opuestas a los controles estatales.

El trazo más característico es su caracter popular. En este sentido es algo distinto de los movimientos europeos de este periodo. Puede apuntarse como ejemplos las huelgas laborales masivas del sector automobilístico en 1978 (en la época se hacía comparaciones con el Movimiento Solidaridad de Polonia), movimientos por la mejoría del transporte público, movimientos por la escuela para niños pequeños y el movimiento feminista articulado por sectores de la clase media. Ocurre también la renovación del sindicalismo rural con amplio apoyo de la *Pastoral da Terra*, vinculada a la Iglesia Católica. En el plano institucional se presentan el *Movimento Pela Anistia, Movimento pela Redemocratização* y la lucha por el pluripartidismo, pues en la dictadura existen solamente dos partidos, uno gubernamental (Arena,

Aliança Renovação Nacional) y uno de oposición (MDB, *Movimento Demo-crático Brasileiro).*

En los años ochenta la fase negocial conflictiva trae al conjunto de movimientos el papel del Estado, debido al comienzo del proceso de democratización y a las demandas sociales crecientes. Este es el momento del asociativismo de los empleados públicos, de la organización de centrales sindicales (la *Central Única dos Trabalhadores*, CUT,1983; de la *Central Geral dos Trabalhadores*, CGT; la *Força Sindical* surge en los comienzos de los 90 y tiene una concepción más liberizadora del mundo laboral), de *la Confederação Nacional de Associações Populares,* hoy *Central dos Movimentos Populares* y del *Movimento Negro.* La quiebra de trenes (São Paulo, 1983) y las invasiones de tierras de la década muestran la persistencia de conflictos *pari passu* a la institucionalización.

En el plano político-institucional la coyuntura es muy rica: se funda el *PT, Partido dos Trabalhadores* (1980); el *Movimento por Eleições Diretas* (1984) unió a centenares de millares de ciudadanos (pero una vez más los liberales-conservadores mantendrán el sistema indirecto de elecciones a la presidencia), no obstante la elección de gobernadores de oposición en las provincias dió a entender que el Estado no era necesariamente el enemigo de los movimientos. Por otro lado, *los Movimentos Populares de Enmendas Constitucionais* tuvieron habilidad en canalizar todo el ímpetu popular en el sentido de ampliar los derechos constitucionales con carácter universal de la salud, educación, habitación, asistencia social, trabajo.

Pero la transición política, en la práctica, evidenció la victoria de las fuerzas continuistas-conservadoras, pués la Carta Constitucional de 1988 ha asegurado derechos individuales y derechos sociales sin garantías que van siendo poco a poco derogados en el curso de los años 90. Los sectores burgueses organizados en lobbies fueron capaces una vez más de obstaculizar los sueños democráticos-populares, con la implantación de reformas de corte neoliberal (en el programa de privatizaciones, en la reforma de derechos sociales, en la apertura comercial, en la política financiera-fiscal, en síntesis en la sumisión de los dictámenes del *Fondo Monetario Internacional* (FMI). Pero esto es claro a partir de los años 90 con las elecciones de Collor (89) y Fernando Henrique Cardoso (94, 98). Es también importante resaltar que en los años 80 se da el comienzo de la expansión de las ONGs, que asumirán mayor importancia en los 90.

Los años 90 fueron años de la institucionalización-negociable (predominante) cuando se habla de la crisis de los movimientos sociales, crisis de los movimientos populares, crisis de la militancia y de las formas de mobilización y participación. Crisis que llegaría a la confiabilidad y legitimación de las políticas públicas. Pero también crisis del papel del Estado y de la identidad ideológica, con derrumbe del socialismo existente.

No obstante, más alla del pesimismo imperante, propio de momentos de cambio – en el caso brasileño se trata de la muerte del viejo Estado desenvolvimentista y la emergencia del Estado neoliberal, con todo lo que esto implica a las clases populares. Hay nuevos hechos que muestran que hay nuevos caminos que pueden ser recorridos y que la ciudadanía puede encontrar alternativas, sin embargo, los pasos pueden resultar en ambigüedades.

En los años 90 el movimiento popular rural ha crecido y se ha tornado más visible. En este sentido el *Movimento dos Sem Terra* es el mayor movimiento de los años 90. Han surgido movimientos centrados en cuestiones éticas, pues estos son los años de la violencia, corrupción y escándalos en la vida pública, más visibles en función de la libertad de prensa y de una acción más efectiva por parte de una nueva generación de procuradores públicos. Ejemplos más evidentes son el Movimento Ética por la Política*, Movimento de Meninos e Meninas de Rua* (Movimiento de Chicos y Chicas de la Calle), Viva Rio (una coalición de organizaciones no gubernamentales). Surgen redes y estructuras nacionales coordinadas por organizaciones no gubernamentales como la *Associação Brasileira de Organizações não Governamentais* (ABONG), además de una presencia más fuerte de organizaciones como *Greenpeace, Amnistía Internacional* y *Rainforest Foundation*.

Por otro lado, el costo de la implantación de políticas públicas neoliberales ha provocado el aparecimiento de acciones dirigidas al aplacamiento de la miséria absoluta como es la *Campanha de Ação da Cidadania, contra a Fome e a Miséria e pela Vida* (Campaña de Acción por la Cuidadanía, contra el Hambre y Miseria y por la Vida).

Un trazo a destacar es la nueva relación con el Estado. Hay un desarollo creciente de políticas de concertación en el plano local. Esto es un proceso que puede ser entendido como uno de los aspectos de la deregulación del rol del Estado en la economía y en la sociedad, con transferencias de responsabilidad a las »Comunidades Organizadas« con mediación de ONGs (un sistema que articula un sector público-estatal, un sector público no estatal y, en algun grado, la iniciativa privada).

Este es un momento de énfasis en políticas focalizadas en áreas de trabajo informal y/o de miséria absoluta.

Las arenas de negociación pasan a ser constituidas por el Estado a través de procesos descentralizadores, donde se estimulan movimientos y/o organizaciones sociales o sindicales en favor del status quo, como es el caso de la central sindical *Força Sindical*, fundada en 1990, o del *Programa Comunidade Solidária*. Así el Estado formula líneas de actuación para los movimientos sociales en la medida que crea programas sociales con subvenciones y acude con capital, reforzando movimientos no combativos, lo que crea un problema para movimientos más combativos, que exigen recursos, pero intentan mantener su independencia. Esto es evidente en el *Movimento dos Sem Terra*. Se puede afirmar que, conforme al modelo de financiamiento, cambia la naturaleza de los conflictos sociales. Un aspecto institucional a considerar es la absorción/cooptación de la forma organización, como estrategia en la mayor parte de los proyectos gubernamentales. En esta forma se integran gran número de ONGs como uno de los actores organizados de la sociedad civil.

Brasil enfrenta hoy una crísis de ciudadanía que incide en el proceso de incorporación a la ciudadanía atravéz de la universalización de derechos institucionalizados como en el derecho laboral. El estrechamiento de sectores incorporados conduce a una grave crisis del paradigma liberal-democrático de la cuidadanía, que es gradualmente substituído por consideraciones propias al mercado en las nuevas condiciones impuestas por las concepciones y estrategias del modelo neoliberal en curso. Esta hegemonía condiciona las reformas puntuales de la Constitución de 1988, coherentes con procesos de reestructuración productiva, subcontractación de trabajo sin crear obligacion legal y rearticulación del papel del Estado, que se transforma en una especie de protectorado en la periferia, bajo la égide del capital financiero, en particular norteamericano. Como resume Leite (1999), las consecuencias son claras: el vaciamiento de las discusiones acerca del espacio público, desplazamiento de las discusiones hacia la esfera privada (lo que interesa es el consumidor); reducción de procesos de negociación y pactuación propios de una esfera pública democratizada; reintroducción de la caridad privada, como principio normativo; y por último las políticas universalistas son substituidas por políticas compensatorias y filantrópicas.

Impases y Perspectivas: CUT y MST

Sindicalismo y su crisis en los años 90

Al final dos años 30 e inicio de los años 40 se consolida en Brasil el modelo corporativo como articulación institucional entre sectores públicos y privados. El Estado controla los movimientos laborales e intenta regular los factores de producción. Así con el encuadramiento sindical, con el impuesto sindical, la prohibición de confederaciones generales, la unión sindical (el reconocimiento estatal de solamente un sindicato por categoría profesional) y la transformación de los conflictos en un problema de la justicia del trabajo se lanzan las bases fundamentales del corporativismo estatal. En el período democrático-populista entre los años 46 - 64 tal estructura ha servido como fuerte canal de presión de la clase trabajadora y de incorporación en una especie de ciudadanía regulada. El régimen autoritario del año 1964 no ha creado un nuevo sistema. A esta estructura de por sí autoritaria, se sumó la represión y algunas reformas flexibilizadoras del mercado de trabajo como la liquidación de la estabilidad de empleo trás diez años con la creación de *Fundo de Garantía por Tempo de Serviço* (FGTS). Además de eso los aumentos de salarios pasaron a ser regulados por una legislación en que los sindicatos no tenían influencia.

Con la crisis económica y la crisis del régimen al final de los años 70 el »nuevo sindicalismo" con base en los sectores más dinámicos de la economía (industria automobilística) propone no sólo la recuperación salarial, sino también la cuestión de la autonomía sindical, con el fin de la ingerencia estatal en el mundo del trabajo, la negociación colectiva entre sindicatos y patrones, el derecho a la huelga y la creación de organismos sindicales en los locales de trabajo.

La Constitución de 1988 incorporó buena parte de estas demandas (protección legal del trabajo, el derecho a la huelga, libertad de organización y no intervención estatal). Pero ha mantenido el monopolio de representación – la unidad sindical – y el impuesto sindical obligatorio.

Además de las innovaciones el sistema vigente es híbrido. Así ha cobrado fuerza la discusión sobre la *Reforma da Consolidação das Leis Trabalhistas* tanto en el gobierno central como en el movimiento sindical en los años 90, en una fase de alteraciones del papel del Estado en la sociedad y de reestructuración productiva en un ambiente político favorable a las políticas liberalizadoras, condicionadas por el modelo del FMI.

En los años 90, el desempleo ocasionado por la reestructuración, la apertura comercial y la política económica redefinen la forma de actuación sindical. Como afirman Martins y Rodrigues (2000), la actuación se desplaza al interior de las unidades productivas, cuya pauta dice más respecto a la organización y gestión del trabajo.

La nota característica en los años 90 es el proceso de desestructuración del mercado laboral, con la disminución del empleo formal y el crecimiento del trabajo informal. Conforme a Mattoso (1999) fueron destruidos cerca de 3,3 millones de puestos de trabajo formal y solamente en el primer período presidencial de Fernando Henrique Cardoso fueron »quemados« 1,8 millones de empleos formales, con resultante alza de la informalización y con repercusiones muy negativas en el financiamiento del sistema de seguridad social.

Así la actuación sindical es restringida por un proceso regresivo, por la reducción de la lógica de negociaciones sectoriales y nacionales, por el desempleo, por la reducción de los empleos formales y por la alza de precarización en las relaciones de trabajo.

La lógica gubernamental y empresarial pasa a ser gobernada por los principios de deregulación, flexibilidad, reducción de costos y empleo. En síntesis: la creación de nuevos empleos sólo es posible, en esta perspectiva, con la reducción de costos de trabajo y con la quiebra de la formalidad (contratos temporales, cooperativas de trabajo, salarios variables, reducción de costos sobre vacaciones e indemnizaciones) y responsabilización individualizada de empleo o desempleo, admitiéndose el repase de algunos recursos privados y estatales necesarios a la recalificación a lo que Mattoso (1999) apunta que es incapaz de generar en sí más empleo.

Tales principios dieron la pauta del primer gobierno de Fernando Henrique Cardoso, que, después de sus primeros días ha enfrentado una huelga de petroleros afiliados a la CUT, acompañada de otras categorías de funcionarios públicos. La huelga unificada tenía como propósito obligar al gobierno a cumplir acuerdos anteriormente firmados.

El gobierno respaldado en una decisión judicial venció en todos los espacios, rehusandose a cualquier discusión, retornando los trabajadores a sus puestos sin ninguna garantía. En esta época se hacía la comparación entre FHC y Tatcher. El problema central era el dar seguimiento al programa de privatizaciones sin contestaciones. Los trabajadores – en particular la dirección de la CUT – reconocían que la acción era más defensiva que cualquier otra cosa, a pesar de experiencias positivas como las cámaras sectoriales en la industria automovilística, o la disposición en participar en el *Forum Nacional sobre Contrato Colectivo e Relações de Trabalho* convocado por el gobierno anterior. A estas experiencias no se ha dado seguimiento. En el ámbito del Forum se habían opuesto las centrales sindicales y algunas entidades empresariales como el PNBE (Plano Nacional de Bases Empresariais) a las principales asociaciones empresariales con respecto a diferentes proyectos de reforma de las relaciones laborales. Mayor garantía y democratización de los derechos laborales con énfasis en la deregulación, es un dilema. Pero la proposición de deregulación y libre negociación parece ser la vencedora. Según la propuesta de enmienda constitucional con respecto a la reformulación sindical, el gobierno sugiere el fin de la unidad, por el monopolio de la representación sindical y el fin del impuesto sindical (contribución obligatoria) y propone la libertad de creación de nuevos sindicatos (inclusive por empresas) pero – aquí hay un ardíl – en su propuesta ha mantenido, bajo el control de la justicia de trabajo, la definición de qué sindicato será considerado representativo para fines de negociación y contratación colectiva. Con esto se rompe el principio de que la representatividad de los sindicatos depende del número de afiliados y de su capacidad de mobilización. La finalidad del gobierno – más o menos explícita – es fomentar el sindicato por empresas (Mattos, 1999). La propuesta supera la herencia corporativa-autoritaria, pero intenta fragmentar el movimiento sindical en su deseo de crear nuevas dependencias del mundo del trabajo al empresariado.

Las principales medidas de corte liberal son la Ley 9601 que ha instituído el contrato de trabajo por tiempo limitado y el Banco de Horas (un sistema de compensación de la jornada de trabajo extraordinaria, a través de un acuerdo o convención colectiva) y la PLR (Participação nos Lucros e Resultados). La PLR enfoca la negociación en la empresa y abre la posibilidad de remuneración variable.

Todas estas iniciativas son hasta el momento de impacto relativo, pero apuntan a la ampliación de la negociación directa entre trabajadores formales y empresarios en un contexto desfavorable a los primeros.

Frente a las nuevas propuestas y leyes es necesario considerar, según Pessanha e Morel (1999), otras variables: la heterogeneidad existencial de los trabajadores, la posición diferencial de las centrales sindicales en relación a las iniciativas del Estado, la participación de los trabajadores organizados en diferentes formas institucionales tripartidas donde se discute la capacitación tecnológica o la calificación profesional o en consejos como *el Fundo de Amparo do Trabalhador*. Se puede añadir a estas consideraciones el grado de sindicalización de los trabajadores urbanos con registro formal en torno de el 30,5 por ciento, el número de sindicatos siendo de dieciséis mil, de las cuales más de la mitad se encuentra en el sector de servicios. Además el número de huelgas creció entre los años 1992 y 1996, bajando a continuación (DIEESE, segun Pessanha y Morel, 1999) y aun pesan los segmentos no organizados y el trabajo informal. De una población economicamente activa de 73 millones en 1996, cerca de 45 millones estaban asalariados y sólo 23 millones empleados con registro formal.

En este cuadro adverso y complejo las posiciones de los trabajadores organizados asumen diferentes tonalidades. Para muchos siguen en pie las banderas tradicionales de mayor autonomía, pero para aquellos sectores tradicionales sería aún necesaria la presencia estatal.

La *Força Sindical*, en general, ha defendido alteraciones en la legislación con el establecimiento del contrato colectivo de trabajo nacional y por sectores de actividad y con un nuevo papel para la justicia del trabajo. Defendió el contrato de trabajo por tiempo limitado, como un avance en la flexibilización y además, es favorable al fin de la unidad sindical con algunas cautelas. A menudo se aproxima a las posiciones oficiales.

La CUT lucha, en líneas generales, por la construcción de sindicatos nacionales con estrategias de unificación en las campañas laborales y por contratos coletivos de trabajo. Estas organizaciones deberán tener poderes para negociar y celebrar contratos laborales en un determinado ramo de actividad con vigencia en todo el territorio. Tales líneas comunes a todos los congresos de la CUT son una respuesta al proceso de formación de grupos económicos con actuación nacional y una respuesta a las estrategias empresariales de transferir unidades fabriles a las regiones con poca tradición sindical, y a la tendencia de subcontratar trabajadores entre otras (Severo 2000).

La CUT históricamente vinculada al »nuevo sindicalismo", critica las alteraciones y las considera un fruto amargo de la lógica de la implantación del proyecto neoliberal, que trae un alto costo a las pocas conquistas históricamente acumuladas. Considerando la heterogenidad del mercado de trabajo y la correlación de fuerzas entre empleados y patrones la CUT tiene una cierta cautela sobre el fin de la unidad sindical.

Por esto sus consignas no pueden ser una »camisa de fuerza« a la organización estructural de la CUT. Es necesario respetar la realidad de cada sector y las tradiciones del movimiento, el nivel de discusiones en las bases, considerando en sus cálculos la correlación de la fuerza ante el empresariado.

La *Central Geral dos Trabalhadores* (CGT), más próxima de la posición de defensa de la *Consolidação das Leis Trabalhistas*, de origen corporativo, ve en las modificaciones legales serios riesgos de demontaje de derechos sociales, evaluando la coyuntura como muy desfavorable a los trabajadores.

Sobre los acuerdos laborales la mayor y más combativa central, la CUT, está siendo obligada a aceptar acuerdos defensivos como fue observado en las negociaciones de 1997 a 1999 en el sindicato de los *Metalúrgicos do ABC* (São Paulo) y las montadoras de automóviles y que contenían en sus puntos básicos la aceptación del banco de horas, la reducción de salarios indirectos y directos y planes de demisión voluntaria.

En un contexto de heterogeneidad de la clase trabajadora y reestructuración capitalista dentro de la égida neoliberal, donde las alteraciones institucionales-legales ocurren casi sin discusiones con la sociedad civil organizada, los riesgos de retroceso democrático son reales.

En este sentido los desafíos a las centrales, particularmente a la CUT son inmensos: retomar el internacionalismo frente a la creciente internacionalización del capital, profundizar sus conocimientos acerca de las innovaciones tecnológicas y procurar establecer límites a su implementación, aumentar su base social bien más allá del sector formal; ampliar su influencia en el sector de servicios privados y estatales y principalmente mantener la defensa y ampliación de los derechos sociales vinculados a la lucha por una verdadera democracia.

Movimento dos Trabalhadores Rurais sem Terra (MST)

Actualmente es el mayor movimiento popular de los años 90. Su organización es nacional a partir de 1994. Sus orígenes están ubicados en el sur de Brasil, y ha sido creado en 1979, como organización en el año de 1984. Como movimiento ha efectuado centenas de ocupaciones, organiza campamentos y lucha por la posesión de la tierra en asentamientos creados por el gobierno o por él reconocidos, después que el área es ocupada.[1] Sus acciones llegan más allá de la mera ocupación, pues crea y mantiene cooperativas de producción y comercio y funda escuelas de formación (Carvalho Filho 1997, Navarro 1997).

El movimiento tiene una organización central con directrices generales. En sus orígenes tenía relaciones estrechas con la *Comissão Pastoral da Terra* (CPT). Ideológicamente el movimiento contiene fuertes trazos – más en la dirección – de comunitarismo cristiano, encubierto por una terminología marxista algo simplificada, que resulta en la mística, una política común de lucha y militancia, integradora de valores presentes en concepciones y prácticas religiosas (Navarro 1997, Görgen 1997).

En los años 80, el MST ha pasado a contar con el apoyo de dirigentes unidos a la CUT, que se alejaron del movimiento con la aparición de conflictos programados con la CUT-Rural.

En la década de los 80 el movimiento cambia su estrategia de »socialismo rural«, y pasa a utilizar métodos revolucionarios con fines reformistas (o mejor dicho, métodos de movilización en relación a fines reformistas) con la finalidad de ingresar en la economía de mercado, intentando transformar sus »asentamientos« en estructuras productivas y no solamente de subsistencia – algo que le conduce a buscar apoyo técnico-financiero del Estado. Las ocupaciones de los edificios públicos son precisamente de aquellos órganos estatales que simbólicamente y prácticamente centralizan las políticas de la reforma agraria: sedes regionales del Ministerio de la Hacienda, agencias del Banco do Brasil, sedes regionales o el escritorio central en Brasilia del *Instituto Nacional de Colonização e Reforma Agrária* (INCRA, órgano vinculado al *Ministério de Desenvolvimento Agrário*).

En sus formas de lucha el MST es muy creador, organiza marchas, ocupaciones de edificios públicos, discusiones públicas, participa en diferentes foros sociales. En la huelga general de noviembre de 1999 fue, prácticamente, el sector que más se mobilizó. Además se esfuerza en desarrollar formas de cooperación con agencias e instituciones públicas en su intento de encontrar salidas a la carencia de oportunidad de empleo y a las limitaciones al acceso a la tierra. Su propósito es desencadenar una amplia reforma agraria – pues lo que el país ha tenido hasta ahora son procesos reactivos del Estado que legaliza ocupaciones bajo presiones. Con frecuencia se establecen metas dentro de los marcos jurídico-institucionales del Estado, que son burlados, obligando al movimiento a retomar las presiones mobilizadoras.[2] Pero la reacción del Estado en el ámbito regional es apoyado por la UDR (União Democrática Rural, la organización casi paramilitar de los grandes propietarios) que puede revelar formas extremadamente violentas de reacción a cualquier manifestación, como muy bien ha demostrado la segunda masacre de trabajadores sin tierra, en El dorado de Carajás (1995). El primero en Corumbiara está ya casi olvidado. Hasta ahora el proceso criminal no se ha resuelto. El gobierno central por su parte anunció algunas medidas administrativas, las medias siguieron descalificando a los movimientos sociales, incluso a las víctimas. Este es el punto en que se organiza una gran marcha a Brasilia en 97. Los

»primitivos«, como decía Fernando Henrique llegan a Brasília, obligando al gobierno a reconocerlos como interlocutores verdaderos.

Nuevos mecanismos que en tésis agilizarían la reforma agraria son anunciados (asistencia a los asentamientos, proyecto Lumiar; participación de las alcaldías en el proceso de asistencia, proyecto Casulo; el nuevo Impuesto Territorial Rural, participación del Ministerio Público en acciones de reintegración de posesión, el rito sumario en la desapropiación, reevaluación de las normas de examen para las tierras improductivas). Pero al mismo tiempo se endurece, bajo nuevas reglas, con el casi ritual de movilización y ocupaciones. Esta ha sido la historia tediosa y conflictiva de las relaciones movimiento-gobierno, una historia de oportunidades perdidas (Carvalho Filho 1997), que se repitió en las conmemoraciones de los 500 años del Descubrimiento de Brasil. Ahora hay reglas más severas en relación a las ocupaciones. El gobierno declara que la tierra ocupada, tierra no controlada por dos años por efectos de la reforma agraria, al tiempo en que intenta descomprometerse parcialmente de políticas de reforma agraria, es transferida a los Estados. Mientras tanto las metas gubernamentales siguen inconclusas y en el actual presupuesto nacional se ha hecho adaptaciones con vista al pago de intereses de la deuda externa. Cortes de R$ 1,1 billones fueron realizados en las políticas sociales, entre las cuales se encuentran los recursos destinados a la salud, educación y reforma agraria (ESP 19/05/2000). Pero se han lanzado programas de apoyo a la agricultura familiar, en el curso de una marcha rutinaria a Brasilia: *O Grito da Terra 2000* organizado por la *Confederação Nacional dos Trabalhadores de Agricultura* (Contag – es el movimiento sindical de trabajadores rurales y pequeños agricultores articulada a la CUT), la *Central de Movimientos Populares*, *Pastoral da Tierra* y otros movimientos (CP 11/05/2000). El MST se ha aproximado de la Contag en la búsqueda de un apoyo más amplio, abandonando la visión algo triunfalista de sus acciones.

El gobierno ha hecho declaraciones tratando de aislar al MST, siendo rechazado por la Contag/CUT (Isto E 17/05/2000).

Programas son siempre bienvenidos, pero la incertidumbre impera, como buena evidencia la creciente insatisfacción de pequeños propietarios en la miséria, frente a promesas no cumplidas. Navarro (1997), antíguo asesor del MST, ha indicado problemas en la actuación del movimiento.

La organización en su origen era ultradisciplinada – hoy más flexible – y ha generado turbulencias con sectores rurales cuyos orígenes están en la propiedad familiar campesina y que aceptan solamente formas restrictas de cooperación. Hay también riesgos de asentamientos que permanezen a un nivel de subsistencia (como es el caso del nordeste y Mato Grosso), mientras que en el sur se busca la eficacia con uso intensivo de la base mecánica y de insumos químicos, con riesgos de agotamiento del suelo. En el sur se suma la competencia del MERCOSUR a estas cuestiones.

Pero una indagación fundamental persiste. ¿Es necesaria la reforma agraria? Para Navarro, si es verdad, la afirmación de que por razones estrictamente económicos-produtivos no es más necesaria Dos buenas razones se imponen a la realización de la reforma agraria: la primera considera la repercusión de nuevos asentamientos en circuitos regionales/locales que dinamizan pequeñas y medianas ciudades, descentralizando la riqueza y estimulando nuevas iniciativas, abriendo perspectivas para el uso diverso de la territorialidad del país. Además, la substitución de la gran propiedad patronal por la agricultura familiar es más compatible con formas capitalistas modernas.

La segunda razón es de naturaleza política. Es esencial la eliminación de padrones de dominación social y política oligárquica-clientelista, un eslabón persistente de dominación burguesa autoritaria.

De esta posición no se concluye que necesariamente los asentamientos presenten resultados por lo menos satisfactorios. Centenas de asentamentos en Brasil, según Navarro, muestran pocos resultados por las razones que anteriormente fueron explicadas.

Este cuadro es agravado por la precariedad de asistencia tecnica-gerencial, sea en asentamientos con base en la subsistencia o sea en asentamientos »modernizantes«, dependientes del mercado. Una alternativa sería crear las bases de una »agricultura sustentable«, colocando a la disposición de los asentamientos padrones tecnológicos alternativos, eficientes y de bajo costo, articulados a una compatible comercialización y procesamiento de productos.

Para José de Sousa Martins (1997) no hay un problema de reforma agraria y sí una cuestión agraria. La cuestión agraria, la cual no terminará con el MST, es un problema de concentración de tierras mal utilizadas o no utilizadas, con uso especulativo de reserva de valor. A esto se suma una inmensa masa humana excluida por un proceso de modernización conservador que unifica las élites agrarias y urbanas. Así la cuestión agraria es fundamentalmente una cuestión política y social. El Estado brasileño, a su vez, no tiene una política de integración y se ve confrontado por una masa excedente y sin calificación según los parámetros de desarollo capitalista vigentes.

Una reforma agraria según esta visión podrá ser un instrumento de un proyecto alternativo y moderno de reinclusión de excedentes poblacionales sin alternativa en las ciudades. Para José de Sousa Martins en la práctica el MST es un agente político – si no un partido agrario – que dice con todas las letras que la cuestión agraria no es sólo una cuestión económica, sino también política, que genera impases creativos al Estado, que responde topicamente a las presiones. En este sentido es insuficiente una concepción vaga de »una nueva sociedad«. El principal desafío del MST es postular una acción política dentro de la sociedad capitalista que afirme, no sólo la legitimidad del conflicto, sino también la irrestricta autonomía asociativa, facilitando el surgimiento de diferentes formas de representación de la sociedad, articuladas en los mecanismos clásicos de la democrácia, rompiendo así con las formas oligárquicas de control social.

Conclusiones

Este breve itinerario acerca de los movimientos sociales en Brasil trae al primer plano la problemática del ejercicio de la democrácia, en una nación inconclusa en la periféria capitalista, que es restrictiva a capas muy limitadas.

El proceso de democratización fue conducido con promesas de desarollo económico-social. Sin embargo los hechos han demostrado lo inverso. Hace pocos años se hablaba de la decada de los ochenta como la »decada perdida", ahora lo mismo se dice de la decada de los noventa.

Por otro lado, encuestas han mostrado la desconfianza de la población con respecto a políticos y a las instituciones de cara a la democracia-liberal, algo que no es nuevo incluso en países capitalistas desarrollados. Se puede concluir que se tiene una falta de creencia en los valores democráticos? No necesariamente. Si alguien teme una democracia verdadera, este alguien es la élite brasileña, cuyo padrón de acción política se basa aún en trazos señoriales. Todo el esfuerzo en garantizar criterios de justicia social universal y una concepción que contempla la función social del uso de la tierra en la Constitución de 1988 fue obra de movimientos sociales urbanos y agrarios y de partidos que, en alguna medida, a ellos representaban. Ahora en el proceso gradual de demolición de los derechos sociales la resistencia parte de los mismos sujetos y con un trazo persistente que rompe con la lógica de mando de las élites locales incapaces de crear mecanismos de incorporación y que utilizan casi sin pudor mecanismos legales y extra-legales de mantención de privilegios y cuya acción oscila entre la violencia abierta o la condimentan con mecanismos populistas, clientelistas y con la ideología neoliberal modernisante. Una mezcla de coronalismo y neoliberalismo.

El trazo que despierta la furia de los dioses es la intuición, si no la clarividencia por parte de este mundo complejo de buena parte de los movimientos sociales, que, si en otros períodos la democrácia fue definida principalmente en términos de participación en los negocios político/económicos del Estado, hoy en una situación nacional e internacional muy diferenciada, a ellos cabe reconstruir cotidianamente sus condiciones de vida y las reglas institucionales y democráticas[3], rescatando así, en la mejor tradición la noción de república, superando en su práctica los límites del individualismo burgués y de sus formas casi autocráticas del ejercicio del poder.

Esta es la historia reciente: el aprendizaje de la República.

Notas

* El autor agradece a Pedro Cancio da Silva, profesor de lengua española, por su estimable ayuda en la revisión del texto. Errores que se encuentran son de entera responsabilidad del autor.

[1] El estudio reciente del *Instituto de Economía e Pesquisa Aplicada*, órgano vinculado al Ministerio de Planeamiento del Gobierno Federal, muestra, que a pesar de la inmigración a las ciudades, creció el número de campesinos pobres, incluso entre aquellos que poseen una pequeña parte de tierra. Hay un total de 4,5 millones de familias, que aproximadamente representa un total de 18 millones de personas de posibles beneficiarios de un programa de reforma agraria. El mayor contingente se encuentra en la región nordeste.

Región	Pequenos propietarios	Arrentatarios	Parcelistas	Ocupantes	Asalariados	Total
Norte	217.036	2.726	5.236	69.354	53.999	348.351
Nordeste	1.201.739	150.441	180.116	472.289	344.720	2.349.305
Centro-Oeste	98.873	4.801	2.014	14.023	97.247	216.958
Sudeste	448.138	23.499	32.148	33.867	291.314	828.966
Sul	488.698	46.776	48.254	58.088	130.415	772.231
Brasil	2.454.484	228.243	267.768	647.621	917.694	4.515.811

Fuente: Datos do IBGE – Censo Agropecuario, 1995-1996. En: »A demanda de terra para a Reforma Agrária no Brasil«, José Gasques e Júnia da Conceição/Ipea, Relatório Azul 98/99, Comissão de Cidadania e Direitos Humanos, p. 289.

Región/ año	1995	1996	1997	1998	Total	Porcentaje % sobre total
Amazônia	26.752	39.495	51.458	40.678	158.383	62
Nordeste	11.370	13.552	17.927	15.826	58.675	23
Sudeste	1.308	3.268	3.704	3.493	11.773	5
Sul	2.176	2.007	4.190	3.448	11.821	5
Centro-Oeste	1.306	3.722	4.665	4.447	14.140	5
Total	42.912	62.044	81.944	67.892	254.792	100
Familias asentadas en proyectos antiguos	24%	32%	26%	Sin información	Média 27%	-

Fuente: INCRA – Relatórios Anuais de Atividades, apud Relatório Azul 98/99, Comissão de Cidadania e Direitos Humanos, p. 286.

[2] Según los datos del Ministerio para la Reforma Agraria, solamente el 28,1 por ciento del presupuesto nacional destinado al sector para 1999 fueron destinados hasta mediados de septiembre. De los R$ 901,1 millones previstos a los programas del INCRA, fueron gastados R$ 255,4 millones. (Zero Hora, 11/09/1999 apud Relatório Azul 98/99. Comissão de Cidadania e Direitos Humanos – Assembléia Legislativa do Rio Grande do Sul).

[3] Un análisis más detallado de este esfuerzo de reconstrucción, su alcance y límites, sobrepasa, infelizmente, el esfuerzo de este articulo. Es de considerar que bajo la sombra del discurso y de la práctica neoliberal hay un conjunto de políticas alternativas, que van desde estructuras de economía solidária, mecanismos de auto-ayuda, hasta experiencias locales consolidadas por la participación popular en la definicion del presupuesto público.

Bibliografía

Cardoso, F. H. (1972): *O modelo político brasileiro.* São Paulo. Difusão Européia do Livro

Carvalho Filho, J. J. (1997): *Política Fundiária. Oportunidades perdidas, revolução cultural e lampedusa. São Paulo em Perspectiva. Brasil Agrário.* V. 11/n° 2. São Paulo. Fundação Seade

Gohn, M. da G. (1997): *Teoria dos Movimentos Sociais. Paradigmas Clássicos e Contemporâneos.* São Paulo. Edições Loyola

Gohn, M. da G. (1995): *História dos Movimentos e Lutas Sociais. A Construção da Cidadania dos Brasileiros.* São Paulo. Edições Loyola

Görgen, F. S. (1997): *Religiosidade e fé na luta pela terra. A Reforma Agrária e a Luta do MST.* João Pedro Stédile Org., Petrópolis. Editora Vozes

Martins, H. de S./Rodrigues, I. J. (2000): *O sindicalismo brasileiro na segunda metade dos anos 90. Tempo Social. Revista de Sociologia da USP.* Fevereiro. São Paulo

Martins, J. de S. (1997): *A questão agrária brasileira e o papel do MST. A Reforma Agrária e a luta do MST.* João Pedro Stédile Org., Petrópolis. Editora Vozes

Mattos, M. B. (1999): *Sindicalismo brasileiro hoje, as encruzilhadas da CUT. Contrapontos. Ensaios de História Imediata.* Porto Alegre. Editora Folha da História/Livraria Palmarinca

Mattoso, J. (1999): *O Brasil Desempregado.* São Paulo. Editora Fundação Perseu Abramo

Medeiros, L. S. de/Leite, Sérgio, Org., (1999): *A Formação dos Assentamentos Rurais no Brasil.* Porto Alegre. Editora da Universidade. UFRGS

Navarro, Z. (1997): *Sete teses equivocadas sobre as lutas sociais no campo, o MST e a reforma agrária. A reforma e a luta do MST.* João Pedro Stédile, Org., Petrópolis. Editora Vozes

Boris, D. (1998): *Soziale Bewegungen in Lateinamerika.* VSA – Verlag Hamburg

Oliveira, F. de (1994): *Estado, Sociedade. Movimentos Sociais e Políticas Públicas no limiar do século XXI.* Rio de Janeiro. FASE/PIC.

PessahaA, E. G. da F./Morel, R. L. M. (1999): *O Novo Sindicalismo Vinte Anos Depois.* Iram Jacone Rodrigues Org., Petrópolis. Vozes

Relatório Azul. (1998/1999): *Comissão de Cidadania e Direitos Humanos.* Assembléia Legislativa do Rio Grande do Sul

Severo, Qu. (2000): *1° Congresso Semapi/CUT. Caderno de Textos.* Porto Alegre

Stédile, J. P. Org. (1994): *A Questão Agrária Hoje. Porto Alegre.* Editora da Universidade. UFRGS

Winckler, C. R. (1993): *A Crise do Estado Desenvolvimentista.* Análise. V.4 n° 2. Porto Alegre. Pontifícia Universidade Católica do Rio Grande do Sul

Winckler, C. R. (1996): A Nova Ordem Internacional e o Significado da Globalização: Comentários à perspectivas do Brasil Contemporâneo. En: MACHADO, C. L. B. Org.: *Olhares sobre o Futuro.* São Leopoldo

Winckler, C. R./Faria, L. A. E. (1994): *O Andar do Crustáceo. Revista Ensaios.* Porto Alegre. FEE

Winckler, C. R./Meneghetti Neto, A. (1997): *Balanço e Perspectivas da Descentralização das Políticas Sociais no Rio Grande do Sul. Relatório Pesquisa.* Porto Alegre. FEE.

Winckler, C. R./Pacheco Filho, C. (1994): CPMI das Privatizações. En: *Indicadores Econômicos.* V. 22 n° 2. Porto Alegre. FEE

Periódicos y Semanales

Correio do Povo
Folha de São Paulo
Isto É
O Estado de São Paulo

Joachim Becker
Gegen den Strom:
Alternative Kommunalpolitik im Cono Sur

Einleitung

Etwas verborgen blühen in den neoliberalen Gefilden des MERCOSUR einige rote Blumen alternativer Stadtpolitik. Besonders beständig ist ihre Blüte in der uruguayischen Hauptstadt Montevideo sowie in Porto Alegre, der Metropole des südbrasilianischen Bundesstaates Rio Grande do Sul. In beiden Städten stellt die Linke seit etwa einem Jahrzehnt die Stadtregierung, was für lateinamerikanische Verhältnisse recht ungewöhnlich ist. Und ihr Beispiel strahlt auf das Umfeld aus. In Rio Grande do Sul wurde Ende 1998 ein Vertreter der *Partido dos Trabalhadores* (PT) zum Gouverneur gewählt. In Uruguay verdoppelte das Linksbündnis *Frente Amplio* (FA) seit dem Ende der Diktatur seine Stimmenzahl und stieg zur wählerstärksten politischen Formation auf. Ihr Präsidentschaftskandidat scheiterte im Dezember 1999 in der Stichwahl nur knapp.

Diese Entwicklungen laufen dem dominanten Trend, nicht nur in Lateinamerika, zuwider. Ansätze alternativer Stadtpolitik waren die Ausnahme, und diese Ausnahmen waren meist recht kurzlebig. Daher stellt sich die Frage: Welche Faktoren ermöglichen eine Linksabweichung der Kommunalpolitik vom nationalen Politikmuster? Speziell geht es hierbei auch darum zu untersuchen, wie das bisherige wirtschaftliche Entwicklungsmuster und die Einbindung der Region eine alternative Stadtpolitik eher einschränken oder erweitern. Ich gehe diese Fragen aus Sicht der Politischen Ökonomie an. Die Möglichkeiten einer alternativen Stadtpolitik scheinen dann größer, wenn das Entwicklungsmuster regional heterogen ist und damit die lokalen Besonderheiten zum Tragen gebracht werden können. Doch ist dies nur eine notwendige, aber keine hinreichende Bedingung. Wirkliche politische Spielräume ergeben sich nur dann, wenn der nationale Machtblock schwach ist und kein hegemoniales Projekt zu formulieren vermag. In ein solches Vakuum können dann alternative Kräfte stoßen (siehe dazu Becker/Novy 1999a, 1999b).

Doch auch dann ist die Frage, wie Alternativkräfte ein solches offenes Fenster nutzen. Suchen sie die lokalpolitischen Handlungsspielräume, beispielsweise durch eine Stärkung der kommunalen Finanzkraft, auszuweiten oder setzen sie gleich darauf, die lokalen Wahlerfolge als Sprungbrett auf die nationale Ebene zu nutzen? Im einen Fall würden sie eher auf Dezentralisierung, im anderen auf Zentralisierung setzen. Erweitern sie die politische Partizipation in der Stadt oder beschränken sie sich auf eine »bessere« Stadtverwaltung, also eine linke Variante der »good governance«? Auch die Größe des Fensters ist für eine linke Stadtreform nicht ganz unwichtig. Ein relativer wirtschaftlicher Niedergang der Stadt und entsprechende geschwächte Finanzkraft beschränken das Feld der Handlungsmöglichkeiten. Doch ist diese Beschränkung nicht absolut. Eine linke Stadtpolitik kann ja auch eine lokale Wirtschaftsstrategie enthalten, welche die lokale Ökonomie stärkt. Damit ist letztlich der Zusammenhang zwischen linker Strategie, lokaler wirtschaftlicher Entwicklung und der Bildung eines tragfähigen Blocks für eine alternative Politik von besonderer Bedeutung.

Eine Analyse dieser Fragenkomplexe scheint anhand eines Vergleichs zwischen Montevideo und Porto Alegre erhellend. Beide Städte haben mit circa 1,5 Mio. in etwa dieselbe Einwohnerzahl, ein durchaus vergleichbares kulturelles Umfeld und liegen beide im Wirtschaftsraum des MERCOSUR. Gleichzeitig unterscheiden sie sich in zentralen Punkten: Porto Alegre verfügt über ein industrialisiertes Umland, Montevideo nicht. Porto Alegre liegt in einem dezentralisierten Großstaat, Montevideo ist die Metropole eines zentralisierten Kleinstaats. Die brasilianische PT setzt auf eine Stärkung ihrer lokalen (und regionalen) Bastionen, die uruguayische Frente Amplio sieht die Stadtregierung eher als Sprungbrett zur Regierungsübernahme im zentralisierten Nationalstaat. Zu verstehen sind diese unterschiedlichen strategischen Optionen nur vor dem historischen Hintergrund. Daher ist der Diskussion der aktuellen alternativen Stadtpolitik ein historischer Abriß zur wirtschaftlichen und politischen Stadtentwicklung im jeweiligen regionalen Kontext vorangestellt.

Montevideo

Das gesamte 19. Jahrhundert war in Uruguay durch den scharfen sozioökonomischen und sozio-politischen Gegensatz zwischen der Handelsmetropole Montevideo und dem ländlichen Hinterland geprägt. Montevideo entwickelte sich zu einem wichtigen Überseehafen nicht nur für Uruguay selbst, sondern zunächst auch für die Gesamtregion. Im Verlaufe des 19. Jahrhunderts verlor Montevideo jedoch relativ an Bedeutung. Mit der Konsolidierung der Territorialstaaten zerteilten Zoll- und Währungsgrenzen zunehmend den Wirtschaftsraum, so daß Montevideo einen Teil seines Hinterlandes, vor allem an Buenos Aires, verlor. Der Hafen von Buenos Aires wurde Ende des 19. Jahrhunderts auch wesentlich früher vergrößert und modernisiert als die Anlagen in Montevideo (Jacob 1996). Dadurch geriet die uruguayische Metropole noch weiter und dauerhaft ins Hintertreffen. Einen gewissen Ausgleich schuf die verbesserte infrastrukturelle Erschließung des uruguayischen Landesinneren, des *Interior*, die weitgehend in den Händen des britischen Kapitals lag (Jacob 1996). Britisches Kapital spielte auch bei der Schaffung städtischer Infrastruktur in Montevideo eine wichtige Rolle, obgleich hier wichtige Impulse vom zentralen und lokalen Stadt ausgingen. Von besonderer Bedeutung war der Aufbau eines Straßenbahnnetzes, das die Grundlage für die Stadterweiterung und eine einträgliche Immobilienspekulation legte. Das Immobiliengeschäft kam der Rentiersorientierung der führenden Kreise sehr entgegen (Cocchi et al. 1980: 15ff.). Mit dem Wachstum der Stadt entstand im letzten Viertel des 19. Jahrhunderts auch ein industrielles Kleingewerbe. Es lag meist in den Händen von Immigranten und war auf den Konsumbedarf der städtischen Bevölkerung ausgerichtet (Jacob 1981, Millot/Bertino 1996: Kap. VII). Politisch tonangebend war jedoch die Handelsbourgeoisie, die eng mit britischen Interessen liiert war (Winn 1975).

Dem städtischen Machtblock stand ein ländlicher Machtblock unter Führung von Großviehzüchtern gegenüber. Parteipolitisch waren diese Blöcke als *Colorados* bzw. *Blancos* organisiert. Gegen Ende des 19. Jahrhunderts wurde der Konflikt vorübergehend durch eine Dezentralisierung und territoriale Machtteilung stillgelegt. 1903/4 versuchte der ländliche Machtblock letztmalig sich mit militärischen Mitteln durchzusetzen – und verlor entscheidend (Mendez Vives 1992: 84ff., 115ff.).

Den militärischen Sieg nutzten die Colorados unter der Führung von Batlle Ordoñez zu weitreichenden politischen Weichenstellungen. Dabei suchten sie sich bei der Staatsreform nach zwei Seiten abzusichern: einerseits gegen den ländlichen Machtblock, andererseits gegen die in Montevideo entstehende Arbeiterbewegung, die gegen Ende des Jahrhunderts schon einige kräftige Lebenszeichen von sich gegeben hatte. Da die ländliche Front von regionalen Machtbastionen ausgegangen war, suchten die siegreichen Colorados die Prävention in einer Zentralisierung des Staates. Gleichzeitig suchten sie widerstrebende Interessen in ein integratives Staatsprojekt einzubinden. Vergrößerte Spielräume versuchten sie durch eine Ausweitung des öffentlichen Sektors zu schaffen, welcher der wirtschaftlichen Entwicklung Impulse geben sollte. Ebenfalls unter Verweis auf das Allgemeinwohl – und als eindeutiges Angebot an die städtische ArbeiterInnenklasse – machte sich die Regierung an weitreichende Sozialreformen, wie die Einführung eines Acht-Stundentages und der Sozialversicherung. Darin war sie vielen europäischen Ländern voraus (Finch 1993: 223, Filgueira/Filgueira 1994). Dieses Staatsprojekt hat einige Parallelen zur Entwicklungsdiktatur der *Partido Republicano Rio-Grandense* (PRR) im benachbarten brasilianischen Bundesstaat Rio Grande do Sul (siehe Targa 1998a, 1998b), unterschied sich jedoch in seinem Festhalten am Parlamentarismus und in seiner sozialen Basis markant von diesem. Doch hatte das batllistische Reformprojekt deutliche Grenzen. Das Auslandskapital blieb in weiten Bereichen dominant und die Prosperität des Landes hochgradig vom Rohstoffexport abhängig. Dies sollte sich recht bald als Reformbremse erweisen. Im Teenager-Alter des 20. Jahrhunderts wurde der ländliche Machtblock in einer untergeordneten Position integriert. Materielle Angebote an die städtische Arbeiterschaft und die ideologische Auseinandersetzung traten in den Hintergrund. Die Bindung erfolgte jetzt verstärkt durch klientelistische Praktiken in Staatsapparat und staatlichen Unternehmen (Costa Bonino 1988: 26). Die Infrastrukturprojekte stärkten zwar die Wirtschaftskraft, gaben der Wirtschaftsentwicklung aber keine neue Richtung. Die öffentlichen Investitionen gingen in Montevideo zu einem großen Teil in die Stadtverschönerung, wie den Bau einer großzügigen Küstenstraße. Das Projekt einer »Gartenstadt« harmonisierte bestens mit üppigen Privatinvestitionen im Immobilienbereich. En vogue war jetzt die Küstenfront. Hier dehnte sich die Stadt aus und entfaltete sich der Tourismus. Wohlhabendes Klientel, auch aus dem benachbarten Argentinien, zogen dabei auch die stadteigenen Casinos an (siehe Jacob 1988).

Mit der »großen Krise« der 30er Jahre brachen Exporte und Importmöglichkeiten Uruguays schwer ein. Dem extravertierten Entwicklungsmodell, das auf der Ausfuhr von Viehzuchtprodukten basierte, war die Grundlage entzogen. Mit einschneidenden Maßnahmen wie einer Devisenkontrolle, Abwertungen und einem zeit- und teilweisen Moratorium bei der Bedienung der Auslandsschuld suchte die Regierung, die vorübergehend autoritären Charakter annahm, der Zahlungsbilanzkrise Herr zu werden (Millot et al. 1973: 88ff., Jacob 1983, Bértola 1991:169 ff.). Faktisch erfreute sich der bislang eher vernachlässigte binnenmarktorientierte Sektor starker Protektion. In Ermangelung von Alternativen flossen in die binnenmarktorientierte Industrie neue Investitionen. Zu den Investoren zählten nun auch Großgrundbesitzer und Handelskapital. Es bildeten sich hochgradig oligopolistische Gruppen mit Verflechtungen zwischen Industrie, Großgrundbesitz und Banken heraus. Damit veränderte sich auch der Machtblock (Stolovich et al. 1987). Die Industrialisierung war hochgradig in Montevideo konzentriert. 1960 entfielen auf die Metropole 77,8 Prozent der industriellen Bruttoproduktion Uruguays (Anichini 1969: 20, Tab. X). Die Stadt erlebte, vor allem in der unmittelbaren Nachkriegszeit, einen wirtschaftlichen Aufschwung und Diversifizierung. Ab Anfang der 40er Jahre hatte auch die Arbeiterschaft Anteil am Aufschwung. Über »Lohnräte« wurde die Verhandlungsmacht der Gewerkschaften einerseits gestärkt, andererseits neokorporatistisch eingebunden. Die Reproduktionskosten der städtischen Arbeitskräfte wurden durch die ab 1943 für gut drei Jahrzehnte geltende staatliche Mietkontrolle gedämpft (Capandeguy/Crocco 1994: 146). Auf dem Land blieb alles beim Alten.

Bereits Mitte der 50er Jahre geriet das binnenorientierte Modell in die Krise. Mit dem Ende des Korea-Kriegs war es mit dem Boom der Rohstoffmärkte vorbei. Die industriellen Importe waren unwichtiger als in der Vorkriegszeit. Angesichts einer starken Abschottung bestanden kaum Exportmöglichkeiten in die Nachbarstaaten. Bei der gegebenen Einkommensverteilung war auch der Binnenmarkt ziemlich ausgereizt, die Kleinstaatlichkeit ließ diese Limitation besonders schnell fühlbar werden. Damit stieß das Wirtschaftsmodell an innere und äußere Grenzen (Bértola 1991: 233ff.). Die Investitionen orientierten sich auf die Finanz- und Immobiliensphäre um. Zeitweilig fehlten allerdings für Immobiliengeschäfte die Finanzmittel. Dies hing mit den Instabilitäten des Finanz- und Geldsystems zusammen. Die Banken ließen sich auf sehr riskante Operationen ein. Das Resultat waren schwere Bankenkrisen im Jahr 1965 und dann wieder 1970/71. Die Kapitalflucht nahm endemische Ausmaße an, die Wirtschaft begann sich zu dollarisieren und die Auslandsschuld explodierte (Calloia et al. 1984, Noya et al. 1998). Der Internationale Währungsfonds (IWF) forderte eine sozial regressive Politik. Diese entsprach auch den Wünschen des nationalen Machtblocks. Sozial regressiv war auch die Entwicklung der Stadt. Erhebliche Teile der Bevölkerung verarmten. Die soziale Segmentierung der Stadt wurde auch vom Stadtentwicklungsplan aus dem Jahr 1956 und der politischen Praxis forciert (Kroch 1998: 10). Es bildeten sich drei, relativ klar umgrenzte Stadtsegmente heraus:

- das infrastrukturell gut erschlossene, aber sozial absteigende Stadtzentrum;
- die aufstrebende Küstenfront mit Wohngebieten für die oberen Bevölkerungsschichten;
- die neuen Marginalviertel mit unzureichender Infrastruktur am Stadtrand (Altmark et al. 1998).

Etwas gemildert wurde die Segmentation durch die nach wie vor bestehende Mietpreiskontrolle.

Die Bindungskraft des nationalen Machtblocks ließ nach. Er konnte städtischer Arbeiterschaft und Mittelklasse weder kollektiv eine Aufstiegsperspektive bieten, noch waren die Möglichkeiten zur individuellen Vereinnahmung über Klientelismus so groß wie in der Vergangenheit. Nationale Emanzipationsbewegungen in der Dritten Welt und die Studentenbewegung von Berkeley und Mexico bis Paris und Marburg gaben in den 60er Jahren der autonomen Linken, die weit überwiegend auf den parlamentarischen und außerparlamentarischen Kampf, in einer Minderheit auf die Stadtguerilla orientiert war, neue Impulse. Bei den sozialen Bewegungen waren die SchülerInnen- und StudentInnenbewegung sowie die Gewerkschaften besonders wichtig (Nahum et al. 1994: 161ff., Zubillaga/Pérez 1996: 26ff.). Die Gewerkschaften machten Mitte der 60er Jahre durch die Bildung eines gemeinsamen Dachverbandes, der *Convención Nacional de Trabajadores* (CNT), einen großen Schritt nach vorn. Die Gewerkschaften sahen sich als mehr denn nur eine

Agentur zur Erkämpfung höherer Löhne, die im übrigen von einem Indexwert von 100 im Jahr 1957 auf nur noch 70,2 im Jahr 1972 fielen (Cancela/Melgar 1985: 17, Tab. 1). Eine Besserung versprachen sie sich nur von einem grundlegenden sozialen Wandel. So heißt es auf dem ersten Kongreß der CNT im Jahr 1969: »Die CNT hat diesen Kampf nicht nur als gewerkschaftlichen Kampf definiert, sondern als einen politischen Kampf, in dem zwei Orientierungen aufeinander treffen: die eine von IWF, Oligarchie und Imperialismus; die andere von der CNT mit einem Programm nationaler Lösungen.« (zit. nach Nahum et al. 1994: 164) Die parteipolitische Linke folgte 1971 dem gewerkschaftlichen Beispiel und vereinigte sich zur *Frente Amplio*, deren Spektrum von der Christdemokratie bis zur radikalen Linken reichte. Waren die zersplitterten Linksparteien zuvor nie über zehn Prozent der Stimmen gekommen, erreichte die Frente Amplio 1971 Wahlen landesweit auf Anhieb 18,3 Prozent der Stimmen, in Montevideo sogar 30,1 Prozent, im Interior nur 9,6 Prozent (Nahum et al. 1994: 78 & 80, Tab. 1 & 2). Das Wahlergebnis zeigt die regional sehr ungleichmäßige Verankerung der Emanzipationsbewegung auf. Ihr Zentrum war Montevideo, im Interior blieb sie eher schwach. Ziel der Linken war trotz ihrer einseitigen Verankerung in der Metropole nicht der Aufbau einer lokalen Machtposition, sondern die Erringung der Kommandohöhen des nationalen Entwicklungsstaates. Die Orientierung auf den Nationalstaat teilte sie mit anderen reformistischen und radikalen Bewegungen in Lateinamerika, gerade auch des Cono Sur. Diese Orientierung war insofern schlüssig, als sie den in der Krise befindlichen nationalen Entwicklungsstaat zum Ausgangspunkt ihrer nationalstaatlichen Transformationsstrategien machen wollte.

Uniform war auch die Reaktion der Rechten in den Cono Sur-Staaten auf Wirtschafts- und drohende Staatskrise: Autoritarismus und Militärputsch sowie Übergang zu einem liberalen Wirtschaftsmodell (siehe O'Donnell 1996). In Uruguay putschte das Militär 1973. Ihr Schlag richtete sich gegen die (großstädtische) Emanzipationsbewegung. Das Militär schaltete die parlamentarischen Vertretungsorgane aus, verbot die Parteien und verfolgte die Linkskräfte. Es zentralisierte auch den Staat, die Gemeindeautonomie wurde aufgehoben, die Departamentos, so auch Montevideo, verloren ihre Besteuerungsrechte (Risso Ferrand 1989: 22). Das Militärregime setzte eine stärker liberale, außenorientierte Wirtschaftspolitik durch. Zunächst förderte sie eine verstärkte Exportorientierung, nach einer Stabilisierung der Zahlungsbilanz die monetäre Akkumulation. Die zweite Variante der Wirtschaftspolitik beinhaltete eine überbewertete Währung. Hohe Zinsen sollen die einheimischen Anleger erfreuen und ausländisches Kapital anziehen, so daß die entstehenden Leistungsbilanzdefizite abgedeckt werden. Ist der Verschuldungskrug so lange zum Wasser gegangen, bis er bricht, erfolgen eine Abwertung und eine Forcierung der Exporte. Dieses Wechselspiel ist für Uruguay zumindest seit

Anfang der 70er Jahre prägend (Becker/Raza 1999, siehe auch Cancela/ Melgar 1985, Macadar 1992, Astori 1996). Beide Varianten der Wirtschaftspolitik erfordern ein Drücken der Löhne. Über ihren sozial regressiven Charakter hinaus sind aber auch noch einige weitere Konstanten der Wirtschaftsstrategie festzustellen. Das uruguayische Militär suchte nicht nur in der Repression die Zusammenarbeit mit den Nachbarstaaten (Mariano 1998), sondern auch auf wirtschaftlichem Gebiet. 1974 schloß es ein bilaterales Handelsabkommen mit Argentinien, 1975 mit Brasilien. Dann schon unter einer Zivilregierung, fand diese Politik 1991 eine Fortsetzung im MERCOSUR. Regionale Exporte stimulierten vor allem einige agro-industrielle Branchen. Die stark binnenmarktorientierte Industrie in Montevideo war hingegen von der Außenöffnung schwer getroffen (Altmark et al. 1998). Hingegen wuchsen schubweise und in Abhängigkeit vom jeweils vorherrschenden Regulierungsmuster die Sub-Sektoren Finanzdienstleistungen und Immobilien, was als Ausdruck ökonomischer Stagnation zu werten ist. Der in Montevideo konzentrierte Bankensektor hat sich allerdings weiter als krisenanfällig erwiesen und seit 1981 einen starken Stellenabbau erfahren. Er ist hochgradig internationalisiert und – mit Ausnahme der Staatsbanken – nicht auf das Kreditgeschäft mit uruguayischen Produktionsunternehmen ausgerichtet. Er zieht auch Fluchtgeld aus Argentinien an (siehe Lopez Gallero 1993, Caumont 1998). Das Immobiliengeschäft trug in Montevideo 1993 satte 20,3 Prozent zur »Bruttowertschöpfung« bei (Convenio UTE-Universidad de la República o. J.: Tab. A 14). Die relative Bedeutung Montevideos in der uruguayischen Wirtschaft hat infolge der Umstrukturierungen in den letzten beiden Jahrzehnten abgenommen. Sein Anteil an der Brutto-Wertschöpfung fiel von 83,7 Prozent im Jahr 1978 auf nur noch 60 Prozent im Jahr 1993 (Vaillant 1996: 118, Tab. 3, Convenio UTE-Universidad de la República o. J.: Tab. A4). Ohne ökonomisch relevantes Hinterland hat Montevideo auch im Rahmen des MERCOSUR ökonomisch an Bedeutung eingebüßt, obgleich das Sekretariat des MERCOSUR in Montevideo beheimatet ist. Dieser ökonomische Bedeutungsverlust hat in den letzten Jahren auch darin einen Ausdruck gefunden, daß immer weniger Fluggesellschaften Montevideo direkt anfliegen und stattdessen die Verbindung über Buenos Aires erfolgt.

Die Militärdiktatur, die allerdings nicht ganz monolithisch war (Dresseler 1978), führte zu einer bis heute anhaltenden sozialen Polarisierung. Als die Parteien während der Diktatur als Interessenvertretungen ausfielen, ließ die Verschlechterung der sozialen Verhältnisse nach und nach neue Akteure auf die Bühne treten. »Im allgemeinen handelte es sich um überwiegend städtische Bewegungen mit territorialer Basis. Sie waren auf grundlegende soziale Forderungen (auf Gebieten wie dem Wohnen, der Gesundheit oder der Ernährung) orientiert, die als Reflex auf die autoritäre Politik und die scharfe Verarmung auftauchten.« (Caetano/Rilla 1996: 68, siehe auch Equipo 23 1995)

Ihren Höhepunkt hatten sie in den Mobilisierungen der Jahre 1983/84. Eine wichtige Protagonistenrolle hatten auch die Gewerkschaften im Widerstand gegen die Diktatur. Die sozialen Bewegungen schufen auch Spielräume für die Parteien, die im paktierten Übergang zum Parlamentarismus zentraler Verhandlungspartner der Militärs waren. Das Parteiensystem wurde in derselben Form wiederhergestellt, wie es vor der Diktatur bestanden hatte. Im Gegensatz zur *Unidad Popular* Chiles vermochte die *Frente Amplio* über die schweren Jahre der Diktatur ihre Einheit zu wahren.

Auf nationalstaatlicher Ebene nahmen die traditionellen Parteien, Colorados und Blancos, das Zepter wieder in die Hand und setzten die Wirtschaftspolitik der Militärdiktatur in den Grundzügen fort. In gewisser Weise radikalisierten sie die Wirtschaftspolitik sogar noch nach rechts. Sie suchten dem Kapital durch Privatisierung von Staatsbetrieben und die Privatisierung der Sozialversicherung neue Anlagesphären zu eröffnen, wie es den Empfehlungen internationaler Organisationen (z.B. der Interamerikanischen Entwicklungsbank) und der Praxis der Cono Sur Staaten Argentinien und Chile und zuletzt auch Brasilien entsprach. Diese Politik stieß auf stärkere Widerstände als in anderen Staaten Lateinamerikas. Die Linke initiierte 1992 ein Referendum gegen die Privatisierungen und gewann es deutlich. Damit wurde die Privatisierungspolitik erschwert, aber nicht gestoppt. Die Teilprivatisierung der Pensionsversicherung konnte die Linke nicht verhindern, aber mildern. Bei den Kontroversen um die Privatisierung wurde deutlich wie stark das etatistische Erbe in Uruguay noch ist. Als Entwicklungsagentur und Instrument sozialen Ausgleichs wird dem Staat von breiten Sektoren der Bevölkerung eine wichtige Rolle beigemessen. Die etatistischen Traditionen und der im Vergleich zu anderen Staaten des Cono Sur geringere Grad sozialer Atomisierung eröffnet der Linken verhältnismäßig große Handlungsspielräume. Allerdings traten die sozialen Bewegungen gegenüber den Parteien des Linksbündnisses *Frente Amplio* in den Hintergrund. Trotzdem haben sie in mancher Hinsicht dem Vormarsch der FA bei den Wahlen den Boden bereitet. Eine wichtige Etappe war die Wahl eines Kandidaten der FA, Tabaré Vazquez, zum Bürgermeister von Montevideo im Jahr 1989. Damit entwickelte sich Montevideo zu einem gewissen linken Gegengewicht gegenüber den rechtsliberalen Zentralregierungen.

Zentrale Elemente der FA-Stadtpolitik in Montevideo waren eine Staatsreform und eine Stärkung des »öffentlichen Konsums«. Ohne eine Reform des Lokalstaats schien eine andere Politik undenkbar. Die bestehende Stadtverwaltung, deren Personal seine Posten überwiegend der klientelistischen Gunst der Jahrzehnte regierenden Colorados verdankte, war, wie die FA-Abgeordnete Margarita Percovich in einem Interview mit der ila (Nr. 217/1998: 17) sagt, »in jeder Hinsicht verwahrlost«. Ein Teil der Stadtangestellten erwies sich für ihre Posten als völlig ungeeignet. Leitende Angestellte gab es zuhauf.

Diese betrachteten ihren unkündbaren Posten bei der Stadt, den sie politischer Patronage verdankten, als eine Art Zubrot und glänzten durch häufige Abwesenheit. Tatsächlich kam es über die Verwaltungsreform zu Konflikten mit der Gewerkschaft den öffentlichen Bediensteten. Die neue Stadtregierung konnte jedoch dadurch punkten, daß sie die Verwaltungsreform offensiv in Form einer Dezentralisierung der Stadtverwaltung vorantrieb. Der erste Schritt war die Schaffung von 18 *Centros comunales zonales*, auf die nach und nach 200 Verwaltungsvorgänge und Dienstleistungen übertragen wurden. 1993 wird die Verwaltungsdezentralisierung durch eine politische Komponente, die Schaffung von *juntas locales* und *consejos vecinales*, ergänzt. In den *juntas locales* sitzen jeweils drei Vertreter der Regierungskoalition und zwei OppositionsvertreterInnen. Die *consejos vecinales* werden gewählt, haben aber nur beratende Funktion (Silveira 1995, Percovich 1998). In ihrem Rollenverständnis haben sich beide Gremien auseinander entwickelt, so Eduardo Gudynas (Vortrag in Wien, 28.10.1999). Erstere seien parteipolitisch orientiert und suchten aus Parteiraison Konflikte kleinzureden. Die *consejos vecinales* seien hingegen eher parteifern. Da diese aber nur beschränkte Kompetenzen haben, würden manche lokale Gruppen versuchen, über direkten Kontakt mit der zentralen Stadtverwaltung bestimmte Dinge durchzusetzen.

Die FA-Stadtregierung setzte zwar auf eine Reform des lokalen Staates, nicht aber auf eine Veränderung der staatlichen Kompetenzen zwischen Zentralregierung und Departamentos. Dabei hat sich die fehlende fiskalpolitische Autonomie und Finanzkraft als eine gravierende Restriktion herausgestellt. Initiativen zur Stärkung der städtischen Finanzkraft, wie einer Abwasserabgabe, wurden von zentralstaatlichen Instanzen blockiert. Die Zentralregierung hielt Montevideo finanziell kurz. Besonders restriktiv zeigten sich die Colorado-Regierungen, da sich die Colorados mit ihrer eher städtischen Basis durch den Vormarsch der Frente Amplio besonders bedroht sehen (siehe Brecha, 19.3.1999: 5). Die fortgesetzte Orientierung der Linken auf den Zentralstaat dürfte sich dadurch erklären, daß sie ein nationalstaatzentriertes Wirtschafts- und Gesellschaftsprojekt verfolgt und sich reale Chancen auf eine Regierungsübernahme in absehbarer Zeit ausrechnet.

Für einen weiteren Vormarsch auf nationaler Ebene sollte der lokalpolitische Erfolg oder Mißerfolg der FA-Lokalpolitik von großer Bedeutung sein. Die erste FA-Stadtregierung unter dem Sozialisten Tabaré Vazquez setzte auch politisch den Akzent an der lange vernachlässigten Peripherie der Stadt. Hier suchte sie die infrastrukturelle Versorgung zu verbessern. Zentrale Stadtprojekte waren hierbei der Aufbau von Polykliniken und der Ausbau der Kanalisation am Stadtrand. Die zweite Stadtregierung, die nun von Mariano Arana, einem Vertreter der *Vertiente Artiguista*, geführt wurde, setzte den Akzent stärker auf das Stadtzentrum und die Stadtplanung. Hohe Sichtbarkeit hatten hierbei die Instandsetzung öffentlicher Räume, wie der Rambla an der

Küste, Parks und Plätze, die zum Teil in Kooperation mit Privatfirmen erfolgte, und die Verabschiedung eines *Plan de Ordenamiento Territorial* (Raumordnungsplan) im Jahr 1998. Eine eigene ökonomische Strategie verfolgten die FA-Stadtregierungen nicht (Raza 2000). Doch ließ die Stadtregierung zuletzt ein Interesse an Großprojekten erkennen, deren Durchführung jedoch in privater Hand läge. Das vielleicht bekannteste Vorhaben ist der *Plan Fénix*, der mit kommerziellen Komplexen die Hafengegend beleben soll.

In der FA-Stadtpolitik ist also eine Akzentverschiebung zu beobachten. In der ersten Regierungsperiode mit ihrer Akzentsetzung an der Peripherie haben möglicherweise die Mobilisierungen der neuen sozialen Bewegungen in den 80er Jahren noch nachgewirkt. Diese haben jedoch nach und nach an Schlagkraft verloren. Parallel ging das Gewicht der radikaleren Linken in der FA, vor allem der Kommunistischen Partei, zurück. Die Krise der KP hatte auch negative Rückwirkungen auf die Gewerkschaften, in denen die KP eine wichtige Rolle spielte. Zudem war, wie Raza (2000) betont, das Wählerpotential bei der traditionellen Arbeiterklasse und der Marginalbevölkerung ziemlich ausgeschöpft. Eine Verbreiterung der WählerInnenbasis war in Richtung Mittelklasse denkbar. Für diese ist die Politik der Stadtregierung Arana ansprechend. Diese ist auch kompatibel mit der Entwicklung des Dienstleistungssektors und der Übernahme von Vewaltungszentralfunktionen im MERCOSUR. Der *Plan Fénix* könnte sich allerdings als Eigentor erweisen. Denn die Gleisanlagen sollen in seinem Rahmen ein Stück vom Hafen weg verlegt werden. Gleichzeitig dürfte die Bahn jedoch in den nächsten Jahren für den Export von Holz erhebliche Bedeutung gewinnen. Damit würde das Großprojekt den Hafen devitalisieren und einen Transportengpaß beim Export schaffen. Den Kern der Krise der städtischen Ökonomie geht die Stadtpolitik nicht an, mildert aber ihre Auswirkungen.

Das Zugehen auf die Mittelklasse schlug sich nicht nur im Wahlergebnis, sondern auch in der Partizipationsbereitschaft bisher eher FA-ferner Kreise der Mittelklasse nieder. So kandidierten im Zentrum der Stadt bei den jüngsten Wahlen zu den *consejos vecinales* Geschäftsleute. Die Wahlbeteiligung im Zentrum war ziemlich hoch. Das galt auch für die Randbezirke mit schlechter Infrastruktur und entsprechenden Erwartungen an die Stadtverwaltung. In den traditionellen Arbeiterhochburgen der Frente Amplio entlang der Hafenbucht gingen aber nur wenige zur Wahl. Hier schlägt die Krise der Industrie voll durch und sind angesichts der existierenden Infrastruktur auch keine größeren städtebaulichen Initiativen der Stadt zu erwarten (Brecha 30.10.1998: 10).

Der Spagat zwischen den verschiedenen gesellschaftlichen Gruppen fällt der FA nicht leicht. Bislang hat sie jedoch ihr traditionelles Wählerpotential in Montevideo nicht nur halten, sondern in Richtung Mittelklasse ausbauen können. In den letzten nationalen Wahlen gelangen ihr auch substantielle

Fortschritte im Umland von Montevideo sowie in städtischen Zentren des Interior, wie Paysandú. Sie stieg mit 40 Prozent der Wählerstimmen zur stärksten Partei auf, ihr Präsidentschaftskandidat, der frühere Bürgermeister von Montevideo, Tabaré Vazquez, scheiterte in der Stichwahl nur relativ knapp gegen die Phalanx der »traditionellen« Parteien. Damit gelang der FA noch nicht die Regierungsübernahme auf nationaler Ebene, in vielen Fragen erreichte sie aber eine parlamentarische Sperrminorität. Diese könnte vielleicht auch ihre Spielräume auf kommunalpolitischer Ebene erweitern.

Porto Alegre

Bis ins 18. Jahrhundert war das heutige Rio Grande do Sul, dessen Hauptstadt Porto Alegre ist, Teil eines sozio-ökonomisch und kulturell ziemlich homogenen La Plata-Beckens. Ab der zweiten Hälfte des 18. Jahrhunderts begannen sich die spanischen und portugiesischen Teile des La Plata-Beckens wirtschaftlich unterschiedlich zu orientieren. Der spanische Teil wurde, zunächst über die Lederproduktion, zunehmend in die Wirtschaftskreisläufe des sich industrialisierenden Europa eingebunden, während sich die Viehproduktion des äußersten Südens Brasiliens zunehmend auf den dortigen, durch die Sklaverei geprägten Binnenmarkt orientierte (Reichel/Gutfreind 1998: 14, siehe auch Targa 1996a: 26). Dies war auch der sozio-ökonomische Hintergrund, vor dem sich die Unabhängigkeitskriege und Grenzkonflikte des 19. Jahrhunderts im La Plata-Becken abspielten.

Die Grenzlage war für Rio Grande do Sul sozio-ökonomisch wie -politisch prägend. Bedeutsame militärische Einrichtungen befanden sich in Rio Grande do Sul, speziell auch in Porto Alegre. In bestimmten Situationen spielte das riograndensische Militär eine wichtige Rolle in sozio-politischen Konflikten (siehe Targa 1996a: 34ff.). Mit der Grenzlage hing auch die Ansiedlung von Kleinbauern europäischer Herkunft, vor allem von Deutschen und Italienern, während des brasilianischen Kaiserreiches zusammen. Die Idee hierzu hatte die Kaiserin Dona Leopoldina, die österreich-ungarischen Ursprungs war. Das Projekt entsprach der Habsburger Praxis in den Grenzregionen zum Osmanischen Reich. Die Ansiedlung von Kleinbauern sollte nicht nur militärisch die Grenze nach Süden befestigen und den potentiellen Separatismus von Großgrundbesitzern einbremsen, sondern auch ein politisches Gegengewicht zum Großgrundbesitz schaffen (Targa 1996a: 28ff.). Auf gesamtstaatlicher Ebene gelang letzteres nicht, wohl aber in Rio Grande do Sul als einziger Region Brasiliens (Targa 1996b: 91).

Die Region der Kleinsiedler befindet sich im bergigen Hinterland im Norden von Porto Alegre, das sich ab Mitte des 19. Jahrhunderts zum Handelszentrum für die kleinbäuerliche Landwirtschaft entwickelte. Den Händlern ermöglichte die allmähliche Kommerzialisierung der Kleinlandwirtschaft eine substantielle Akkumulation (Ceipek 1998: 29ff.). Die Stadt wie die Anforderungen an die städtische Infrastruktur wuchsen. Porto Alegre erhielt einen zentralen Markt (1842), eine Wasserversorgung (1861), Straßenbahn (1864), öffentliche Beleuchtung (1870), Telefone (1884) und diverse kulturelle Einrichtungen. Hierbei war die städtische Initiative vielfach zentral, die Dienste wurden jedoch oft durch Auslandskapital finanziert und betrieben (Macedo 1993, Almeida 1996a: 101). Die Region um Porto Alegre holte ökonomisch gegenüber dem bislang dominanten Süden des Bundesstaates mit seiner Viehzucht und Trockenfleischproduktion auf. Die Produktionsmethoden im Süden waren besonders archaisch. Das Trockenfleisch wurde von Sklaven hergestellt. Die Hauptabsatzgebiete lagen in Brasilien (Ceipek 1998: 25ff.).

Die unterschiedlichen Produktionsstrukturen des Bundesstaates schlugen sich in rivalisierenden Machtblöcken nieder (Pesavento 1997: 53). Gegen die Großviehzüchter stellte sich ein Block aus städtischer Mittelklasse und dissidenten Viehzüchtern sowie Vertretern der (italienischen) Siedler wie auch Händlern und Gewerbetreibenden, die eng mit der Kleinlandwirtschaft verwoben waren (Pesavento 1997: 66, Targa 1996b: 91). Dieser Block organisierte sich in der PRR (*Partido Republicano Rio-Grandense*) und strebte eine andere Form des regionalen Staates an, der einen sozialen Interessensausgleich schaffen und der wirtschaftlichen Diversifizierung förderlich sein sollte. Sie wollten »den wirtschaftlichen Fortschritt mit der Bewahrung der gesellschaftlichen Ordnung in Einklang bringen« (Pesavento 1997: 67, siehe auch Targa 1996b). Diese Vision lehnte sich an den Positivismus Auguste Comtes an. Die Konflikte spitzten sich mit dem Ende der Sklaverei (1888, in Rio Grande do Sul schon 1884) und der Monarchie (1889) zu. In einem blutigen Bürgerkrieg setzte sich zwischen 1893-95 die PRR durch, welche die Sympathie des in Rio Grande do Sul stationierten Militärs besaß.

Sie installierte eine »positivistische Diktatur«, die gut drei Jahrzehnte dauerte. Die Macht war hochgradig in den Händen des Gouverneurs konzentriert, das Regionalparlament war einflußlos. Gleichzeitig sah die PRR den Staat als dem Gemeinwohl verpflichtet an. Diese Verpflichtung fand ihre konkrete Umsetzung in einer verhältnismäßig progressiven Fiskalpolitik, Ausbau der Infrastruktur in Allianz mit dem Auslandskapital, Förderung der Kleinlandwirtschaft, indirekte Gewerbeförderung sowie Ausgleichsversuche zwischen Kapital und Arbeit (Targa 1996b, Pesavento 1993, Ceipek 1998: 70ff.). Diese Art der Politik war einzigartig im sozio-ökonomisch heterogenen und politisch dezentral regierten Brasilien der *República Velha* (1889-1930).

Hingegen gab es einige Parallelen zwischen dem Staatsprojekt der Batlles in Uruguay und jenem der PRR in Rio Grande do Sul. Bei beiden handelte es sich um eine »konservative Modernisierung« (Targa 1996b: 92), und beide waren einem sozialen Ausgleich verpflichtet. Allerdings war die rio-grandensische Variante ungleich autoritärer angelegt. Das mag mit ihrer schärferen Stoßrichtung gegen die Großviehzucht zusammenhängen. Im Gegensatz zu den sehr urbanen Colorados in Uruguay besaß die PRR eine solide ländliche Basis in Form der kleinbäuerlichen Siedler. Für Targa (1996b: 91) »war die agrarische Diversifizierung das Ferment für die Existenz der Positivisten und der Umsetzung ihres Werks«.

Die Existenz der kleinbäuerlichen Siedler war auch der Ausgangspunkt einer ungleich diversifizierteren Entwicklung im Nordosten Rio Grande do Suls als im viehwirtschaftlich geprägten Süden des Bundesstaates und in Uruguay. Die diversifizierte Landwirtschaft der Siedler war sowohl eine Quelle der Akkumulation als auch ein Absatzmarkt für eine beginnende frühindustrielle Entwicklung. Daher erfuhr speziell die Industrie im Nordosten des Landes, mit einem Schwerpunkt in Porto Alegre, aber durchaus polyzentrischem Charakter, ab den 90er Jahren des 19. Jahrhunderts einen Aufschwung. Sie war durch Klein- und Mittelbetriebe geprägt und auf den lokalen Markt ausgerichtet. Potentiell war aber auch der Absatz auf anderen regionalen Märkten Brasiliens denkbar (Reichel 1993, speziell 262ff., Bandeira 1994: 23ff., Almeida 1996a & b, Ceipek 1998: 49ff.). Porto Alegre war auch Finanzzentrum Rio Grande do Suls und wichtiger Handelsplatz. Der ökonomische Aufschwung der Stadt war begleitet von einem Ausbau und einer partiellen Kommunalisierung der Infrastruktur sowie einem rapiden Aufbau einer Bundesuniversität (Almeida 1996a: 101).

Mit der Weltwirtschaftskrise der 30er Jahre geriet das exportorientierte Wirtschaftsmodell Brasiliens, in das Rio Grande do Sul als Lieferant billiger agrarischer Lohngüter eingebunden war, in die Krise. Über den Ausweg aus der Krise kam es zu einem heftigen politischen Konflikt, in dem sich 1930 eine heterogene Allianz aus den eher peripheren Bundesstaaten unter Führung des früheren Gouverneurs von Rio Grande do Sul, Getúlio Vargas, gegen die paulistanischen Kaffeebarone und Industriellen durchsetzte. Die Durchsetzung war jedoch partiell. Faktisch kam es zu einem gesamtbrasilianischen Bündnis von Agraroligarchie und industrieller Bourgeoisie, in das die Mittelklasse und die industrielle Arbeiterschaft in einer untergeordneten Position eingegliedert wurden (Novy/Fernandes 1999: 166ff.). Mit einer Politik der »konservativen Modernisierung« suchte der neue Machtblock einerseits die Zahlungsbilanzkrise in den Griff zu bekommen und der Akkumulation auf industriellem Gebiet neue Möglichkeiten zu erschließen und andererseits die ärmeren sozialen Klassen in die Schranken zu weisen. Das Projekt der »konservativen Modernisierung« war ökonomisch wie politisch krisenanfällig. Auf kritische Situationen reagierte der Machtblock durch eine Zentralisierung der Macht und repressive Regierungsmethoden (Fiori 1995). Dies bedeutete unter anderem auch, daß periodisch die bundesstaatliche und kommunale Selbstverwaltung massiv eingeschränkt wurden.

Die Industrialisierung Brasiliens erfuhr nach 1930 einen Schub. Sie war jedoch stark auf São Paulo konzentriert. Hier waren die Quellen der Akkumulation am ergiebigsten, der Absatzmarkt am größten und die bestehende industrielle Basis am breitesten (siehe Cano 1998: Kap. 5, Almeida 1996b). Die industrielle Entwicklung Rio Grande do Suls blieb durch nicht-industrielle Konsumgüter, vor allem agrarischer Basis, geprägt. Klein- und Mittelbetriebe waren weiterhin wichtig, die Industriestruktur regional eher polyzentrisch, wobei Porto Alegre ein wichtiges Industriezentrum blieb. Bis in die 50er Jahre wurden die Industriegüter vor allem in Rio Grande do Sul selbst abgesetzt. Denn eine unzureichende Infrastruktur ließ die Herausbildung eines wirklichen nationalen Marktes nicht zu (Carrion Jr. 1993: 418ff., Targa et al. 1998: 267f., mit zum Teil anderen Konnotationen Müller 1993: 364ff.).

Das überkommene Wirtschaftsmodell Rio Grande do Suls geriet ähnlich wie jenes Uruguays in den 50er Jahren an seine Grenzen. Die Viehwirtschaft stagnierte, die Kleinlandwirtschaft litt zunehmend unter der Zersplitterung des Bodeneigentums, die industriellen Expansionsmöglichkeiten waren in den alten Bahnen erschöpft und Investitionen gingen vermehrt in Immobilien (Müller 1993: 388). Doch bot der in São Paulo konzentrierte Industrialisierungsprozeß in Brasilien einer ökonomischen Expansion Rio Grande do Suls Möglichkeiten, die Uruguay mit seiner kleinstaatlich begrenzten Importsubstitutionspolitik nicht besaß. Tatsächlich suchten die Landesregierungen Rio Grande do Suls den Ausweg aus der Krise in forcierter Industrialisierung, teils in passiver Anpassung an die nationale Politik, teils mit eigener Akzentsetzung. Für letztere trat speziell der linke Flügel der PTB um Leonel Brizola mit einer reformistischen Stoßrichtung ein. Er hatte vor allem in städtischen Zentren Rückhalt (Müller 1993: 370ff., Pesavento 1997: 126ff.). Der Militärputsch von 1964 setzte den reformistischen Bestrebungen an der Peripherie ein Ende. Die Militärregierungen setzten das konservative Industrialisierungsprojekt fort. Sie verstärkten in einer ersten Phase den bereits seit Ende der 50er Jahre erkennbaren Trend zur Produktion dauerhafter Konsumgüter, in einer zweiten Phase forcierten sie auch den Aufbau einer Kapitalgüterindustrie.

In das so modifizierte nationale Industrialisierungsmodell gliederte sich Rio Grande do Sul vor allem durch die vermehrte Produktion von Zwischengütern für die paulistanische Industrie ein, aber auch die Produktion dauerhafter Konsumgüter und einiger Kapitalgüter stieg signifikant (Carrion Jr. 1993: 420, Ceipek 1998: 90ff.). Das jährliche Wirtschaftswachstum betrug real in den 60er Jahren 6,2 Prozent, in den 70er Jahren sogar 10,6 Prozent (Accurso 1993: 65, Tab. 1). Besonders dynamisch war hierbei das industrielle Wachstum in den 70er Jahren, als eine Wachstumsrate von 14,7 Prozent erreicht wurde (ibid.: 66, Tab. 2). Diese Dynamik kontrastiert stark mit der relativen Stagnation Uruguays in diesem Zeitraum. Die Eingliederung in einen großen, wachsenden Binnenmarkt, aber auch die stärkere Diversifikation im Agrarbereich dürften der Grund für den unterschiedlichen Wachstumspfad sein.

Der Beginn der 80er Jahre markierte aber auch für Rio Grande do Sul die Wende. Im Gefolge der Verschuldungskrise Brasiliens trockneten die Zentralregierungen den Binnenmarkt in den 80er Jahren aus. Die Folgen waren ökonomische Stagnation und eine verstärkte Exportorientierung der riograndensischen Wirtschaft, speziell auch der Industrie. Räumlich war diese Industrialisierungsphase in Rio Grande do Sul durch eine »konzentrierte Dekonzentration« (Bandeira 1995: 232) gekennzeichnet. Der Anteil der Stadt Porto Alegre selbst an der industriellen Produktion des Bundesstaates sank von 1959 bis Ende der 80er Jahre von einem Viertel auf ein Zehntel, gleichzeitig stieg der Anteil des Nordostens Rio Grande do Suls, dessen Zentrum Porto Alegre ist, an der Industrieproduktion zwischen 1959 und 1988 von 55 Prozent auf 72 Prozent (Bandeira 1995: 232). Porto Alegre wurde somit zunehmend zum Dienstleistungszentrum einer größeren Industrieregion. Sein Anteil am Bruttoinlandsprodukt Rio Grande do Suls lag zwischen 1959 und 1980 ziemlich stabil bei 22 Prozent bis 25 Prozent (Alonso 1994: 80, Tab. 6).

Die Wirtschaftskrise der 80er Jahre verschärfte die politische Krise des Militärregimes. Der Widerstand gegen die Diktatur nahm zu. Gerade der Süden des Landes, speziell Porto Alegre, war eines der Zentren der Bewegung gegen die Diktatur. Ab Anfang der 80er Jahre setzte sie die schrittweise Redemokratisierung der städtischen, bundes- und zentralstaatlichen Strukturen durch. Sie forderte nicht nur eine Demokratisierung, sondern auch eine Dezentralisierung. Diese wurde durch die Verfassung von 1988 auch festgeschrieben. Sie sah speziell eine Stärkung der Finanzkraft von Gemeinden und Bundesstaaten vor.

Vor dem Hintergrund einer tendenziellen Heterogenisierung der Wirtschaftsentwicklung war eine Dezentralisierung sowohl für die Rechte als auch für die Linke interessant. Den Rechtsparteien und der populistischen Linken mit ihren ausgeprägten Klientelstrategien gab die Dezentralisierung Mittel zur Festigung ihrer regionalen Hochburgen in die Hand. Der neuen Linken, speziell der aus den sozialen Bewegungen entstandenen PT, konnte sie die Perspektive zur Entwicklung lokaler oder regionaler Gegenprojekte eröffnen. Diese Chance wurde in Porto Alegre und Rio Grande do Sul am stärksten genutzt. Dabei konnte die PT auf das Erbe des positivistischen Staates wie der Linksströmungen von Ende der 50er/Anfang der 60er Jahre zurückgreifen.

Zunächst sah es aber so aus, als ob die PDT (*Partido Democrático Trabalhista*) in Porto Alegre an das linke Erbe der 50er und frühen 60er Jahre anknüpfen könnte. Auf nationaler Ebene wurde die PDT vom prominenten Gaúcho-Politiker Lionel Brizola, einem früheren PTB-Gouverneur von Rio Grande do Sul, angeführt, in Brasiliens äußerstem Süden vermochte die PDT an die Traditionen der PTB anzuknüpfen. Die starken Stadtteilbewegungen Porto Alegres, die sich Anfang der 80er Jahre zu einem städtischen Dachverband zusammenschlossen, unterstützten in der ersten freien Bürgermeister-wahl im Jahr 1985 den PDT-Kandidaten. Sie erwarteten sich eine Verbesse-rung der Lebensbedingungen. Um hierfür einen verbindlichen partizipatori-schen Rahmen zu schaffen, forderten sie einen partizipatorischen Budgeter-stellungsprozeß. Verbal zeigte der PDT-Bürgermeister sich für die Forderung aufgeschlossen, real tat er nichts in diese Richtung. Vielmehr verfolgte er eine linkspopulistische Klientelpolitik und hinterließ eine zerrüttete Stadtverwal-tung und eine verschlissene Infrastruktur. Die Stadtteilbewegungen, in denen die PT zunehmend Gewicht gewonnen hatte, entschlossen sich daher im Jahr 1988, den PT-Kandidaten, Olívio Dutra, zu unterstützen (Abers 1996: 6f., siehe auch Navarro 1997: 185 ff.).

Dutra gewann die Wahlen, und die PT-Stadtregierung machte das »partizi-pative Budget« zum Kern ihres städtischen Staatsprojekts. Der Anfang war jedoch schwer. Die städtischen Konten befanden sich im Chaos, 98 Prozent der laufenden Einnahmen gingen 1989 in Personalausgaben (Campello 1994: 71). Der Spielraum für städtische Investitionsentscheidungen und eine ent-sprechende Bürgerbeteiligung präsentierten sich daher als gering. Dennoch gelang es der PT-Regierung, mit einer Verwaltungsreorganisation und Ge-haltsreform (Campello 1994) sowie einer einnahmensteigernden Steuerreform (Cassel/Verle 1994, Augustin Filho 1997) neue Spielräume zu schaffen und parallel eine partizipative Budgeterstellung inder kommunalen Investition zu institutionalisieren (Schwaiger 1996, Becker 1996, Augustin Filho 1994, Abers 1996, Navarro 1997).

Um den Prozeß einer partizipativen Budgeterstellung in einer 1,3 Mio.-Stadt handhabbar zu machen, wurde Porto Alegre in 16 Regionen aufgeteilt. Der Budgetzyklus in jeder Region beginnt mit Versammlungen, in denen die Stadtverwaltung zu der Realisierung des letzten Investitionsplans Rede und Antwort steht. Hier wird auch der Prozeß der laufenden Budgeterstellung prä-sentiert. Diese Versammlungen haben eher mobilisierenden Charakter. In den folgenden Wochen werden in Versammlungen auf Nachbarschaftsebene die konkreten lokalen Investitionsprioritäten festgelegt. Die 16 gewählten Regio-nalforen formen aus den Nachbarschaftsvorschlägen ein gemeinsames regio-nales Investitionsprogramm und verhandeln hierüber mit der Verwaltung. Sie überwachen auch die konkrete Umsetzung der Projekte. Bei der Entschei-dungsfindung auf gesamtstädtischer Ebene gehen als Gewichtung sowohl die Präferenzen der Betroffenen als auch sozio-ökonomische Kriterien (Mangel an Infrastruktur, arme Bevölkerung in der Region, Anteil an der Gesamtbe-völkerung) ein.

Nun gibt es auch Investitionsentscheidungen, die weit mehr als eine Stadt-region betreffen. Um diese Entscheidungen auch in den partizipativen Bud-geterstellungsprozeß zu integrieren und über die Nachbarschaftsvereine hin-aus Gewerkschaften, Berufsvereinigungen, Unternehmerverbände und diverse

Nichtregierungsorganisationen einzubeziehen, schuf die Stadtregierung 1994 fünf thematische Foren zu Bildung, Gesundheit und sozialen Diensten, Verkehr, Stadtorganisation und Entwicklung sowie Wirtschaftsentwicklung.

Sowohl aus jeder Region als auch aus jedem thematischen Forum werden je zwei Delegierte in den *Conselho do Orçamento Participativo* gewählt. Dieser hat die Aufgabe, die Verteilung der Investitionen zwischen den Regionen und übergreifende Investitionen zu entscheiden.

Für die Beteiligten lohnte sich ihr Engagement. Die Investitionsprioritäten haben sich verschoben. Prestigeträchtige Investitionsprojekte rückten zugunsten kleinerer Projekte an der Peripherie in den Hintergrund. So wurden zahlreiche Straßen in den Favelas asphaltiert, so daß diese auch bei Regen für Busse und sonstige Fahrzeuge zugänglich wurden, die zuvor im Schlamm steckengeblieben waren. Damit wurden manche Stadtviertel wesentlich besser in die Stadt integriert. Mit der Zeit profitierten auch Mittelklasseviertel von der städtischen Investitionspolitik.

Dank der gestiegenen Akzeptanz bei den städtischen Ausgaben und der Stärkung der kommunalen Fiskalkraft durch die neue Bundesverfassung aus dem Jahr 1988 konnte die PT-Stadtregierung auch die städtische Finanzbasis ausbauen. Dies erlaubte ihr, den Anteil der Investitionen an den städtischen Ausgaben ziemlich stabil auf circa 17 Prozent zu halten (Augustin Filho 1994: 58, Tab. 1). Den städtischen Haushalt versucht die PT-Regierung ausgeglichen zu halten, da bei Realzinsen von zeitweise 50 Prozent ansonsten rasch eine städtische Finanzkrise drohen würde.

Scharf wandte sich der derzeitige PT-Bürgermeister Porto Alegres, Raul Pont, auf einem Treffen der *Mercocidades* in Montevideo im März 1999 auch gegen einen Steuersenkungswettbewerb um die Anziehung von Firmen, der die kommunale Finanzkraft schwächt. Die Verhandlungsmacht der Stadtregierung ist allerdings gegenüber Investoren vermutlich auch höher als jene anderer Städte, da die Stadtverwaltung als sehr leistungsfähig gilt, die Kriminalität für brasilianische Verhältnisse gering ist und die Stadt geographisch im MERCOSUR günstig liegt (siehe Alonso 1997: 75 f.). Die Stadtpolitik dürfte letztlich vor allem mit den Anforderungen des Dienstleistungskapitals gut kompatibel sein (siehe zu Firmenansiedlungen www.zh.com.br, 6.12.1999). Und die Stadt hat sich in den letzten Jahren noch verstärkt in Richtung Dienstleistungszentrum entwickelt, der Anteil der Dienstleistungen (ohne Handel) am städtischen Sozialprodukt war bereits bis 1990 auf 61 Prozent gestiegen, während der Anteil der verarbeitenden Industrie nur noch bei 22 Prozent lag (Porto Alegre-Prefeitura 1998: 18). Ihren Verhandlungsspielraum nutzte die Stadtregierung zum Beispiel, um mit der französischen Handelskette Carrefour als Gegenleistung für die Genehmigung eines riesigen Shopping Centres konkrete Unterstützungen für das Viertel und einen Beschäftigtenanteil von fünf Prozent für Schwarze in dem Verkaufstempel auszuhandeln

(Gespräch mit Carlos Winckler, November 1999). Gewisse Akzente hat die Stadt auch bei der Förderung von Klein- und Mittelbetrieben sowie der Technologiepolitik gesetzt (Alonso 1997). Trotzdem hat die brasilianische Krise der 90er Jahre auch Porto Alegre ökonomisch hart getroffen, wenn auch weniger hart als sein industrielles Hinterland. So hat die statistisch erfaßte Arbeitslosigkeit im Agglomerationsraum Porto Alegres von einem Tiefpunkt von 10,2 Prozent im Jahr 1995 (Zaions/Costa 1998: 243, Tab. 2) allein bis zum September 1999 auf 19,6 Prozent (Governo do Estado do Rio Grande do Sul 1999: 10) mit weiter steigender Tendenz zugenommen. Speziell in den Marginalvierteln ist sie hoch.

Trotz der beträchtlichen Arbeitslosigkeit hat die PT ihre Position bei den ärmeren Schichten gefestigt und über die Verbesserung der Infrastruktur und die gut funktionierende Stadtverwaltung auch in den wohlhabenden Vierteln gepunktet (Abers 1996: 16). Unmittelbar an dem Budgeterstellungsprozeß partizipieren etwa laut dem Stadtverordneten João Verle jährlich etwa 20.000 Personen (Becker 1996: 25). »Während die meisten der Teilnehmer im allgemeinen arme Bevölkerungssektoren vertreten, sind sie doch meist nicht zu den Ärmsten zu zählen. Das heißt, sie haben niedrige Löhne, verfügen aber über mehr oder weniger regelmäßige Einkommen und mehr oder weniger stabile Häuser«, resümiert die US-amerikanische Soziologin Rebecca Abers (1996: 18, siehe auch CIDADE 1999: Teil I mit aktuelleren Daten) eine von ihr durchgeführte Untersuchung. Im Verlauf der 90er Jahre hat sich das direkte Engagement der wohlhabenderen Bevölkerungsgruppen am *Orçamento Participative* verstärkt (De Olho no Orçamento 1999: 2).

Die klientelistische Politikkultur hat die PT über das partizipative Budget gründlich aufgebrochen. »Statt als Bittsteller zur Stadtregierung zu pilgern, gehen die Leute nun in die Versammlungen des Partizipativen Budgets«, konstatiert Paula Xavier von der Stadtverwaltung (Becker 1996: 26). Parallel veränderte sich auch das Verhältnis der sozialen Bewegungen zu Stadtregierung und -verwaltung. An Stelle des Konflikts ist der Dialog getreten. Die sozialen Bewegungen wurden zunehmend in den lokalen Staat integriert (Gespräch mit Carlos Winckler, November 1999). So gewann der lokale Staat der PT an Kompaktheit. Der potentielle Bruchpunkt liegt in der PT selbst, konkret in der Konkurrenz verschiedener Strömungen in der PT, die auch Verbündete in den sozialen Bewegungen suchen. Bislang konnte die PT in Porto Alegre jedoch die Balance zwischen den verschiedenen Strömungen halten.

Das Beispiel Porto Alegres hat auf andere Kommunen in Rio Grande do Sul ausgestrahlt, nach und nach auch die Position der PT auf Ebene des Bundesstaates gestärkt. 1998 wurde erstmals ein Kandidat der PT zum Gouverneur von Rio Grande do Sul gewählt. Es war Olívio Dutra, der erste PT-Bürgermeister von Porto Alegre. Er suchte Grundelemente der erfolgreichen Lokalpolitik auf die Ebene des Bundesstaates zu übertragen.

Kern des bundesstaatlichen Staatsprojekts der PT ist ein »partizipatives Budget« auf der Ebene Rio Grande do Sul. Ähnlich wie in Porto Alegre ist parallel zur konventionellen Verwaltungs- und Entscheidungsstruktur ein partizpativer Modus der Budgeterstellung institutionalisiert worden (Estado do Rio Grande do Sul 1999). Ähnlich wie in Porto Alegre zielt das bundesstaatliche »partizpative Budget« auf den Machtkern der bislang politisch dominanten Kräfte, das klientelistische Bindemittel. Entsprechend stark sind die Widerstände. Dies ist die eine Konfliktlinie um das Budget, die andere besteht mit der brasilianischen Zentralregierung. Diese sucht über die Verschuldung der Bundesstaaten bei zentralstaatlichen Institutionen maßgeblichen Einfluß auf die Bundesstaaten zu nehmen. Der Bundesstaat Rio Grande do Sul hat in der Vergangenheit eine besonders starke Verschuldungsdynamik gezeigt, die durch die Hochzinspolitik der brasilianischen Zentralbank eine extreme Beschleunigung erfuhr. Die Finanzflüsse zwischen Zentralregierung und Bundesstaaten wie die Geldpolitik sind nicht nur ein zentraler Konfliktpunkt im Verhältnis zwischen der PT-Regierung Rio Grande do Suls und der an Finanzinteressen orientierten Zentralregierung F.H. Cardosos, sondern zieht weitere Kreise. Die Bildung eines stärker an Produktionsinteressen orientierten Bündnisses mehrerer Bundesstaaten gegen die Zentralregierung – ähnlich der Konstellation im Jahr 1930 – scheint nicht ausgeschlossen.

Vom Ausgang dieses Konfliktes werden nicht zuletzt die konkreten Handlungsspielräume der PT-Regierung in Brasiliens südlichstem Bundesstaat abhängen. Dies gilt auch für ihre Wirtschaftsstrategie. Im Gegensatz zur Bundespolitik, die sich den Finanzinteressen verschrieben hat, will die PT-Regierung den produktiven Sektor fördern (Faria 1999: 25). Ausgangspunkt ihrer Überlegung ist, daß immer noch etwa 40 Prozent des regionalen BIP unmittelbar oder mittelbar im Zusammenhang mit der Landwirtschaft stehen. Daher ist ein Element ihrer regionalen Strategie eine Landreform, die sich vor allem auf Gebiete im niedergehenden Süden konzentriert. Sie will der eher kleinbetrieblichen Landwirtschaft sowie darauf aufbauenden Verarbeitungsketten und Vermarktungseinrichtungen spezielle Aufmerksamkeit zuteilwerden lassen. Bestehende regionale Wertschöpfungsketten sollen forciert werden, aber auch an die Förderung neuer Branchen (z.B. Elektronik, Gesundheit, Biotechnologie) ist gedacht (Faria 1999: 26f.). Diese Entwicklungen sollen durch eine entsprechende Technologiepolitik gefördert werden (Villaverde 1999). Es handelt sich also um eine aktive Regionalpolitik, die am Bestehenden – eher kleinbetriebliche Strukturen, immer noch relativ große Bedeutung des agro-basierten Sektors – ansetzt. Zum Teil hat diese Politik aber durchaus defensiven Charakter. Denn gerade einige Teile der Landwirtschaft und der Nahrungsmittelindustrie sehen sich durch die Öffnung zum MERCOSUR starker Konkurrenz durch Argentinien und Uruguay ausgesetzt (Teruchkin 1998: 74). Die Handelsbilanz Rio Grande do Suls mit diesen beiden

Staaten ist notorisch defizitär (ibid.: 82, Tab. 1). Als zusätzliches Hindernis könnte sich erweisen, daß einige der anvisierten Sektoren, z.B. Milch, jüngst durch transnationale Konzerne im Rahmen MERCOSUR-weiter Strategien übernommen worden sind bzw. Auslandskapital wichtige Teile des Handels aufkauft (siehe www.zh.com.br, 6.12.1999). Hingegen ist die Banrisul, die ein potentielles Finanzierungsinstrument einer PT-Regionalpolitik wäre, als einzige brasilianische Landesbank bislang nicht privatisiert worden.

In mancher Beziehung steht das PT-Projekt in Kontinuität zum positivistischen Entwicklungsmodell der letzten Jahrhundertwende. Der zentrale Unterschied und die Originalität des PT-Projekts liegt in seinem demokratischen Charakter und damit verbunden in seiner Staatsreform. Sollte sich der PT-Regionalstaat konsolidieren, dürfte er – ähnlich wie der Lokalstaat – die sozialen Bewegungen integrieren. Ein konsolidiertes Projekt auf Ebene des Bundesstaates würde auch die linke Lokalpolitik weiter stabilisieren. Daher ist Rio Grande do Sul für die PT von so besonderer Bedeutung. Aufgrund der spezifischen historischen Voraussetzungen sind die Erfahrungen Rio Grande do Suls auf andere Regionen Lateinamerikas nicht ohne weiteres übertragbar.

Zweimal linke Stadtpolitik: Parallelen und Nuancierungen

Die politische Besonderheit Uruguays und Rio Grande do Suls liegt in der sozial ausgleichenden Politik »konservativer Modernisierung«, die eine im regionalen Kontext weniger polarisierte Einkommensverteilung und moderne Staatlichkeit hervorbrachte. Die soziale Basis dieses Entwicklungsweges lag in Uruguay in der großen Metropole Montevideo, in Rio Grande do Sul in Kleinlandwirtschaft und städtischen Interessensgruppen. Montevideo erfuhr den Hauptschub seiner Entwicklung als regionales Handelszentrum. Die produktive Basis dieses Handelszentrums war jedoch beschränkt. Die ökonomische Bedeutung Porto Alegres war zunächst räumlich wesentlich eingeschränkter. Das wirtschaftliche Umfeld entfaltete jedoch eine stärkere Diversität, die nicht zuletzt auch mit der Kleinlandwirtschaft im Zusammenhang stand. Das industrielle Wachstum Porto Alegres und seines Umlands erhielt durch die Eingliederung in den nationalen brasilianischen Markt Impulse, welche der Industrie Montevideos mit der kleinstaatlichen Beschränktheit abgingen. Von daher kann Porto Alegre auch im MERCOSUR eine breitere Wirtschaftsbasis zur Geltung bringen. Dies hat auch Konsequenzen für die steuerliche Basis von Lokalpolitik. Diese ist in Porto Alegre auch insofern breiter, als die brasilianische Finanzverfassung den Gemeinden größere Spielräume als die uruguayische läßt.

Ansatzpunkt für eine progressive Kommunalpolitik war in beiden Fällen eine Reform des Lokalstaats sowie eine Verbesserung der städtischen Infrastruktur. Die Staatsreform war in Porto Alegre insofern radikaler, als sie den zentralen Bereich des Budgets demokratisierte. In beiden Fällen profitierten zunächst vor allem die Peripheriegebiete vom Infrastrukturausbau, dann aber auch die Mittelklasse. Die Linksparteien entwickelten eine Bindungskraft bis weit in die städtischen Mittelklassen hinein. Die Stadtprojekte sind mit der Entwicklung eines starken Dienstleistungssektors grundsätzlich gut kompatibel, obgleich es in Montevideo im Detail durchaus konkrete Widersprüche gibt. Wesentlich schwerer tun sich die Stadtregierungen mit der Krise des Produktionssektors und dessen sozialen Konsequenzen, wie hoher Arbeitslosigkeit der Industriearbeiterschaft. Diese Probleme dürften auch auf rein lokaler Ebene nur begrenzt behebbar sein. Daher haben sich sowohl die *Frente Amplio* in Uruguay als auch die *Partido dos Trabalhadores* in Rio Grande do Sul auf eine Regierungsübernahme auf Ebene des National- bzw. des Regionalstaates orientiert. Kleine, städtische Inseln der Seligkeit haben es – auch bei sehr geschickter Kommunalpolitik – in einem feindlichen Ozean sehr schwer (siehe Heeg/Brenner 1999).

Anmerkungen

* Dieser Beitrag wurde durch das Forschungsprojekt 12378-OEK des FWF gefördert.

Literatur

Abers, R. (1996): *Learning Democratic Practice: Distributing Government Resources Through Popular Participation in Porto Alegre*, Brazil (Mimeo)

Accurso, C. F. (1993): Relaçoes macroeconômicas da economia gaúcha (1960-1985). In: *Indicadores Econômicos FEE*, 21(3): 63-94

Almeida, P. F. C. (1996a): A gestação das condiçoes materiais da implantação da indústria gaúcha. In: Targa, L. R. P. Org.: *Gaúchos & Paulistas. Dez escritos de história regional comparada.* Porto Alegre: 93-116

Almeida, P. F. C. (1996b): As razoes materiais da posiçao periférica da indústria gaúcha na industrialização restringida brasileira. In: Targa, L. R. P. Org.: *Gaúchos & Paulistas. Dez escritos de história regional comparada.* Porto Alegre: 117-140

Alonso, J. A. F. (1994): Análise do crescimento da Regiao Sul nas últimas décadas – 1959-1990. In: Alonso, J. A. F. et al.: *Crescimento econômico da Regiao Sul do Rio Grande do Sul. Causas e perspectivas.* Porto Alegre: 49ff

Alonso, J. A. F. (1997): A inserçao de Porto Alegre na nova ordem internacional e o enfrentamento do problema social local. In: Genro, S. Org.: *Porto da cidadania.* Porto Alegre: 51-82

Altmark, S./Gazzano, G./Rodriguez, E.E. (1998): *La Localización industrial en Montevideo. Facultad de Ciencias Económicas y de Administración/Intendencia Municipal de Montevideo*, Montevideo

Anachini, J. J. (1969): *El sector industrial. Nuestra Tierra 21*, Montevideo

Astori, D. (1996): La política económica de la dictatura. In: Astori, D. et al.: *El Uruguay de la dictadura (1973-1985)*. Montevideo

Augustin Filho, A. (1994): A experiência do Orçamento Participative na Administraçao Popular da Prefeitura Municipal de Porto Alegre. In: Horn, C. A. Org.: *Porto Alegre: o desafio da mudança*. Porto Alegre: 49-68

Augustin Filho, A. (1997): Finanças públicas. In: Genro, T. Org.: *Porto da cidadania*. Porto Alegre: 91-100

Bandeira, P.S. (1994): As raízes históricas do declínio da Regiao Sul. In: Alonso, J. A. F. et al.: *Crescimento econômico da Regiao do Rio Grande do Sul. Causas e perspectivas*. Porto Alegre: 7-48

Bandeira, P.S. (1995): A economia da Regiao Sul. In: Affonso, R. B. A./Silva, P. L. B., Org.: *Desigualidades regionais e desenvolvimento*. São Paulo: 225-251

Becker, J. (1996): PT-Erfolge durch Partizipation. In: *ila*, Nr. 201: 25f.

Becker, J./Novy, A. (1999a): Divergence and Convergence of National and Local Regulation: the Case of Austria and Vienna. In: *European Urban and Regional Studies*, 6(2): 127-143

Becker, J./Novy, A. (1999b): Chancen und Grenzen einer alternativen Kommunalpolitik in Wien. Ein historischer Überblick. In: *Kurswechsel*, 2: 5-16

Becker, J./Raza, W. (1999): Gran Crisis of Crisis Permanente: unos apuntos sobre una periodización comparade de Austria y del Uruguay. In: *Proceedings of Segundas Jornadas de Historia Económica*. Montevideo (CD-Rom)

Bértola, L. (1991): *La industria manufacturera uruguaya 1913-1961*: un enfoque sectorial de crecimiento, fluctuaciones y crisis. Montevideo

Caetano, G./Rilla, J. (1996): La era militar. In: Astori, D. et al.: *El Uruguay de la dictadura (1973-1985)*: 37-72

Calloia, F. et al. (1984): *La deuda externa y la crisis uruguaya*. Montevideo

Campello, T. H. G. B. (1994): A política salarial dos servidores públicos de Porto Alegre no Governo Olívio Dutra. In: Horn, C. A. Org.: *Porto Alegre: o desafio da mudança*. Porto Alegre: 69-82

Cancela, W./Melgar, A. (1985): *El desarrollo frustrado. 30 anos de la economía uruguaya, 1955-1985*. Montevideo

Cano, W. (1998, 2. erw. Aufl.): *Desequilíbrios regionais e concentraçao industrial no Brasil, 1930-1995*. Campinas

Capandeguy, D./Crocco, C. (1994): Tipología de soluciones habitacionales. In: Instituto de Arquitectura y Urbanismo Org.: *Montevideo: una aproximación*. Montevideo: 142-174

Carrion Jr., F.M. (1993, 2. Aufl.): A economia do Rio Grande do Sul – Evoluçao recente. In: Dacanal, J.H./Gonzaga, S., Org.: RS: *Economía & Política*. Porto Alegre: 403-424

Cassel, G./Verle, J. (1994): A política tributária e de saneamento financeiro da Administraçao Popular. In: Horn, C. A. Org.: *Porto Alegre: o desafio da mudança*. Porto Alegre: 27-48

Caumont, J.C. (1998): *El sistema financiero uruguayo. Sus perspectivas*. Montevideo

Ceipek, S. (1998): *Regionale Regulation in Rio Grande do Sul*. Wien (WU Wien, unveröff. Diplomarbeit)

CIDADE – Centro de Assessoria e Estudos Urbanos (1999): Quem é o público do Orçamento Participativo: seu perfil, por que participa e o que pensa do processo. Porto Alegre

Cocci, A.M. et al. (1980): La urbanización en Uruguay en la época de la inmigración europea. In: *Industrialisation des pays de la Plata. Eveils et somnolences*. Paris: 3-31

Convenio UTE-Universidad de la República (o.J.): *Datensatz zu Montevideo*

Costa Bonino, L. (1988): *Crisis de los partidos tradicionales y movimiento revolucionario en el Uruguay*. Montevideo

Dressler, K. (1978): Uruguay. In: Bennholdt-Thomsen, V. et al. Hg.: *Lateinamerika. Analysen und Berichte 2*. Berlin

Equipo 23 (1995): *De generaciones. Lo que nos separa o nos une no es solo el tiempo*. Montevideo

Estado do Rio Grande do Sul-GOF/GRC (1999): *Orçamento Participativo do RS. Proposta para o processo 1999/2000. O.O.* (Porto Alegre)

Faria, L.A.G. (1999): Crise, desenvolvimento e solidariedade. In: Marques, J. L. Org: *Rio Grande do Sul: estado e cidadania*. Porto Alegre: 23-30

Filgueira, C./Filgueira, F. (1994): *El largo adiós al país modelo. Políticas sociales y probreza en Uruguay*. Montevideo

Finch, H. (1993): Utopia in Uruguay Redefined: Social Welfare Policy After 1940. In: Abel, C./Lewis, C. M., Eds.: *Welfare, Poverty and Development in Latin America*. London

Fiori, J.L. (1995): *O vôo da coruja. Uma leitura não-liberal da crise do estado desenvolvimentista*. Rio de Janeiro

Governo do Estado do Rio Grande do Sul (1999): *Prestaçao de Contas do Governo do RS/1999.* Porto Alegre

Heeg, S./Brenner, N. (1999): Lokale Politik und Stadtentwicklung nach dem Fordismus: Möglichkeiten und Beschränkungen. In: *Kurswechsel*, Nr. 2: 103-119

Jacob, R. (1981): *Depresión ganadera y desarrollo fabril.* Montevideo

Jacob, R. (1983): *El Uruguay de Terra 1931-1938.* Montevideo

Jacob, R. (1988): *Model batllista. Variación sobre un viejo tema?* Montevideo

Jacob, R. (1996): *Más allá de Montevideo: los caminos del dinero.* Montevideo

Kroch, E. (1998): Wohnen in Montivideo. In: *ila*, 217: 8-11

Lopez Gallero, A. (1993): Uruguai: espaço financeiro internacional. In: Scarlato, F.C. et al. Org.: *O novoa mapa do mundo. Globalizaçao e espaço latino-americano.* São Paulo: 167-177

Macadar, L. (1992): *Restauración democrática y política económica. Uruguay 1985-1989.* Montevideo

Macedo, F.R. (1993): *História de Porto Alegre.* Porto Alegre

Mariano, C.N. (1998): *Operación Cóndor. Terorismo de Estado en el Cono Sur.* Buenos Aires

Mendez Vives (1992[10]): *El Uruguay de la modernización. Historia Uruguaya.* Tomo 5. 1876-1904. Montevideo

Millot, J. et al. (1973): *El desarrollo industrial del Uruguay. De la crisis de 1929 a la post-guerra de la Segunda Guerra Mundial.* Montevideo

Millot, J./Bertino, M. (1996): *Historia económica del Uruguay. Tomo II. 1860-1910.* Montevideo

Müller, G. (1993, 2. Aufl.): A economia política gaúcha dos anos 30 aos 60. In: Dacanal, J. H./Gonzaga, S., Org.: *RS: Economia & Política.* Porto Alegre: 358-402

Nahum, B. et al. (1994): *El fin del Uruguay liberal. Historia Uruguaya. Tomo 8 – 1959-1973.* Montevideo

Navarro, Z. (1997): Um análise do Orçamento Participativo: sua implantaçao e desenvolvimento. In: Genro, S. Org.: *Porto da cidadania.* Porto Alegre: 179-236

Novy, A./Fernandes, A. (1999): Krise als Normalzustand? – Kleine und große politökonomische Veränderungen in Brasilien. In: Feldbauer, P. et al. Hg.: *Von der Weltwirtschaftskrise zur Globalisierungskrise (1929-1999). Wohin treibt die Peripherie?* Wien/Frankfurt a. M.: 161-182

Noya, N. et al. (1998): Uruguay. In: Fanelli, J.M./Medhora, R., Hg.: *Financial Reform in Developing Countries*. Ottawa: 156-193

O'Donnell, G. (1996, 2. Aufl.): *El estado burocrático autoritario. Triunfos, derrotas, crisis*. Buenos Aires.

Percovich, M (1998): Die Linke an der städtischen Macht. Interview mit der Frente Amplio-Abgeordneten Margarita Percovich. In: *ila*, 217: 17-20

Pesavento, S. J. (1993[2]): A República Velha gaúcha: »estado autoritário e economia«. In: Dacanal, J.H./Gonzaga, S., Org.: *RS: Economia & Política*. Porto Alegre: 193-228

Pesavento, S.J. (1997[8]): *História do Rio Grande do Sul*. Porto Alegre

Porto Alegre-Prefeitura (1998): *Porto Alegre; Socioeconomics* Porto Alegre

Raza, W. (2000): *Socio-spatial polarization, deviant local politics and postfordism: the case of Montevideo*. IIR/WU-Wien, Wien (Ms.)

Reichel, H. J. (1993[2]): A industrializaçao no Rio Grande do Sul na República Velha. In: Dacanal, J.H./Gonzaga, S., Org.: *RS: Economia & Política*. Porto Alegre: 255-273

Reichel, H. J./Gutfreind, I. (1998): *As raízes históricas do Mercosul. A Região Platina Colonial*. São Leopoldo

Risso Ferrand, M. (1989): *Descentralización territorial en Uruguay. Evolución y situación actual*. Montevideo

Schwaiger, E. (1996): Die partizipative Budgeterstellung in Porto Alegre. *In: Journal für Entwicklungspolitik*, 12(3): 331-342

Silveira, O. (1995): Montevideo, un model de descentralización. In: *Perfiles Liberales*, 44: 42-44

Stolovich, L. et al. (1987): *El poder económico en el Uruguay actual*. Montevideo

Targa, L. R. P. (1996a): O Rio Grande do Sul: fronteira entre duas formaçoes históricas. In: Targa, L. R. P. Org.: *Gaúchos & Paulistas. Dez escritos de história regional comparada*. Porto Alegre: 17-47

Targa, L.R.P. (1996b): Violência revolucionária e fundação do Estado burguês. In: Targa , L. R. P. Org.: *Gaúchos & Paulistas. Dez escritos de história regional comparada*. Porto Alegre: 81-92

Targa, L.R.P. et al. (1998): O Rio Grande do Sul e o mercado nacional. In: Targa, L. R. P. Org.: *Breve inventário de temas do sul*. Porto Alegre: 225-270

Teruchkin, S.U. (1998): O intercâmbio comercial do RS com os paises do Mercosul: 1992-abril/98. In: *Indicadores Econômicos FEE*, 26(2): 64-95

Vaillant, M. (1996): Uruguay. Comercio, fronteras políticas y geografía: un enfoque regional de la integración económica. In: Fundación para el desarrollo regional y local/Fundación Friedrich Ebert Coord.: *III ciclo de foros multisectoriales sobre cuestiones estratégicas de la Argentina – año 1.996 –*. Córdoba: 107-120

Villaverde, A. (1999): Superar a política dependente em ciência e tecnologia. In: Marques, J. L. Org: *Rio Grande do Sul: estado e cidadania*. Porto Alegre: 113-136

Winn, P. (1975): *El imperio informal británico en el Uruguay en el siglo XIX*. Montevideo

Zaions, D./Costa, I. (1998): Caracterização do desemprego na RMPA. In: *Indicadores Econômicos FEE*, 26 (2): 226-251

Zubillaga, C./Perez, R. (1996): La democracia atacada. In: Astori, D. et al.: *El Uruguay de la dictadura (1973-1985)*. Montevideo: 1-36

Zeitschriften

Brecha (Montevideo), versch. Ausgaben
De Olho no Orçamento (Porto Alegre), 1999, 5(9)

Zusammenfassung der Buchbeiträge/
Resúmenes de los artículos

In dem Beitrag *Recht auf Umwelt oder Umwelt ohne Recht? Zu den Auswirkungen des neoliberalen Modells auf Umwelt und Gesellschaft in Lateinamerika* von Werner Raza wird erst ein Überblick über die Entwicklung des gesellschaftlichen Naturverhältnisses in Lateinamerika geboten. Ausgehend von den gravierenden Auswirkungen der Implementierung kolonialer Extraktionswirtschaft wird gezeigt, daß die Kontinuitäten und Brüche des gesellschaftlichen Naturverhältnisses in Lateinamerika von der Dynamik des globalen Kapitalismus abhingen. Auch die Implementierung des neoliberalen Modells war begleitet vom Wandel des gesellschaftlichen Naturverhältnisses in Lateinamerika, dessen Restrukturierung zur Zeit noch nicht abgeschlossen ist. Auffallend ist, daß im Zentrum des Widerstands gegen die sich abzeichnende neoliberale Hegemonie ökologische Verteilungskonflikte stehen.

En el artículo *¿Derecho al Medioambiente o Medioambiente sin Derecho? Sobre las Consecuencias del Modelo Neoliberal en el Medioambiente y en la Sociedad de Latinoamérica* de Werner Raza se reseña el desarrollo de la relación sociedad-naturaleza en Latinoamérica. La dinámica del capitalismo global tuvo un efecto determinante en la continuidad y las rupturas de la relación de la sociedad con el ambiente. Esto se demuestra en base a los graves impactos de la implementación de la economía extractiva colonial. También la implantación del modelo neoliberal produjo un cambio en la relación de la sociedad con la naturaleza en Latinoamérica, cuyo proceso de reestructuración aún no ha terminado. Notorio, al respecto, es que los conflictos ecológicos de distribución son la razón central de resistencia contra la emergente hegemonía neoliberal.

Der ökonomische Integrationsprozeß zwischen Argentinien, Brasilien, Paraguay und Uruguay und seine Auswirkungen auf die Umweltsituation wie auch -politik des Cono Sur stehen im Mittelpunkt des Beitrags *Integración económica y desintegración ecológica en el MERCOSUR* (Wirtschaftliche Integration und ökologische Desintegration des MERCOSUR) von Eduardo Gudynas. Er zeigt dabei auf, daß der Integrationsprozeß Umweltprobleme geschaffen hat, ja zu einer »ökologischen Desintegration« geführt hat, die Notwendigkeiten einer parallelen regionalen Koordination der nationalen Umweltpolitiken bzw. die Definition einer eigenständigen Umweltpolitik des MERCOSUR aber bislang weitgehend vernachlässigt worden sind. Gudynas skizziert abschließend einige Reformvorschläge. Dazu zählen die Stärkung der Umweltgesetzgebung auf nationaler Ebene und ihre Harmonisierung auf

MERCOSUR-Ebene, die Berücksichtigung ökologischer Zusammenhänge in Land- und Forstwirtschaft, die Schaffung von Foren zur partizipativen Artikulation der Zivilgesellschaft. Diese Maßnahmen betrachtet der Autor als wesentliche Schritte in Richtung eines autonomen Regionalismus, der die Bedürfnisse der lokalen und regionalen Sektoren wieder in den Mittelpunkt der wirtschaftlichen Entwicklung stellt.

Los temas centrales del artículo *Integración económica y desintegración ecológica en el MERCOSUR* de Eduardo Gudynas son el proceso de integración económica entre Argentina, Brasil, Paraguay y Uruguay, y su impacto en la situación ambiental y también en la política ambiental del Cono Sur. Gudynas expone, paralelamente, los problemas ambientales que ha creado el proceso de integración – que, según él, ha producido ciertamente una »desintegración ecológica« – y la necesidad de una coordinación regional paralela de las políticas ambientales nacionales y también de la definición de una política ambiental propia del MERCOSUR, lo que hasta ahora ha sido ignorado casi por completo. A continuación, esboza algunas propuestas de reforma; entre ellas: el fortalecimiento de la legislación ambiental a nivel nacional y su armonización a nivel MERCOSUR, la consideración de las relaciones ecológicas en la agricultura y la silvicultura, y la creación de foros para la articulación participativa de la sociedad civil. Gudynas considera que estas reformas son pasos importantes hacia un regionalismo autónomo que vuelva a colocar las necesidades de los sectores locales y regionales en el centro del desarrollo económico.

Im Mittelpunkt des Beitrags *Soziale Auswirkungen und Ursachen der neoliberalen Wirtschafts- und Sozialpolitik in Lateinamerika* von Johannes Jäger steht die Frage nach den zentralen Ursachen des Übergangs zum neoliberalen Wirtschaftsmodell einerseits, andererseits wird den spezifischen Auswirkungen des Modells auf die soziale Situation in den lateinamerikanischen Ländern, unter anderem dargestellt am Fallbeispiel Chile, nachgegangen. Unter Verwendung eines regulationstheoretischen Ansatzes zeigt Jäger, daß die Implementierung des Neoliberalismus in Lateinamerika ein facettenreicher Prozeß ist, der sich nicht nur in einer profunden Veränderung des Wirtschaftsmodells (Außenöffnung, Aufwertung des Finanzkapitals, Tertiärisierung, Flexibilisierung und Informalisierung der Arbeitsbeziehungen) niederschlug, sondern besonders eine Staatsreform beinhaltete, welche sowohl diskursiv als auch strategisch in Richtung der Delegitimierung staatlicher, d.h. kollektiver gesellschaftlicher Problemlösungsstrategien zugunsten marktorientierter, individueller Handlungsmuster wirkte. Am Beispiel des neoliberalen Musterknaben Chile und seiner Reformen in den sozialen Dienstleistungen werden diese Zusammenhänge exemplifiziert.

Los temas centrales del artículo *Las Causas y los Impactos Sociales de Políticas Económicas y Sociales Neoliberales en Latinoamérica* de Johannes Jäger son, por un lado, las principales causas de transición a un modelo económico neoliberal y, por otro, los impactos específicos del modelo en la situación social de los países latinoamericanos y, en particular, de Chile. Desde un enfoque basado en la teoría de la regulación, Jäger muestra que la implantación del neoliberalismo en Latinoamérica es un proceso polifacético que no sólo se plasmó en un profundo cambio del modelo económico (apertura de los mercados, valorización de capitales financieros, tercerización, mayor flexibilidad de las relaciones laborales, aumento del trabajo informal) sino que, además, trajo principalmente aparejada una reforma del Estado, que tanto en el discurso como en las estrategias tendió a favorecer modelos de comportamiento individuales y orientados al mercado, en detrimento de estrategias sociales estatales, es decir colectivas, de solución de problemas. La vinculación entre la política neoliberal y estos fenómenos se expone tomando el ejemplo de Chile – el »niño modelo« latinoamericano de implementación de una política neoliberal – y sus reformas en la prestación de servicios sociales (educación, salud, sistema de pensiones).

Sigrid Stagl gibt in *Ökologische Ökonomie – Chance für ein nachhaltigeres Lateinamerika?* einen Überblick über neuere Entwicklungen in der ökonomischen Diskussion zum Problemkreis Umwelt und Entwicklung. Sie konzentriert sich auf eine Darstellung der Ökologischen Ökonomie, eines relativ jungen, ökonomische und ökologische Zusammenhänge explizit zusammendenkenden Paradigmas, das auch für die spezifischen Probleme von Entwicklungsländern neue konzeptionelle Ansätze bereitstellt. An eine Darstellung der ökonomischen Diskussion um den Begriff der Nachhaltigkeit schließt eine Präsentation der Forschungsergebnisse zur zentralen Beziehung zwischen Einkommen und Umweltqualität (Umwelt-Kuznetskurve). An der Beantwortung dieses Konnex hängt schließlich die bedeutende Frage, ob überhaupt und welche Formen wirtschaftlicher Entwicklung und Wachstum in peripheren Ländern aus umweltpolitischen Gründen sinnvoll sind. Schließlich thematisiert Stagl die ökologischen Konsequenzen des Außenhandels im Nord-Süd-Kontext, und kritisiert die Nichtberücksichtigung der zum Teil beträchtlichen Umweltexternalitäten in den Preisen der typischen peripheren Exportgüter anhand der Konzepte des ungleichen ökologischen Tausches bzw. der ökologischen Schulden.

Sigrid Stagl reseña en *Economía Ecológica – ¿Oportunidad de un Desarrollo Sustentable en Latinoamérica?* los nuevos desarrollos en la discusión económica sobre dos problemas temáticamente interrelacionados: el medioambiente y el desarrollo. Su atención se centra en la presentación de la economía ecológica, un paradigma relativamente joven que asocia explícitamente la economía con la ecología considerándolas interdependientes y proporciona planteamientos conceptuales también para los problemas específicos de los países en desarrollo. Después de exponer la discusión económica sobre el concepto de sustentabilidad, presenta los resultados de investigaciones sobre la relación central entre ingresos y calidad ambiental (curva ambiental de Kuznet). A la respuesta a esta conexión sigue la importante cuestión del sentido y las formas del desarrollo económico y el crecimiento en los países periféricos desde el punto de vista político-ambiental. Basándose en el concepto de intercambio ecológico desigual y deuda ecológica, Stagl trata también las consecuencias ecológicas del comercio exterior en el contexto Norte-Sur y critica la falta de consideración de las – en parte cuantiosas – externalidades ambientales en los precios de los típicos bienes de exportación periféricos.

In dem Aufsatz *The Environmentalism of the Poor and the global movement for environmental Justice* von Guha und Martínez-Alier werden Beispiele für ökologische Verteilungskonflikte gegeben, sowohl von solchen im Süden als auch im Norden, gegenwärtigen und vergangenen, lokalen und globalen. Politische Ökologie wird definiert als das Studium solcher ökologischen Verteilungskonflikte. Es werden Parallelen zwischen dem *Environmental Justice Movement* in den USA und *dem Environmentalism of the Poor* in der Dritten Welt gezogen. Guha und Martínez-Alier identifizieren zwei Hauptströmungen innerhalb der Umweltbewegung: einerseits den *Cult of Wilderness* und andererseits das *Gospel of Eco-Efficiency*. Das *Environmental Justice Movement* und der *Environmentalism of the Poor* wird als dritte, rasch wachsende Bewegung von mittlerweile weltweiter Bedeutung gesehen, und als starke Kraft für eine nachhaltige Entwicklung benannt. Guha/Martinez-Alier konzeptionalisieren schließlich die äußerst umwelt- und gesellschaftsschädigende Ausbeutung des natürlichen Reichtums der Dritten Welt als »ökologische Schuld«, und schlagen eine monetäre Kompensation dieser Schuld bzw. eine Berücksichtigung in den Preisen von peripheren Exportgütern vor.

En el artículo *El Ecologismo del Pobre y el Movimiento Global de Justicia Ambiental* de Guha y Martínez-Alier se brindan ejemplos de los conflictos de distribución ecológica presentes, pasados, locales y globales, tanto en los países del Sur como en los del Norte. La ecología política es definida aquí como el estudio de este tipo de conflictos de distribución ecológica. Se trazan paralelos entre el *Environmental Justice Movement* (Movimiento de Justicia Ambiental) de los EE.UU. y el *Environmentalism of the Poor* (Ecologismo del Pobre) del Tercer Mundo. Guha y Martínez-Alier identifican dos corrientes principales dentro del movimiento ambientalista: el *Cult of Wilderness*, por un lado, y el *Gospel of Eco-Efficiency*, por otro. El *Environmental Justice Movement* y el *Environmentalism of the Poor* son considerados como una tercera corriente del movimiento ambientalista, que está creciendo con rapidez y adquiriendo importancia mundial. Por último, Guha y Martinez-Alier emplean el concepto de »deuda ecológica« para la explotación de la riqueza natural del Tercer Mundo, tan dañina para su medioambiente y sociedad, y proponen que dicha deuda sea compensada monetariamente y tenida en cuenta en los precios de bienes de exportación de países periféricos.

Der Beitrag *Nachhaltige Entwicklung seit der Rio-Konferenz 1992* von August Reinisch gibt aus völkerrechtlicher Perspektive einen Überblick über jüngere Entwicklungen in der internationalen Umweltpolitik seit der Rio-Konferenz 1992. Besonderes Augenmerk gilt dem Konzept der Nachhaltigen Entwicklung und seinem Eingang in wichtige Vertragswerke im Rahmen des *Rio Follow-Up Prozeß* nach 1992 bzw. anderen bedeutenden internationalen Institutionen (GATT/WTO, OECD, EU). Darüber hinaus werden wichtige umweltrelevante Akte der internationalen Rechtsprechung, welche den Gedanken der nachhaltigen Entwicklung explizit aufnehmen, dargestellt.

En el artículo *Desarrollo Sustentable desde la Conferencia de Rio de 1992* se reseñan los recientes desarrollos en la política ambiental internacional desde la Conferencia de Rio de 1992. La atención se centra en el concepto de desarrollo sustentable y su inclusión tanto en importantes tratados en el marco del proceso de seguimiento de Rio después de 1992 como en otras instituciones internacionales relevantes (GATT/OMC, OCDE, UE). Se presentan, además, importantes actos de jurisprudencia internacional relevantes para el medioambiente, que incorporan explícitamente el pensamiento del desarrollo sustentable.

Ausgehend von den großen Revolutionen der Bauern in diesem Jahrhundert, stützt sich die Studie *Kleinbäuerliche Produktionsweisen: Vertreibung, Anpassung und Widerstand gegen die Weltmarktproduktion. Thesen zur Nachhaltigkeit unseres Konsums* von Clarita Müller-Plantenberg auf die Analyse ihrer Macht, Kooptation und Spaltung. In jüngster Zeit – angesichts der sich beschleunigenden Globalisierung des Wirtschaftsprozesses – wird es unumgänglich, die konfliktiven Nutzerinteressen und den zeitlich-räumlichen Umgang damit gründlich zu erforschen. Die Herausforderung dabei wird sein, geeignete Schritte in der Analyse der sozioökologischen Formen der Globalisierung zu definieren, um Formen einer anhaltenden Produktion in die Wege zu leiten. Welche Akteure schließen sich zusammen und engagieren sich in Bewußtseinsbildung, Motivation und Organisation, um alternative Wege aufzuzeigen?

Partiendo de las grandes revoluciones campesinas de este siglo el estudio *El Modo de Producción Campesina: La Expulsión, Adaptación y Resistencia contra la Producción del Mercado Mundial* fue dominado por los análisis de su poder, su cooptación o división. Recientemente – con la cada vez mas acelerada globalización del proceso económico – es imprescindible investigar más a fondo los intereses de uso conflictivos y sus respectivas formas de manejo en tiempo y espacio. El reto será definir pasos en el análisis de las formas de globalización socioecológicas que están aptas para encaminar modos de producción sustentables. Qué actores están concientizando, movilizando, organizando y aliándose con perspectivas de caminos alternativos?

Andreas Novy schildert in *Primärgüterexporte aus dem brasilianischen Regenwald und alternative Wirtschafts- und Lebensformen* detailliert die Herausbildung, Durchsetzung und den Niedergang der amazonischen Extraktionswirtschaft, um vor dem Hintergrund dieser Kontextualisierung den Kampf der Kautschukzapfer der Region Acre um ihren Lebensraum darzustellen. Die über Jahrhunderte sich verfestigende Machtstruktur legte allerdings ein überaus großes Beharrungsvermögen an den Tag, daß nur sehr langsam und auch nur teilweise aufgebrochen werden kann. Die durch die Symbolfigur Chico Mendes attrahierte internationale Unterstützung für die Seringeros zeitigte ein ambivalentes Ergebnis zwischen ökonomischer Anpassung an die neoliberale Logik und politischem Rückfall in den Klientelismus. Novy illustriert seine Schlußfolgerungen anhand der Analyse eines durch die österreichische Bundesregierung finanzierten Entwicklungsprojekts zur Unterstützung der agroextraktiven Genossenschaft von Xapuri/Acre.

Andreas Novy describe en *La Exportación de Bienes Primarios de la Selva Brasileña y las Formas Económicas y de Vida Alternativas* en detalle la formación, implantación y decadencia de la economía extractiva en la selva amazónica y expone en este contexto la lucha de los seringeros de la región de Acre en defensa de su hábitat; lucha que requirió de una gran perseverancia, ya que romper con la estructura de poder que se había arraigado a través de los siglos fue un proceso lento y sólo parcialmente posible. Novy considera que el apoyo internacional que atrajo la figura simbólica de Chico Mendes dio lugar a una política ambivalente de, por un lado, adaptación económica a la lógica liberal y, por otro, retroceso al clientelismo. Para demostrar sus conclusiones, analiza un proyecto de desarrollo para ayudar a la cooperativa agroextractiva Xapuri/Acre que fue financiado por el gobierno federal austríaco.

Monika Ludescher widmet sich in *Ressourcemanagement im Neoliberalismus: die aktuelle peruanische Gesetzgebung im Erdöl und Erdgassektor –*

Auswirkungen aus Umwelt und Menschenrechte der Politik des autoritären Fujimori-Regimes im Peru der neunziger Jahre und seiner Auswirkungen auf die Lebenssituation und -räume der lokalen, meist indigenen Bevölkerung. Sie betont dabei die besondere Rolle eines repressiven Staates bei der Durchsetzung des Neoliberalismus. Ohne die systematische Aus- bzw. Gleichschaltung der demokratischen Institutionen (Parlament, Justiz), und den de-facto Entzug elementarer Menschen- und Bürgerrechte wäre die gesetzliche Durchsetzung einer immens gesteigerten Ausbeutung der natürlichen Ressourcen (besonders Erdöl, Erdgas, Gold) durch internationale Konzerne dergestalt nicht möglich gewesen. Illustriert werden die Ausführungen durch Fallstudien aus dem peruanischen Erdöl/Erdgas-Sektor, nämlich der Umweltverträglichkeitsprüfungen für Förderungsprojekte, und des größten peruanischen Erdgasprojekts Camisea.

Monika Ludescher trata en su artículo *Gestión de Recursos en el Neoliberalismo: La Actual Legislación Peruana en el Sector Petrolero y de Gas Natural – Impactos en el Medioambiente y en los Derechos Humanos* la política autoritaria del régimen de Fujimori del Perú de los años 90 y su impacto en la vida y el hábitat de la población local, en su gran mayoría indígena. En su exposición, Ludescher resalta el papel relevante de un Estado represivo en la implementación del neoliberalismo. En su opinión, sin la sistemática eliminación de las instituciones democráticas (Parlamento, Justicia) o la unificación política forzada de dichas instituciones, y la privación de-facto de los derechos humanos y cívicos elementales no hubiera sido posible implementar una explotación tan intensa de los recursos naturales (en especial, de petróleo, gas natural y oro) por grupos de empresas internacionales. Ludescher demuestra esto en base a estudios de casos del sector petrolero/as natural peruano y, particularmente, a las evaluaciones del impacto ambiental de proyectos de inversión y del proyecto Camisea – el proyecto peruano de gas natural de mayor envergadura –.

Thema des Aufsatzes *Das Erlernen der Republik. Die sozialen Bewegungen Brasiliens in den letzten Jahren* ist eine Analyse der Entwicklung der sozialen Bewegungen Brasiliens seit dem Staatsstreich 1964. Besonderes Augenmerk legt Carlos Winckler dabei auf die Gewerkschaftsbewegung und die Bewegung der Landlosen MST. Winckler unterscheidet drei Phasen der Beziehung zwischen sozialen Bewegungen und Staat: die konfliktive Phase der 70er bis frühen 80er Jahre, die Phase der konfliktiven Verhandlungen der 80er Jahre, und die Phase der institutionalisierten Verhandlungen der 1990er Jahre. Winckler konstatiert in seiner Analyse der Gewerkschaftsbewegung mit Implementierung neoliberaler Politikmaximen zunehmend eingeschränktere Handlungsspielräume und defensivere Haltungen. Die Signifikanz der Landlosenbewegung, die Winckler aufgrund ihrer Organisationskraft als die stärkste soziale Bewegung im Brasilien der 90er Jahre identifiziert, ist für ihn weniger in der objektiven Notwendigkeit einer Agrarreform, als vielmehr in der sozialen Sprengkraft einer die oligarchische Besitz- und Machtverhältnisse hinterfragenden sozialen Kraft zu verorten. Die Bedeutung der brasilanischen sozialen Bewegungen der letzten drei Jahrzehnte liegt für Winckler denn auch in der konfliktiven Herstellung einer res publica, d.h. einer politischen Öffentlichkeit, in der die breite Masse der marginalisierten Bevölkerung trotz der von der herrschenden Klasse aufoktroyierten Beschränkungen, Räume für die Artikulation ihrer Anliegen vorgefunden hat.

Carlos Winckler analiza en su artículo *El Aprendizaje de la República. Los movimientos sociales brasileños en los años recientes* el desarrollo de los movimientos sociales en Brasil desde el golpe de estado de 1964. Su atención se centra, en particular, en el movimiento sindical y en el Movimiento de los trabajadores rurales Sin Tierra (MST). Winckler diferencia tres fases en la relación entre los movimientos sociales y el Estado: la fase conflictiva de los años 70 a comienzo de los años 80, la fase negocial-conflictiva de los años 80 y la fase de institucionalización-negociable de los años 90. En su análisis del movimiento sindical, pone en evidencia que la implementación de las máximas políticas neoliberales produce un aumento de las limitaciones de los márgenes de negociación y también de actitudes defensivas. Según Winckler, la importancia del Movimiento de los trabajadores rurales Sin Tierra – que, debido a su poder de organización, lo identifica como el movimiento social más fuerte de Brasil de los años 90 – no radica tanto en la necesidad objetiva de una reforma agraria como en la eficacia de una fuerza social que cuestiona las relaciones oligárquicas de poder y dominio. Para Winckler, la función esencial de los movimientos sociales de Brasil de los últimos tres años ha sido también la difícil formación de una *res pública* (es decir, un público político) en la que, pese a las limitaciones impuestas, la extensa masa de población marginada ha encontrado un espacio para articular sus deseos.

Joachim Beckers Beitrag *Gegen den Strom. Alternative Kommunalpolitik im Cono Sur* geht der Frage nach, welche Formen alternativer, progressiver Politik im neoliberalen Modell noch möglich sind. Er untersucht dies anhand der Erfahrungen zweier alternativer Projekte kommunaler Politik, nämlich Montevideo und Porto Alegre. Beide Städte wurden seit den 1990er Jahren von linken Stadtregierungen verwaltet, die beide Verwaltungsreformen und Modernisierungen der Infrastruktur durchführten. Porto Alegre führte speziell ein partizipatives Budgetmodell ein, das die kommunale Finanzpolitik demokratisierte. Grenzen kommunaler Politik macht Becker vor allem in der durch den Niedergang der verarbeitenden Industrie beschränkten ökonomischen Basis aus. Hier kommt der Unterschied zwischen einem großen ökonomischen Raum (wie im Fall von Rio Grande do Sul und Brasilien), der lokaler

Politik einen größeren Handlungsspielraum verschafft, und einem kleinen, rückständigen agrarischen Hinterland wie im Fall Uruguays, welches eine enge Grenzen für die Entwicklung der Metropole Montevideo darstellt, zum Tragen.

Joachim Beckers dedica su artículo *Contra la Corriente. Políticas Comunales Alternativas en el Cono Sur* al planteamiento de otras formas posibles de política alternativas en un modelo neoliberal. Esto lo efectúa en base a las experiencias de dos proyectos alternativos de política comunal (Montevideo y Porto Alegre). Desde los años 90, ambas ciudades fueron administradas por gobiernos de izquierda que realizaron reformas administrativas y modernizaciones de la infraestructura. Porto Alegre implantó, en especial, un modelo de presupuesto participativo que democratizó la política financiera comunal. Según Becker, un límite importante para la política comunal es, principalmente, la insuficiente base económica como consecuencia de la decadencia de la industria transformadora. Becker considera que es aquí donde resulta evidente la diferencia entre un gran ámbito económico (como Rio Grande do Sul y Brasil) que ofrece un mayor margen de negociación a la política local, y un pequeño país agrario (como Uruguay), que presenta un estrecho límite para el desarrollo de la metrópolis Montevideo.

Übersetzung/Traducción: Angeles Ezquerra

Autorinnen und Autoren

Joachim BECKER, Ökonom und Politologe, ist Vertragsassistent an der Abteilung für Außenwirtschaft und Entwicklungsplanung des Instituts für Volkswirtschaftstheorie und -politik der Wirtschaftsuniversität Wien.

Francisco CLAURE IBARRA, geb.1958 in Aiquile/Bolivien, seit 1982 intensive Beschäftigung mit Schwarz-Weiss und Fine Art Fotografie, sowie verschiedenen experimentellen Fotodrucktechniken. Zahlreiche Ausstellungen in Österreich, Deutschland, Holland und Bolivien. Er unterrichtet zur Zeit Schwarz-Weiss Kunstfotografie in verschiedenen Kursen.

Ingrid FANKHAUSER, ausgebildete Röntgenassistentin, Fotoklassen an der Hochschule für angewandte Kunst in Wien, seit 1988 Publikationen, Preise und Ausstellungen in künstlerischer Fotografie und Reisefotografie mit Schwerpunkt Lateinamerika. 1998 Dozentin für Fotografie an zwei Universitäten in Bogotá, Kolumbien.

Eduardo GUDYNAS, Sozialökologe, ist Direktor des Centro Latino Américano de Ecología Social (CLAES) in Montevideo/Uruguay, und Gastprofessor an verschiedenen Universitäten des Cono Sur, u.a. der Universidad Católica von Montevideo, A. Hurtado de Santiago de Chile, Andina Simón Bolivar und Mayor San Andrés de La Paz.

Ramachandra GUHA, ist freischaffender Schriftsteller in Bangalore, Indien

Johannes JÄGER, Ökonom, ist Redakteur des Journal für Entwicklungspolitik und Mitarbeiter des Forschungsprojekts »Zum Zusammenhang der Veränderung des ökonomischen Raumes und der Form und Territorialität politischer Regulierung« an der Abteilung für Stadt- und Regionalentwicklung der Wirtschaftsuniversität Wien.

Monika LUDESCHER, Juristin, hat in der Rechtsberatung indigener Gemeinden im peruanischen Amazonasgebiet und in Forschungsprojekten über die Rechte indigener Völker, Ressourcen- und Umweltrecht gearbeitet und publiziert.

Joan MARTINEZ-ALIER, ist Professor für Ökonomie und Wirtschaftsgeschichte an der Universidad Autónoma de Barcelona.

Clarita MÜLLER-PLANTENBERG, Soziologin, ist Universitätsprofessorin für Soziologie an der Universität-Gesamthochschule Kassel.

Andreas NOVY, Ökonom und Raumwissenschafter, ist außerordentlicher Universitätsprofessor an der Abteilung für Stadt- und Regionalentwicklung der Wirtschaftsuniversität Wien.

August REINISCH, Jurist, ist außerordentlicher Universitätsprofessor am Institut für Völkerrecht und internationale Beziehungen der Universität Wien. Lehrtätigkeit an der Diplomatischen Akademie in Wien, der Donauuniversität in Krems sowie am Bologna Center der Paul H. Nitze School of Advanced International Studies/Johns Hopkins University.

Werner G. RAZA, Ökonom, ist Vertragsassistent an der Abteilung für Außenwirtschaft und Entwicklungsplanung des Instituts für Volkswirtschaftstheorie und -politik der Wirtschaftsuniversität Wien.

Sigrid STAGL, Ökonomin, ist Universitätsassistentin an der Abteilung Arbeitsmarkttheorie und -politik des Instituts für Volkswirtschaftstheorie und -politik der Wirtschaftsuniversität Wien.

Carlos Roberto WINCKLER, Soziologe, arbeitet in der Fundação de Economía e Estatística Siegfred Emanuel Heuser, und ist Professor an der Pontifícia Universidade Católica do Rio Grande do Sul, Porto Alegre.

Veröffentlichungen des
Österreichischen Lateinamerika-Institutes

Martina Kaller-Dietrich (Hrsg.)
Recht auf Entwicklung?
140 S., vierf. Pb., ISBN 3-86099-159-0
¡atención! Jahrbuch des Österreichischen Lateinamerika-Instituts, Band 1
Der »Entwicklung« genannte Mythos der Moderne hat offensichtlich seine
sinnstiftende Funktion verloren. Das Buch greift diese Debatte auf und
stellt provokante Thesen zur Diskussion.

Elke Mader/Maria Dabringer (Hrsg.)
Von der realen Magie zum Magischen Realismus
Weltbild und Gesellschaft in Lateinamerika
208 S., vierf. Pb., ISBN 3-86099-160-4
¡atención! Jahrbuch des Österreichischen Lateinamerika-Instituts, Band 2
Es wird gezeigt, wie Weltbilder und Gesellschaft ineinander verwoben sind
und welche Wirkungsweisen Weltbilder für das Verständnis von
Sprache und Literatur, Ritual und Religion sowie Politik und Gesellschaft
haben.

Ursula Prutsch (Hrsg.)
Arbeit als Machtinstrument
Soziale, ökonomische und kulturelle Auswirkungen in Lateinamerika
198 S., vierf. Pb., ISBN 3-86099-184-1
¡atención! Jahrbuch des Österreichischen Lateinamerika-Instituts, Band 3
Das Buch liefert nicht nur einen Einblick in die wechselhafte Geschichte
von Arbeitsbeziehungen in Mittel- und Südamerika, sondern ist auch
aufgrund seines aktuellen Datenmaterials von hoher gegenwärtiger
Relevanz.

Brigitte Vogl
Hausgärten der Mayas
Zwischen Tradition und Moderne
172 S., vierf. Pb., ISBN 3-86099-277-5
Investigaciones 1. Forschungen zu Lateinamerika

Daniela Ingruber
Friedensarbeit in El Salvador
Eine kritische Bestandsaufnahme
216 S., vierf. Pb, ISBN 3-86099-289-9
Investigaciones 2. Forschungen zu Lateinamerika

Bitte fordern Sie auch unser Gesamtverzeichnis an:

Brandes & Apsel Verlag, Scheidswaldstr. 33, 60385 Frankfurt a.M.
Fax: 069/957 301 87, E-mail: brandes-apsel@t-online.de
www.brandes-apsel-verlag.de

EUROPEAN REVIEW of Latin American and Caribbean Studies

REVISTA EUROPEA de Estudios Latinoamericanos y del Caribe

Number 67   December 1999

Fragile Livelihoods: Coping with El Niño

El Niño in Latin America: The Case of Peruvian Fishermen and North-East Brazilian Peasants
Mirjam A.F. Ros-Tonen and John H. van Boxel

How to Measure the Cost of Natural Disasters? The Case of 'El Niño' in Ecuador, 1997-8
Rob Vos

Preparando el camino para el peronismo: Juan A. Bramuglia como Interventor Federal en la Provincia de Buenos Aires
Raanan Rein

Why are Pentecostals Politically Ambiguous? Pentecostalism and Politics in Argentina, 1983-1995
Daniel Míguez

Exploraciones/Explorations
Made in Brazil: Cardoso's Critical Path from Dependency via Neoliberal Options and The Third Way in the 1990s
Susan M. Cunningham

Ensayos de Reseña/Review Essays
Venezuela, un largo viaje hacia sí misma
Luis Ricardo Dávila
Time, Essential and Relative
Politics of Representation of Incas and Mayas
Arij Ouweneel
New Perspectives on Borders, Frontiers and International Migration
Pieter de Vries

Valor suscripción annual (dos números)

	Instituciones		Individuos
Europa	NLG 90,00	Florines holandeses	NLG 40,00
Resto del mundo	US$ 55.00		US$ 30.00

Dentro de Europa deberá efectuar el pago en florines holandeses por medio de un Eurocheque ó directamente al número de piro postal 4963810, a nombre de CEDLA – Centro de Estudios y Documentación Latinoamericanos; Keizersgracht 395-397; 1016 EK Ámsterdam; Países Bajos.

Si desea información sobre canjes de la *Revista* con instituciones y bibliotecas, puede tomar contacto con la biblioteca del CEDLA. Correo electrónico: library@cedla.uva.nl

Los autores que desean presentar un artículo pueden pedir información al CEDLA, Departamento de Edita. Correo electrónico: edita@cedla.uva.nl

Visite nuestra página de internet en: www.cedla.uva.nl

Konrad
-Adenauer-
Stiftung

CIEDLA

IMAGEN DE LAS INSTITUCIONES

CONTRIBUCIONES

TEMAS

La función social constitutiva de las Relaciones Públicas
Lothar Rolke ⎯⎯⎯⎯⎯⎯⎯⎯⎯⎯⎯⎯⎯

Comunicar las instituciones ¿Construcción de imagen o de valores?
Alicia Entel ⎯⎯⎯⎯⎯⎯⎯⎯⎯⎯⎯⎯⎯

La comunicación organizacional productora de redes de conocimiento y sentido individual y colectivo
Álvaro Rojas Guzmán ⎯⎯⎯⎯⎯⎯⎯⎯⎯⎯

La irrupción del Marketing Político en las campañas electorales de América Latina
Gustavo Martínez-Pandiani ⎯⎯⎯⎯⎯⎯⎯

Las relaciones públicas de los parlamentos
Stefan Marschall ⎯⎯⎯⎯⎯⎯⎯⎯⎯⎯⎯

Proliferación mundial de técnicas americanas en campañas electorales
Fritz Plasser ⎯⎯⎯⎯⎯⎯⎯⎯⎯⎯⎯⎯

El marketing político y su incidencia en el éxito electoral
Frank Priess ⎯⎯⎯⎯⎯⎯⎯⎯⎯⎯⎯⎯

Lo prudente es la audacia
Guillermo Sandoval Vásquez ⎯⎯⎯⎯⎯⎯⎯

DOCUMENTOS Y HECHOS

¿Hacia dónde va El Salvador?
José Dávila ⎯⎯⎯⎯⎯⎯⎯⎯⎯⎯⎯⎯⎯

2/2000

Redacción y Administración: CIEDLA, L. N. Alem 690 - 20° Piso C1001AAO Buenos Aires, República Argentina
Teléfono (5411) 4313 3522 Fax (5411) 4311 2902 -e-mail: kas-ciedla@kas-ciedla.org.ar - www-kas-ciedla.org.ar